职业教育"十三五"规划教材

财会专业课证岗一体化教材·校企合作系列

财经法规与
会计职业道德

李思静○主编

林蕊 陈素萍○副主编

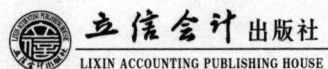
立信会计出版社
LIXIN ACCOUNTING PUBLISHING HOUSE

图书在版编目(CIP)数据

财经法规与会计职业道德/李思静主编. —上海:立
信会计出版社,2018.12
　ISBN 978 - 7 - 5429 - 5485 - 5

　Ⅰ.①财… Ⅱ.①李… Ⅲ.①财政法—中国 ②经济
法—中国 ③会计人员—职业道德 Ⅳ.①D922.2②F233

中国版本图书馆 CIP 数据核字(2018)第 294479 号

策划编辑　　　余　榕
责任编辑　　　余　榕
封面设计　　　南房间

财经法规与会计职业道德
Caijing Fagui yu Kuaiji Zhiye Daode

出版发行	立信会计出版社		
地　　址	上海市中山西路 2230 号	邮政编码	200235
电　　话	(021)64411389	传　　真	(021)64411325
网　　址	www.lixinaph.com	电子邮箱	lxaph@sh163.net
网上书店	www.shlx.net	电　　话	(021)64411071
经　　销	各地新华书店		

印　　刷	常熟市梅李印刷有限公司	
开　　本	787 毫米×1092 毫米	1/16
印　　张	14	
字　　数	342 千字	
版　　次	2018 年 12 月第 1 版	
印　　次	2018 年 12 月第 1 次	
印　　数	1—3100	
书　　号	ISBN 978 - 7 - 5429 - 5485 - 5/D	
定　　价	33.00 元	

如有印订差错,请与本社联系调换

职业教育"十三五"规划教材

财会专业课证岗一体化教材　校企合作系列

编委会名单

主　　　任　张红梅　广西金融职业技术学院(广西银行学校)
　　　　　　　　　　副教授

副　主　任　徐建宁　北京东大正保科技有限公司
　　　　　　　　　　(中华会计网校)高级会计师

参编行业专家　(排名不分先后)
　　　　　　　农初勤　广西南宁海翔会计师事务所所长　高级会
　　　　　　　　　　　计师

　　　　　　　蒋海娟　广西安驰财务管理有限责任公司　总经理

　　　　　　　冯雅竹　北京东大正保科技有限公司
　　　　　　　　　　　(中华会计网校)会计师

　　　　　　　王芳萍　北京东大正保科技有限公司
　　　　　　　　　　　(中华会计网校)会计师

参编学校老师　(排名不分先后)
　　　　　　　韦雁玲　蒙丽容　李　燕　苏　梅　李思静
　　　　　　　周平欢　陈素萍　张　祺　陈苗苗　陈　添
　　　　　　　朱梅英　麦　海

GENERAL PREFACE 总　序

随着"互联网+"的快速发展,教育信息化"十三五"规划提出了职业教育信息化建设的目标任务和重点措施,在线教育、数字化教材已经成为传统教育行业转型的重要方向。开发符合"互联网+"教育的教材,以教育信息化全面推动教育现代化,促进教育公平,提升教育质量,为培养现代化建设所需要的高素质人才提供保障,已成为当前教材建设和改革的重中之重。

广西金融职业技术学院(广西银行学校)作为广西唯一的专门培养财经人才的全日制高等职业教育学校,享有"广西金融人才培养的摇篮"之美誉,其会计专业实力雄厚,有一支业务水平高、教学能力强、专兼结合、双师型结构的优秀教学团队。近年来,学校在大力推进教育教学改革的基础上,在专业建设方面取得明显成效,毕业生就业率达到95%以上,毕业生双证率达到99%以上,地域品牌效应显著,已经成为广西职业院校中会计专业学生规模最大的学校。近年来,学校专任教师依据教学改革成果,结合职业教育人才培养目标和会计专业特点,与中华会计网校合作,带动兄弟学校,在会计专业理事分会的指导下,联合行业企业专家,推出一套基于"互联网+"教育教学改革理念的课证岗融合的高质量的职业教育"十三五"规划教材。

本套教材校企共研,着重体现课证岗融合和产学合作的特点:

(1) 从职业岗位能力培养出发,注重学生职业能力的养成。职业能力培养是职业院校教育的培养目标,会计职业能力围绕学生的职业道德素养养成和职业技能训练来开展。本套教材从会计职业能力入手，每个模块把"基础知识""岗位技能""职业素养"等教学目标有机结合，按任务和活动设置职业能力目标，明确工作任务，引导学生有效的学习。

（2）关注学生职业资格证书考试的需求，立体化特色鲜明。当前，会计从业资格证书已经被取消，学生在校能够考取的会计职业资格证书为初级会计师资格证书，本套教材注重初级会计师资格证书相关知识考试的规划和整合，文字通俗易懂，配备各个知识点归纳、比较、总结的图表，以及大量形象化的案例和典型考点等内容，让学生边思边学，边做边学，对于重要事项和考点列有"温馨提示"和"特别提醒"等内容，并配备二维码链接，将教材学习和实训、测试、互动等辅助教学资源紧密结合，实现资源立体化，为教师和学生提供全面的教学支持。

（3）注重学生可持续发展和继续教育的需求。在突出培养学生动手能力的同时，充分考虑职业院校学生的职业发展需求和综合能力培养，融合会计专业理论知识的同时兼顾学生继续教育和终身教育的要求，丰富教学资源的内容及其呈现途径，引导学生持续性学习。

（4）校企合作。为了更好地融合课证岗的知识内容，本套教材由我校与中华会计网校共同组织专业老师编写，融合了学校专任老师丰富的教学经验以及中华会计网校老师丰富题库资源和证书考试指导，校企共同确定教材大纲和编写内容，既满足了学生职业岗位能力培养的需要，又满足了证书考试需求。

本套教材根据我国现行的企业会计准则体系和最新的税收政策法规编写，不论是课程标准开发，还是项目载体的设计、教学方法的改革和创新,都凝结了编写队伍在会计示范特色专业及实训基地建设中的心血和多年的教学经验。本套教材的出版,将会为财会专业职业教育教材建设的不断发展提供新的助力。

张红梅

2018 年 12 月

　　"财经法规与会计职业道德"是职业院校财会专业学生必修的专业核心课程之一,也是会计考试的必考科目之一。本书是为了满足中职或高职院校财会专业学生学习会计法规和培育会计职业道德的实际需要而编写的。

　　本书在内容的阐述上尽可能地通俗易懂,在知识点阐释上运用图表勾画知识内在联系,评注讲解重难点内在逻辑;同时,每章的知识点思维导图既可增加知识的趣味性,又可加深学生对知识的全面理解。本书主要包括会计法律制度、结算法律制度、税收法律制度、财政法律制度和会计职业道德5个模块的内容。为了"予教于学、予学于练",本书在每个模块后附有"模块测试"及其参考答案(以二维码的形式),可针对性地进行自我检查;此外,还附有2套难度适中、实用性强的模拟试题及其参考答案(见前言末二维码),以供学生检验所学。

　　本书编写体例新颖,内容全面,适合作为中职或高职院校财会专业学生的专业基础课教材,也可作为参加会计考试的培训教材或自学用书。

　　本书由李思静任主编,由林蕊、陈素萍任副主编,其他参编人员有陈春红、陈苗苗、陈添、陆洁娟。本书是全体编写人员集体智慧的结晶。在此,我们向为本书的编写付出辛勤汗水和智慧的编写人员表示衷心感谢。

　　在本书的编写过程中,我们每一位编写人员都尽了最大的努力,但由于时间仓促，加之水平有限，书中难免存在不当之处，诚请读者批评指正，以期再版时渐趋完善。

编　　者

2018 年 12 月

模拟试题一

模拟试题二

模拟试题一
参考答案

模拟试题二
参考答案

CONTENTS 目 录

模块 1

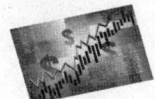

会计法律制度

【考核目标】
1. 理解并掌握会计法律制度的概念。
2. 理解并掌握会计工作管理体制的规定。
3. 理解并掌握会计核算的内容和要求。
4. 理解并掌握有关会计机构和会计人员的法律规定。

【实践目标】
1. 能够区分会计法律制度的构成。
2. 能够区分会计监督体系的构成。
3. 能够运用会计法律制度的相关规定进行案例分析。

【知识点思维导图】

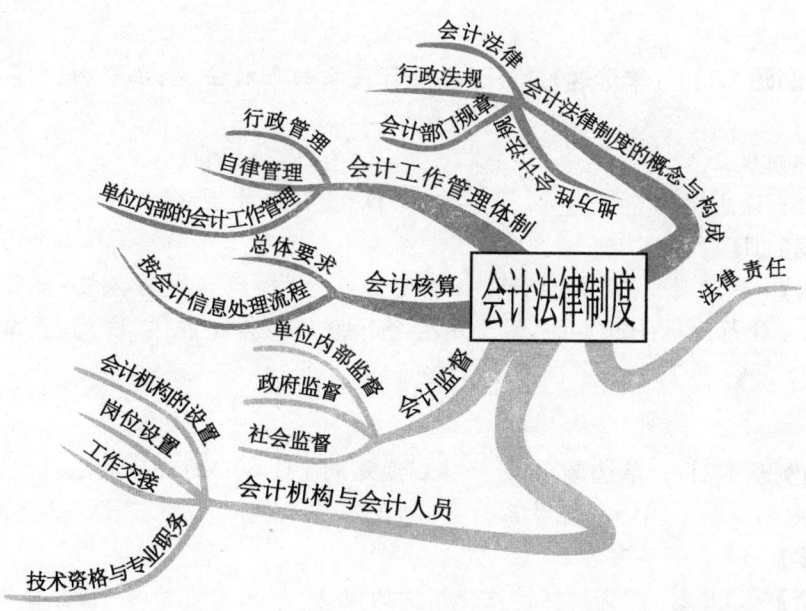

任务 1.1 会计法律制度的概念与构成

 活动 1.1.1 认知会计法律制度的概念

会计法律制度是指国家权力机关和行政机关制定的,用于调整会计关系的各种法律、法规、规章和规范性文件的总称。

任何一个经济组织的活动都不是独立存在的。作为经济管理工作的会计,最先表现为单位内部的一项经济管理活动,即对本单位的经济活动进行核算和监督。在处理经济业务事项中,必然会涉及、影响有关方面的经济利益,如供销关系、债权债务关系、信贷关系、分配关系、税款征纳关系、管理与被管理关系等。会计机构和会计人员在办理会计事务过程中以及国家在管理会计工作过程中发生的经济关系称为会计关系。处理上述各种经济关系,就需要用会计法律制度来规范。

【重点理解】

(1) 国家权力机关:全国(省级)人民代表大会及其(或)常委会。

(2) 国家行政机关:国务院和财政部。

(3) 会计关系:会计关系是指会计机构和会计人员在办理会计事务过程中以及国家在管理会计工作过程中发生的各种经济关系。

 **【经典例题 1.1】** (单选题)能够调整会计关系的各种法律、法规、规章和规范性文件的是(   )。

A. 会计部门规章   B. 会计法律制度

C. 地方性会计法规   D. 会计行政法规

【正确答案】 B

【答案解析】 该题针对"认知会计法律制度的概念"知识点进行考核;会计法律制度是指国家权力机关和行政机关制定的,用于调整会计关系的各种法律、法规、规章和规范性文件的总称。

 **【经典例题 1.2】** (单选题)会计法律制度是调整(   )的法律规范。

A. 经济关系   B. 管理关系   C. 会计关系   D. 社会关系

【正确答案】 C

【答案解析】 该题针对"认知会计法律制度的概念"知识点进行考核;会计法律制度是调整会计关系的法律规范。

 **活动 1.1.2　会计法律制度的构成**

　　我国会计法律制度包括<u>会计法律</u>、<u>会计行政法规</u>、<u>会计部门规章</u>和<u>地方性会计法规</u>四个层次。

　　会计法有广义和狭义之分。广义的会计法是指国家权力机关和行政机关制定的各种会计法规性文件的总称,包括会计法律、会计行政法规、国家统一的会计制度、地方性会计法规等。狭义的会计法仅是指国家最高权力机关通过一定的立法程序,颁发施行的会计法律,即《中华人民共和国会计法》(以下简称《会计法》)。

一、会计法律

　　会计法律是指由全国人民代表大会及其常委会经过一定立法程序制定的有关会计工作的法律。

1.《会计法》

　　(1)制定机关:全国人民代表大会及其常务委员会。

　　(2)地位:我国会计法律制度中层次最高、法律效力最高的法律规范,是制定其他会计法规的依据,也是指导会计工作的最高原则。

2.《中华人民共和国注册会计师法》(以下简称《注册会计师法》)

　　(1)制定机关:全国人民代表大会及其常务委员会。

　　(2)地位:我国中介行业的第一部法律。

　　【经典例题 1.3】 **(单选题)**我国会计法律制度中层次最高的法律、法规是(　　　)。

　　A.《会计法》　　　　　　　　　　B.《注册会计师法》

　　C.《会计法》和《注册会计师法》　　D.《总会计师条例》

　　【正确答案】 A

　　【答案解析】 该题针对"会计法律制度的构成"知识点进行考核;我国目前有两部会计法律:《会计法》和《注册会计师法》,其中《会计法》是我国会计法律制度中层次最高的法律、法规,是制定其他会计法规的依据,也是指导会计工作的最高原则。

二、会计行政法规

　　会计行政法规是指由国务院制定并发布或者由国务院有关部门拟订并经国务院批准发布,调整经济生活中某些方面会计关系的法律规范。

　　(1)制定机关:国务院。

　　(2)地位:仅次于会计法律。

　　(3)作用:用于调整经济生活中某些方面会计关系的法律规范。

　　(4)制定依据:《会计法》。

　　(5)形式:《总会计师条例》《企业财务会计报告条例》。

三、会计部门规章

　　(1)制定机关:国务院财政部门。

（2）地位：仅次于会计行政法规。

（3）制定依据：会计部门规章的制度依据是《会计法》和会计行政法规。

（4）形式：《财政部门实施会计监督办法》《会计从业资格管理办法》《代理记账管理办法》《企业会计准则——基本准则》等。

四、地方性会计法规

地方性会计法规是指由省、自治区、直辖市人民代表大会或常务委员会在同宪法、会计法律、会计行政法规和国家统一的会计准则、制度不相抵触的前提下，根据本地区情况制定发布的关于会计核算、会计监督、会计机构、会计人员和会计工作管理的规范性文件。

【注意】

计划单列市、经济特区人民代表大会及其常委会制定的关于会计核算、会计监督、会计机构、会计人员和会计工作管理的规范性文件，也是地方性会计法规。

【经典例题 1.4】 （判断题）北京市财政局于 2004 年 3 月 31 日发布的《北京市会计从业资格管理实施办法》属于地方性会计法规。 （　　）

【正确答案】 错

【答案解析】 该题针对"地方性会计法规"的知识点进行考核；地方性会计法规制定与发布机关是省、自治区、直辖市或实行计划单列市、经济特区的人民代表大会及其常务委员会。故北京市财政局制定发布的《北京市会计从业资格管理实施办法》不属于地方性会计法规。

会计法律制度的构成如图 1-1 所示。

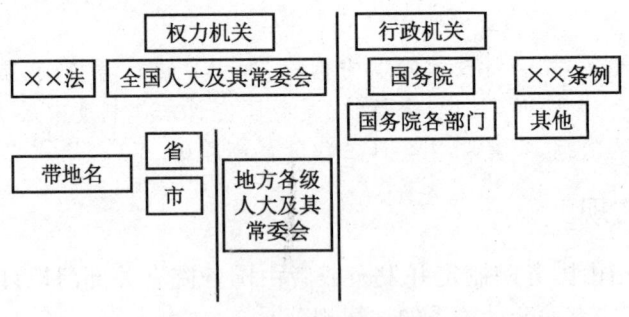

图 1-1　会计法律制度的构成

【温馨提示】

效力排序：

宪法＞法律＞行政法规＞部门规章＞地方政府规章

地方性法规（同级）＞地方政府规章（同级）

任务 1.2　会计工作管理体制

　　会计工作管理体制是指国家划分会计工作管理权限的制度。它主要包括<u>会计工作的行政管理</u>、<u>会计工作的自律管理</u>和<u>单位内部的会计工作管理</u>等内容。

 ## 活动 1.2.1　会计工作的行政管理

一、会计工作的行政管理体制

　　国务院财政部门主管全国的会计工作,县级以上地方各级人民政府财政部门管理本行政区域的会计工作。

　　我国对会计工作实行"<u>统一领导,分级管理</u>"原则下的政府主导性管理体制。即国务院财政部门是全国会计工作的主管部门,统一领导全国的会计工作;县级以上地方各级人民政府财政部门应根据国务院财政部门的要求和规定,结合本行政区域内实际情况,做好本部门、本行政区域内的会计管理工作。

　　注:《会计法》规定财政部门是会计工作的主管部门,但并不排斥国家其他部门依法对会计工作进行管理,如审计机关、证券监督机构等。

二、会计工作行政管理的内容

　　财政部门履行的会计行政管理职能主要有以下四项。

(一)制定国家统一的会计准则、制度

　　制定和实施国家统一的会计准则、制度是财政部门管理会计工作的一项最基本的职能。

　　国家统一的会计准则、制度由国务院财政部门根据《会计法》制定并公布。国务院有关部门对会计核算和会计监督有特殊要求的行业,可以依照《会计法》和国家统一的会计制度的规定,制定实施国家统一的会计制度的具体办法或者补充规定,报国务院财政部门审核批准。原中国人民解放军总后勤部(现称中国共产党中央军事委员会后勤保障部)可以依照《会计法》和国家统一的会计制度,制定军队实施国家统一的会计制度的具体办法,报国务院财政部门备案。

(二)会计市场管理

　　会计市场管理是社会主义市场经济条件下财政部门管理会计工作的一项重要职能,会计工作的好坏直接影响到市场秩序,进而关系到国家和社会公共利益。我国财政部门对会计市场的管理包括准入管理、运行管理和退出管理。

　　(1)准入管理:财政部门对会计从业资格的取得、代理记账机构的设立、注册会计师资格的取得、注册会计师事务所的设立等所进行的条件设定。

（2）运行管理：财政部门对获准进入会计市场的从事会计业务的机构和人员，是否遵守各项法律、法规，依据相关准则、制度和规范执行业务的过程及结果所进行的监督和检查。

（3）退出管理：退出管理是指财政部门对在执业过程中有违反《会计法》《注册会计师法》行为的机构和个人进行处罚，情节严重的，可以撤回行政许可或者吊销其执业资格，强制其退出会计市场。

😊**【温馨提示】**

对于获准进入会计市场的机构和人员是否"持续符合"相关的资格和条件，也属于会计市场运行管理的范畴。

此外，对会计出版市场、培训市场、境外"洋资格"的管理等也属于会计市场管理的范畴。财政部门对违反会计法律、行政法规的规定、扰乱会计秩序的行为，都有权加以管理，严格规范。

财政部门对会计市场的管理还包括依法加强对会计行业自律组织的监督和指导。我国目前会计工作的自律管理组织主要有中国注册会计师协会、中国会计学会和中国总会计师协会。

✍️**【经典例题1.5】**　（多选题）蓝天集团公司是一家大型的、多元化集团公司，2008年，在上海市申请设立蓝天会计师事务所；2009年，该事务所获批正式运营；2012年，由于公司战略发生转移，公司注销了蓝天会计师事务所，同年投入教育产业，成立蓝天会计教育有限公司，进行会计类考试和实务培训业务。针对上述案例，财政部门可对蓝天集团公司进行管理的有（　　　）。

A. 蓝天会计师事务所的申请设立

B. 蓝天会计师事务所的注销

C. 蓝天会计师事务所的运营过程

D. 蓝天会计教育有限公司进行会计类考试和实务培训

【正确答案】　ABCD

【答案解析】　该题针对"会计市场管理"知识点进行考核。我国财政部门对会计市场的管理主要包括会计市场的准入管理、运行管理和退出管理，此外还包括对会计培训市场的管理，其重点是对会计培训要求及培训质量的师资、场所、教材、内容及培训质量进行监督和检查，确保培训市场规范有序。因此，选项A、B、C、D均属于财政部门管理范围。

（三）会计专业人才评价

（1）会计人才是国家人才战略的重要组成部分，因此，选拔、评价会计专业人才是财政部门的重要职责。目前，我国基本形成了阶梯式的会计专业人才评价机制，包括<u>初级、中级、高级会计人才评价机制</u>和<u>会计行业领军人才</u>的培养、评价等。

会计专业技术资格考试是会计专业人才评价的一种方式，主要用于对初级、中级、高级三种级别的会计专业人才的评价，由财政部门组织实施，人力资源和社会保障部门监督指导。目前，我国对初级、中级会计资格实行全国统一的考试制度，对高级会计师资格实行考试与评审相结合的制度。

　　会计行业领军人才的培养是适应我国当前经济发展的一种新的会计人才评价方式。2005年,财政部正式启动了会计领军(后备)人才的培养工作,计划通过 10 年努力,分企业类、行政事业类、注册会计师类和学术类,培养近千名具有国际视野、战略思维和国际竞争力的复合型高层次人才。

　　(2) 财政部和地方财政部门对先进会计工作者的表彰奖励也属于会计人才评价的范畴。

　　《会计法》第六条规定:"对认真执行本法,忠于职守,坚持原则,做出显著成绩的会计人员,给予精神的或物质的奖励。"

　　《全国先进会计工作者评选表彰办法》第二条规定:"财政部负责组织全国先进会计工作者的评选表彰工作,一般每 3 年组织 1 次。"

　　(3) 会计人员继续教育是会计专业人才评价的又一重要内容。为了不断提高会计人员的专业胜任能力,促进会计人员整体素质的提高,我国规定会计人员应当参加继续教育。

(四) 会计监督检查

　　会计监督是会计的基本职能之一,是我国经济监督体系的重要组成部分。财政部门实施的会计监督检查主要包括会计信息质量检查、会计师事务所执业质量检查和对会计行业自律组织的监督、指导。

【特别提醒】

　　(1) 财政部组织实施对全国会计信息质量检查,并对违反《会计法》的行为实施<u>行政处罚</u>;县级以上地方各级人民政府财政部门组织实施本行政区域内的会计信息质量检查,并依法对本行政区域内违反《会计法》的行为实施<u>行政处罚</u>。

　　(2) 财政部组织实施对全国会计师事务所执业质量检查,并对违反《注册会计师法》的行为实施<u>行政处罚</u>;省、自治区、直辖市人民政府财政部门组织实施本行政区域内的会计师事务所执业质量检查,并对本行政区域内违反《注册会计师法》的行为实施<u>行政处罚</u>。

　　(3) 中国会计学会接受财政部的业务指导、监督和管理;地方会计学会接受同级财政部门的业务指导、监督和管理。

案例分析

　　美华贸易公司是一家中外合资经营企业,该公司的负责人陈某是美籍华人。2018 年年底,该公司接到其所在地的市财政局准备对其会计工作情况进行例行检查的通知。该公司的负责人陈某认为,美华贸易公司是中外合资经营企业,财政局无权运用中国的《会计法》来约束一家中外合资经营企业,当即表示不接受检查。根据上述情况,请分析美华贸易公司负责人陈某的认识是否正确。

（续上）

【分析】 美华贸易公司负责人陈某的认识是错误的。根据《会计法》的规定，县级以上地方各级人民政府财政部门为其所在地各单位会计工作的监督检查部门，有权对各单位会计工作进行监督。中外合资经营企业属于在中国注册的法人企业，应当遵守中国有关的法律、法规，并受其约束。因此，美华贸易公司应当接受其所在地的市财政局对其会计工作的检查。

活动 1.2.2　会计工作的自律管理

会计工作的自律管理即会计行业的自律管理，是会计职业组织对整个会计职业的会计行为进行自我约束、自我控制的过程。会计工作的自律管理是对会计工作的行政管理的一种有益补充，对督促会计人员依法开展会计工作、树立良好的行业风气、促进行业的发展具有重要意义。目前，我国的会计行业自律组织主要有中国注册会计师协会、中国会计学会和中国总会计师协会。

一、中国注册会计师协会

中国注册会计师协会是依据《注册会计师法》和《社会团体登记管理条例》的有关规定设立的，在财政部和理事会领导下开展行业管理和服务的社会团体法人，是中国注册会计师行业的自律管理组织，成立于 1988 年 11 月。

【经典例题 1.6】　（单选题）组织实施注册会计师全国统一考试是（　　）的职责。

A. 财政部　　　　　　　　　　　　B. 注册会计师协会

C. 中国人民银行　　　　　　　　　D. 商务部

【正确答案】　B

【答案解析】　本题考核会计工作的自律管理。

二、中国会计学会

中国会计学会创建于 1980 年，是财政部所属由全国会计领域各类专业组织，以及会计理论界、实务界的会计工作者自愿结成的学术性、专业性、非营利性社会组织。中国会计学会接受财政部和民政部的业务指导、监督和管理。各省、自治区、直辖市和计划单列市会计学会和全国性专业会计学会可以申请成为中国会计学会的会员。

三、中国总会计师协会

中国总会计师协会是经财政部审核同意、民政部正式批准，依法注册登记成立的跨地区、跨部门、跨行业、跨所有制的非营利性国家一级社团组织，是总会计师行业的全国自律组织。

【经典例题 1.7】（判断题）在我国,中国注册会计师协会和中国会计学会是会计工作的重要管理部门。 （　　）

【正确答案】 错

【答案分析】 该题针对"会计工作的自律管理"知识点进行考核,其表述不准确。在我国,财政部门是会计工作的行政管理的主管部门;中国注册会计师协会和中国会计学会是会计工作的自律管理组织,属于社会团体。会计工作的自律管理不同于行政管理,自律管理是对会计行政管理的一种补充。

 活动 1.2.3　单位内部的会计工作管理

　　财政部门对会计工作的管理是一种社会管理活动,属于外部管理活动。单位作为法人独立进行的会计工作管理属于单位内部的管理活动。会计人员具体从事会计工作,由所在单位负责组织管理。

　　单位内部会计工作管理主要包括单位负责人的职责、会计机构的设置、代理记账、会计人员的选拔任用和会计人员的回避制度等。

一、单位负责人的职责

　　单位负责人是指单位法定代表人或者法律、行政法规规定代表单位行使职权的主要负责人。单位负责人主要包括两类:一是单位法定代表人(针对法人企业),如公司制企业的董事长(执行董事或经理)、国有企业的厂长(经理)、国家机关最高行政长官;二是指根据法律、行政法规规定代表单位行使职权的主要负责人(针对非法人企业),如代表合伙企业事务的合伙人、个人独资企业的投资人等。

　　单位负责人对本单位的会计工作和会计资料的真实性、完整性负责;单位负责人应当保证会计机构、会计人员依法履行职责,不得授意、指使、强令会计机构和会计人员违法办理会计事项。

【温馨提示】

　　单位负责人是本单位会计行为的责任主体,但不要求单位负责人事必躬亲办理具体会计事项。会计机构负责人不是单位负责人,没有负责本单位内部会计工作管理的职权。

【经典例题 1.8】（单选题）单位负责人对本单位的会计工作和会计资料的（　　）负责。

A. 真实性和相关性　　　　　　　　　B. 明晰性和谨慎性

C. 真实性和完整性　　　　　　　　　D. 重要性和及时性

【正确答案】 C

【答案分析】 该题针对"单位负责人的职责"知识点进行考核。单位负责人对本单位的会计工作和会计资料的真实性、完整性负责。

二、会计人员的选拔任用

担任单位会计机构负责人(会计主管人员)的,应当具备会计师以上专业技术职务资格或者从事会计工作3年以上经历。如《总会计师条例》规定,总会计师的任职条件之一是取得会计师专业技术资格后,主管一个单位或者单位内部一个重要方面的财务会计工作的时间不少于3年。

【温馨提示】

(1) 国有的和国有资产占控股地位的或者主导地位的大、中型企业必须设置总会计师。总会计师的任职资格、任免程序、职责权限由国务院规定。

(2) 设置总会计师的单位,在单位行政领导成员中,不得设置与总会计师职权重叠的副职。

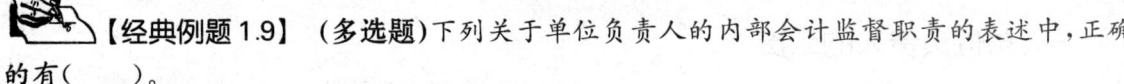

【经典例题1.9】 **(多选题)**下列关于单位负责人的内部会计监督职责的表述中,正确的有( )。

A. 单位负责人必须事事参与,严格把关

B. 单位负责人对本单位会计资料的真实性、完整性负责

C. 不能授意、指使、强令会计人员办理违法事项

D. 应依法进行会计核算

【正确答案】 BC

【答案分析】 单位负责人对本单位的会计工作和会计资料的真实性、完整性负责,所以选项A不正确,选项D是会计人员的职责,故选项B和选项C正确。

三、会计人员的回避制度

回避制度是指为了保证执法或者执业的公正性,对可能影响其公正性的执法或者执业人员实行职务回避和业务回避的一种制度。

《会计基础工作规范》第十六条规定:国家机关、国有企业、事业单位任用会计人员应当实行回避制度。单位领导人的直系亲属不得担任本单位的会计机构负责人、会计主管人员。会计机构负责人、会计主管人员的直系亲属不得在本单位会计机构中担任出纳工作。"

【温馨提示】

直系亲属包括夫妻关系、直系血亲关系(父母,子女、祖父母、外祖父母和孙子女、外孙子女)、三代以内旁系血亲(兄弟姐妹、叔侄等)以及近姻亲关系(岳父岳母和女婿、公婆和儿媳等)。

直系亲属图谱如图1-2所示。

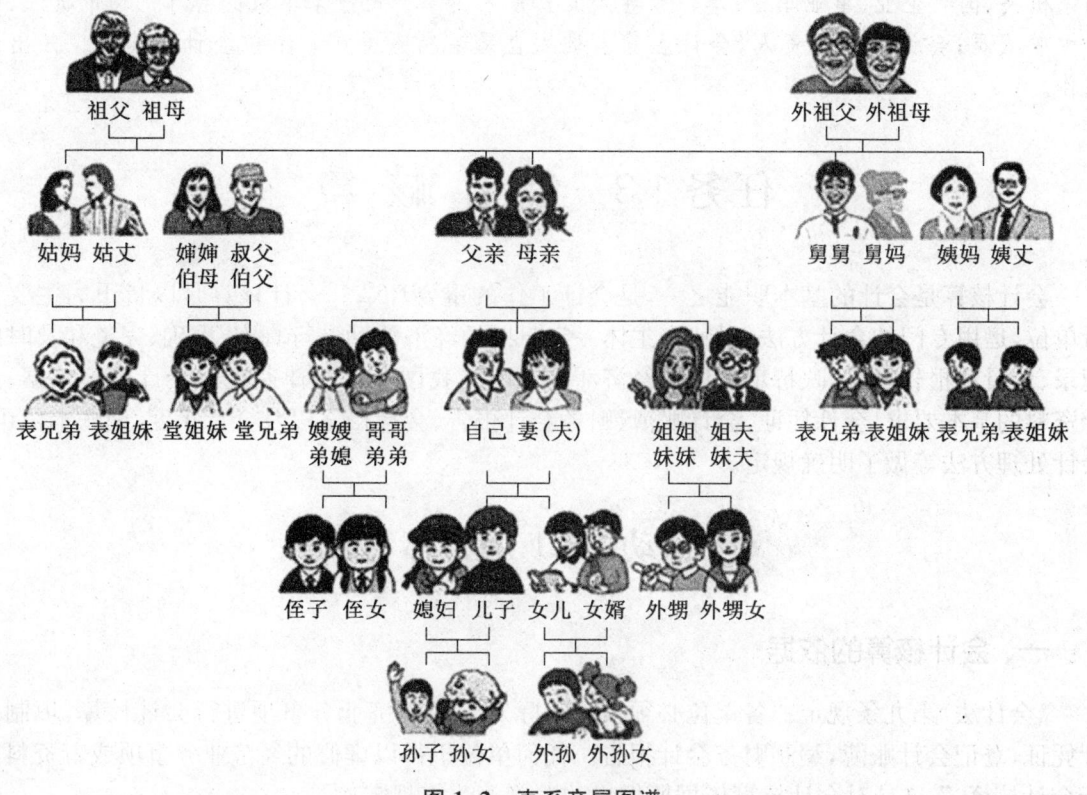

图1-2 直系亲属图谱

案例分析

某国有独资公司准备更换单位财务部门的出纳人员,为了节省招聘的成本,该公司准备在公司内部寻找合适的人员。该公司会计机构负责人为贾某、企业管理部门的负责人为马某、市场部经理为李某、上级主管部门的负责人为田某。应聘的企业内部人员包括贾某的丈夫、马某的妻子、李某的女儿和田某的亲弟弟。根据会计人员的回避制度,请问谁不可以担任该公司的出纳工作?

【分析】 应聘者中贾某的丈夫不能担任该企业的出纳职务。根据规定,单位领导人的直系亲属不得担任本单位的会计机构负责人、会计主管人员;会计机构负责人、会计主管人员的直系亲属不得在本单位会计机构中担任出纳工作。因为贾某为该公司会计机构负责人,其丈夫属于贾某的直系亲属,所以不得担任该公司的出纳工作。

【经典例题1.10】 (判断题)老赵为某国有单位的财务经理,他将其女儿安排在本部门担任存货会计,他的这一行为违背了会计人员回避制度。   ( )

【正确答案】 错

【答案分析】 该题针对"会计人员的回避制度"知识点进行考核。回避制度的适用范围：国家机关、国有企业、事业单位；单位领导人的直系亲属不得担任本单位的会计机构负责人、会计主管人员；会计机构负责人、会计主管人员的直系亲属不得在本单位会计机构中担任出纳工作。

任务 1.3　会 计 核 算

会计核算是会计的基本职能之一，是会计工作的重要环节。会计核算是以货币为主要计量单位，运用专门的会计方法，对特定主体一定时期的经济活动进行真实、准确、完整和及时的记录、计量和报告，以反映特定主体的经济活动情况。我国会计法律制度对会计核算依据、会计资料的基本要求、会计凭证、会计账簿、财务会计报告、会计档案以及会计年度、记账本位币、会计处理方法等做了明确规定。

 活动 1.3.1　总 体 要 求

一、会计核算的依据

《会计法》第九条规定："各单位必须根据实际发生的经济业务事项进行会计核算，填制会计凭证，登记会计账簿，编制财务会计报告。任何单位不得以虚假的经济业务事项或者资料进行会计核算。"这是对会计核算依据所做出的明确的法律规定。

 【特别提醒】

(1) 以实际发生的经济业务事项为依据进行会计核算，是会计核算的重要前提。

(2) 实际发生的经济业务事项包括引起或未引起资金增减变化的经济活动。

(3) 并非所有实际发生的经济业务事项都需要进行会计记录和会计核算。例如，签订合同或协议就无需进行会计记录和会计核算。

(4) 以虚假的经济业务事项或者资料进行会计核算是一种严重的违法行为。

二、对会计资料的基本要求

（一）会计资料的含义和类别

会计资料是指在会计核算过程中形成的记录和反映实际发生的经济业务事项的资料。它包括会计凭证、会计账簿、财务会计报告和其他会计资料。

（二）对会计资料的基本要求

(1) 会计资料的生成和提供必须符合国家统一的会计准则制度的规定，要保证会计资料的真实性和完整性。

(2) 提供虚假的会计资料进行会计核算，是一种严重的违法行为。

任何单位和个人不得伪造、变造会计凭证、会计账簿和其他会计资料,不得提供虚假的财务会计报告。

(三) 伪造与变造的区别

(1) 伪造会计凭证、会计账簿和其他会计资料,是指以虚假的经济业务事项为前提编造不真实的会计凭证、会计账簿和其他会计资料的行为(此行为属于无中生有行为)。

(2) 变造会计凭证、会计账簿及其他会计资料,是指用涂改、挖补等手段来改变会计凭证、会计账簿等的真实内容,歪曲事实真相的行为(此行为属于篡改事实行为)。

【经典例题 1.11】 **(单选题)**采购员小李出差花去 300 元餐费,却采用涂改手段,将 300 元改为 800 元的餐费发票前来报销。小李的这种行为属于( )的行为。

A. 伪造会计凭证

B. 变造会计凭证

C. 伪造会计账簿

D. 变造会计账簿

【正确答案】 B

【答案解析】 本题考核"变造会计凭证"的行为。小李的这种行为属于变造会计凭证的行为。

(3) 提供虚假的财务会计报告,是指通过编造虚假的会计凭证、会计账簿及其他会计资料编制财务会计报告(依据虚假)或直接篡改财务会计报告上的真实数据,使财务会计报告不能真实、完整地反映财务状况和经营成果,借以误导、欺骗财务会计报告使用者的行为(此行为属于以假乱真行为)。

【温馨提示】

使用电子计算机进行会计核算的其软件及生成的会计凭证、会计账簿、财务会计报告和其他会计资料,也必须符合国家统一的会计制度的规定。

【经典例题 1.12】 **(多选题)**某市财政部门进行执法检查时发现一家单位以虚假的经济事项编造了会计凭证和会计账簿,并据此编制了财务会计报告。对此,财政部门对该单位的违法行为应认定为( )行为。

A. 伪造会计凭证

B. 伪造会计账簿

C. 变造会计凭证和会计账簿

D. 提供虚假的财务会计报告

【正确答案】 ABD

【答案分析】 本题考核的是伪造、变造、提供虚假会计资料的区别。本题不存在变造行为,因此 C 选项不是正确选项。

三、会计核算的其他规定

我国会计法律制度还对会计年度、记账本位币、会计处理方法和会计记录文字等做了明确的规定。

(一) 会计年度

会计年度是指以年度为单位进行会计核算的时间区间。它反映了单位财务状况、核算经营成果的时间界限。我国《会计法》第十一条规定:"会计年度自公历 1 月 1 日起至 12 月 31 日止。

(二) 记账本位币

记账本位币是指登记会计账簿和编制财务会计报告用于计量的货币。《会计法》第十二条规定:"会计核算以人民币为记账本位币。业务收支以人民币以外的货币为主的单位,可以选定一种货币为记账本位币,但编报的财务会计报告应当折算为人民币。"

(三) 会计处理方法

会计处理方法是指会计核算中所采用的具体方法。它通常包括:收入确认方法、企业所得税的会计处理方法、存货计价方法、固定资产折旧方法等。采用不同的会计处理方法,会影响会计资料的一致性和可比性,进而影响会计资料的使用。因此,《会计法》和国家统一的会计制度规定,各单位采用的会计处理方法,前后各期应当一致,不得随意变更;确有必要变更的,应当按照国家统一的会计制度的规定变更,并将变更的原因、情况及影响在财务会计报告中说明。

(四) 会计记录文字

根据《会计法》第二十二条的规定:"会计记录的文字应当使用中文。在民族自治地方,会计记录可以同时使用当地通用的一种民族文字。在中华人民共和国境内的外商投资企业、外国企业和其他外国组织的会计记录文字可以同时使用一种外国文字。"

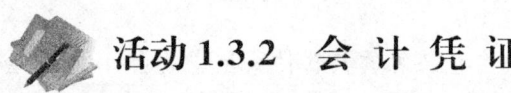

活动 1.3.2 会 计 凭 证

会计凭证是指记录经济业务事项的发生或者完成情况的书面证明。它是登记账簿的依据。

会计凭证按照填制程序和用途的不同分为原始凭证和记账凭证。

一、原始凭证

原始凭证又称单据,是指在经济业务事项发生或完成时取得或填制的,用来表明某项经济业务事项已经发生或完成情况并明确经济责任,作为记账原始依据的一种会计凭证。

(一) 原始凭证的填制或取得

原始凭证按照来源不同,可分为外来原始凭证和自制原始凭证(见图 1-3)。其中,外来原始凭证是指同外单位发生经济往来事项时,从外单位取得的凭证,如企业购买商品从购买方取得的增值税专用发票(见图 1-4);自制原始凭证是指在经济业务事项发生或完成时,由本单位内部经办部门或人员填制的凭证,如出库单(见图 1-5)。

原始凭证 {
　外来原始凭证 {
　　单位——盖有填制单位的公章
　　个人——填制人员的签名或者盖章
　}
　自制原始凭证 {
　　对内——经办单位领导人或者其指定的人员签名或者盖章
　　对外——加盖本单位公章
　}
}

图 1-3　原始凭证按来源的不同分类

3300182140

浙江增值税专用发票

No 0134665

发　票　联

开票日期：2018年12月01日

购买方	名　　称：海塘市广海股份有限公司 纳税人识别号：91330511743455364N 地　址、电话：海塘市石板街45号 85678333 开户行及账号：工行海塘支行085878		密码区	（略）		

货物或应税劳务、服务名称	规格型号	单位	数量	单价	金　额	税率	税　额
运费					2 400.00	10%	240.00
合　计					2 400.00		￥240.00

价税合计（大写）	⊗ 贰仟陆佰肆拾元整		（小写）￥2 640.00	

销售方	名　　称：海临市友发运输股份有限公司 纳税人识别号：91330511743455364E 地　址、电话：海临市吉民路265号 26806511 开户行及账号：建行吉民支行056723	备注	海临市友发运输股份有限公司 起运地：海临市 到达地：海塘市 运输货物：子材料 丙材料 91330511743455364E 发票专用章

收款人：李丰	复核：许林	开票人：严海	销售方：（章）

国税函〔2018〕262号海南华森实业公司

第三联：发票联 购买方记账凭证

图 1-4　增值税专用发票

出　库　单

No.

部门：＿＿＿＿＿＿＿

年　月　日

本厂编号	名称规格	单位	数量	单价	金　额								备注
					十	万	仟	佰	十	元	角	分	

记账：	主管：	制单：	提货人：

一存根（白）二记账（红）三会计（蓝）

图 1-5　出库单

（二）原始凭证的审核

【特别提醒】

（1）不真实、不合法的原始凭证——不予受理，并向单位负责人报告，请求查明原因，追究有关当事人的责任。

（2）记载不准确、不完整的原始凭证——予以退回，并要求经办人员按照国家统一的会计制度的规定进行更正、补充。

（三）原始凭证错误的更正

（1）原始凭证所记载的各项内容均不得涂改。

（2）原始凭证记载的内容有错误的，应当由开具单位重开或更正，更正工作必须由原始凭证出具单位进行，并在更正处加盖出具单位印章；重新开具原始凭证也应由原始凭证开具单位进行。

（3）原始凭证金额出现错误的不得更正，只能由原始凭证开具单位重新开具。

（4）原始凭证开具单位应当依法开具准确无误的原始凭证，对于填制有误的原始凭证，负有更正和重新开具的法律义务，不得拒绝。

【经典例题 1.13】 （单选题）单位在审核原始凭证时，发现外来原始凭证的金额有错误，应由（ ）。

A. 接受凭证单位更正并加盖公章

B. 原出具凭证单位更正并加盖公章

C. 原出具凭证单位重开

D. 经办人员更正并报领导审批

【正确答案】 C

【答案解析】 原始凭证金额出现错误的不得更正，只能由原始凭证开具单位重新开具。

（四）原始凭证的保管

（1）对于数量过多的原始凭证，可以单独装订保管。

（2）原始凭证不得外借，其他单位如因特殊原因需要使用原始凭证时，经本单位会计机构负责人、会计主管人员批准，可以复制。

（3）从外单位取得的原始凭证如有遗失，应当取得原开出单位盖有公章的证明。

（4）无法取得证明的，由当事人写出详细情况，由经办单位会计机构负责人、会计主管人员和单位领导人批准后，代作原始凭证。

（5）企业和其他组织的原始凭证保管期限一般为 30 年。

二、记账凭证

记账凭证亦称传票，是指对经济业务按其性质加以归类、确定会计分录，并据以登记会计账簿的一种会计凭证。其格式如图 1-6 所示。

<table>
<tr><td colspan="6" style="text-align:center">单式记账凭证（借项记账凭证）
年　　月　　日</td><td rowspan="2" style="text-align:center">凭证编号 9 $\frac{1}{3}$ 号</td></tr>
</table>

摘　　要	总账科目	明细科目	账页	金额	
购甲材料	物资采购	甲材料		1 000	附件1张
对应总账科目:银行存款					

财务主管:李凡　　记账:黄秋　　出纳:赵实　　审核:李平　　制单:刘玉

图 1-6　记账凭证的格式

（一）记账凭证的填制

记账凭证应当根据经过审核的原始凭证及有关资料填制。具体填制方法如下:

（1）一笔经济业务需要填制两张以上记账凭证的,可以采用分数编号法编写。

（2）不得将不同内容和类别的原始凭证汇总在一张记账凭证上。

（3）除结账、更正错账的记账凭证外,必须附有原始凭证。

（4）一张原始凭证所列的支出需要由两个以上单位共同负担时,应当由保存该原始凭证的单位开具原始凭证分割单(见图1-7)给其他应负担的单位。

<table>
<tr><td colspan="10" style="text-align:center">原始凭证分割单（A）</td></tr>
<tr><td colspan="4">凭证分割名称:</td><td colspan="3">分割日期:</td><td colspan="3">单位:元</td></tr>
<tr><td colspan="2">填制凭证
单位名称</td><td></td><td></td><td colspan="2">接受分割单
单位名称</td><td></td><td></td><td></td><td></td></tr>
<tr><td>序号</td><td>分割类别</td><td>经济业务内容</td><td>分割前总额</td><td>单位</td><td>分割量</td><td></td><td>单价</td><td>分割金额</td><td>备注</td></tr>
<tr><td>1</td><td></td><td></td><td></td><td></td><td></td><td></td><td></td><td></td><td></td></tr>
<tr><td>2</td><td></td><td></td><td></td><td></td><td></td><td></td><td></td><td></td><td></td></tr>
<tr><td>3</td><td></td><td></td><td></td><td></td><td></td><td></td><td></td><td></td><td></td></tr>
<tr><td>4</td><td></td><td></td><td></td><td></td><td></td><td></td><td></td><td></td><td></td></tr>
<tr><td>5</td><td></td><td></td><td></td><td></td><td></td><td></td><td></td><td></td><td></td></tr>
<tr><td>6</td><td></td><td></td><td></td><td></td><td></td><td></td><td></td><td></td><td></td></tr>
<tr><td>7</td><td>分割金额
合计大写</td><td></td><td></td><td></td><td></td><td></td><td></td><td></td><td></td></tr>
<tr><td colspan="10">说明:本分割单一式两份,填制单位一份,接受单位一份。</td></tr>
<tr><td colspan="10">填制人:　　　　　经办人:　　　　　接受人:</td></tr>
</table>

图 1-7　原始凭证分割单

（5）填制记账凭证的时候发生错误,应重新填制。如已经登记入账,则按规定的更正方法进行更正。

（6）记账凭证填制完经济业务事项后,如有空行,应当自"金额"栏最后一笔金额数字下的空行处至合计数上的空行处划线注销。

（7）填制记账凭证,字迹必须清晰、工整,并符合规定的要求。

（二）记账凭证的审核

（1）记账凭证的审核内容主要包括：编制依据是否真实、填写项目是否齐全、金额计算是否正确、书写是否清楚、手续是否完备等。

（2）实行会计电算化的单位，对于机制记账凭证也要认真审核，做到会计科目使用正确，数字准确无误。

（3）打印出来的机制记账凭证要加盖制单人员、审核人员、记账人员及会计机构负责人、会计主管人员印章或者签字。

（三）记账凭证的保管

（1）记账凭证应当连同所附的原始凭证或者原始凭证汇总表，按照编号顺序，折叠整齐，按期装订成册，并加具封面，注明单位名称、年度、月份和起讫日期、凭证种类、起讫号码，由装订人在装订线封签处签名或者盖章。

（2）企业和其他组织的记账凭证保管期限一般为 30 年。

【经典例题 1.14】　（判断题）*所有记账凭证必须附有原始凭证并注明所附原始凭证的张数。*　　　　　　　　　　　　　　　　　　　　　　　　　　　　　　　　　　（　　）

【正确答案】　错

【答案解析】　本题考核记账凭证的填制。并非所有记账凭证后面都要附原始凭证，结账和更正错误的记账凭证可以不附原始凭证。

 活动 1.3.3　会　计　账　簿

会计账簿是指由一定格式的账页组成的，以经过审核的会计凭证为依据，全面、系统、连续地记录各项经济业务的簿籍。它是连接会计凭证和财务会计报告的中间环节。

一、会计账簿的种类

会计账簿包括总账、明细账、日记账和其他辅助性账簿。

（1）总账又称总分类账，是根据总分类科目开设的、用来登记全部经济业务，进行总分类核算，提供总括核算资料的分类账簿。

（2）明细账又称明细分类账，是指按明细分类科目开设的、用来分类登记某类经济业务详细情况，提供明细核算资料的账簿。

（3）日记账又称序时账，是按经济业务发生和完成时间的先后顺序进行登记的账簿。

（4）其他辅助性账簿又称备查账簿，是为备忘备查而设置的账簿。

二、会计账簿登记的基本要求

依法设置会计账簿是单位进行会计核算的最基本要求。会计账簿登记的基本要求如下：

（1）依据经过审核无误的会计凭证登记会计账簿。

（2）按照记账规则登记会计账簿。

（3）实行会计电算化的单位，其会计账簿的登记、更正，也应符合国家统一的会计制度的规定。

（4）会计账簿的设置与登记，应当符合有关法律、行政法规和国家统一的会计制度规定。

（5）禁止账外设账。

三、会计账簿账目核对的要求

（1）账实相符：会计账簿记录与实物、款项实有数核对相符。

（2）账证相符：会计账簿记录与会计凭证有关内容核对相符。

（3）账账相符：会计账簿之间对应记录核对相符。

（4）账表相符：会计账簿记录与会计报表有关内容核对相符。

四、结账

各单位应当按照规定定期结账，不得提前或者延迟。

我国年度结账日为公历年度的每年 12 月 31 日，半年度、季度和月度结账日分别为公历年度每半年、每季、每月的最后一天。

【经典例题 1.15】　（单选题）会计账簿之间的核对不包括（　　）。

A. 会计部门的财产物资明细账与财产物资保管、使用部门的有关明细账核对

B. 总账与明细账核对

C. 总账与日记账核对

D. 会计账簿记录与会计报表有关内容核对

【正确答案】　D

【答案解析】　本题考核会计账簿的核对。

 ## 活动 1.3.4　财务会计报告

财务会计报告又称财务报告，是指单位对外提供的反映单位某一特定日期财务状况和某一会计期间经营成果、现金流量等会计信息的文件。

一、财务会计报告的构成

财务会计报告包括会计报表及其附注（"四表一注"，即资产负债表、利润表、现金流量表、所有者权益变动表及其附注）和其他应当在财务会计报告中披露的相关信息和资料。

二、财务会计报告的编制要求

（1）依据经过审核的会计账簿和有关资料编制财务会计报告，是保证财务会计报告质量的重要环节。

（2）财务会计报告的编制要求、提供对象和提供期限应当符合法定要求。

（3）向不同的会计资料使用者提供的财务会计报告，其编制依据应当一致。

三、财务会计报告的对外提供

财务会计报告对外提供的期限应当符合法律、行政法规和国家统一的会计准则、制度的规定。具体为：月度财务会计报告应当于月份终了后 6 天内对外提供；季度财务会计报告应当于月份终了后 15 天内对外提供；；半年度财务会计报告应当于月份终了后 60 天内对外提供；年度财务会计报告应当于月份终了后 4 个月内对外提供。

四、财务会计报告的保管

财务会计报告也属于企业重要的会计档案。企业和其他组织的月度、季度财务会计报告的保管期限为 10 年；年度财务会计报告（决算）的保管期限为永久。

五、财务会计报告的签章程序

财务会计报告由单位负责人和主管会计工作的负责人、会计机构负责人（会计主管人员）签名并盖章；设置总会计师的单位，还须由总会计师签名并盖章。

财务会计报告须经注册会计师审计的，注册会计师及其所在的会计师事务所出具的审计报告应当随同财务会计报告一并提供。

六、财务会计报告的责任主体

单位负责人应当保证财务会计报告的真实、完整。因此，单位负责人是财务会计报告的责任主体。

【经典例题 1.16】 （多选题）根据《会计法》的规定，下列人员中，应当在单位财务会计报告上签名并盖章的有（   ）。

A. 单位负责人

B. 总会计师

C. 会计机构负责人

D. 出纳人员

【正确答案】 ABC

【答案解析】 本题考核财务会计报告的签章程序。根据我国相关会计法律、制度的规定，企业报送的财务会计报告由单位负责人和主管会计工作的负责人、会计机构负责人（会计主管人员）签名并盖章；设置总会计师的单位，还须由总会计师签名并盖章。

活动 1.3.5 会计档案管理

为规范会计档案管理工作，提高会计档案现代化管理水平，2015 年 12 月 11 日，我国财政部、国家档案局令第 79 号发布了修订后的《会计档案管理办法》，并于 2016 年 1 月 1 日起实施。新的《会计档案管理办法》对新形势下会计档案的管理做出了具体规定，它适用于我国国家机关、社会团体、企业、事业单位和其他组织（以下统称为"单位"）。

一、会计档案的内容

会计档案是指单位在进行会计核算等过程中接收或形成的,记录和反映单位经济业务事项的,具有保存价值的文字、图表等各种形式的会计资料,包括通过计算机等电子设备形成、传输和存储的电子会计档案。

【特别提醒】

各单位的财务预算、计划、制度等文件材料属于文书档案,不属于会计档案。

二、会计档案的管理部门

<u>财政部和国家档案管理局主管全国会计档案工作</u>,共同制定全国统一的会计档案工作制度,对全国会计档案工作实行监督和指导。

<u>县级以上地方人民政府财政部门和档案行政管理部门管理本行政区域内的会计档案工作</u>,并对本行政区域内会计档案工作实行监督和指导。

违反《会计档案管理办法》规定的单位和个人,由县级以上人民政府财政部门、档案行政管理部门依据《会计法》《中华人民共和国档案法》等法律、法规处理处罚。

三、会计档案的归档

(一) 需要归档的会计资料

(1) 会计凭证类:包括原始凭证、记账凭证。

(2) 会计账簿类:包括总账、明细账、日记账、固定资产卡片、其他辅助账簿。

(3) 财务报告类:包括月度、季度、半年度、年度财务会计报告。

(4) 其他会计资料:包括银行存款余额调节表、银行对账单、纳税申报表、会计档案移交清册、会计档案保管清册、会计档案销毁清册、会计档案鉴定意见书及其他具有保存价值的会计资料。

【经典例题 1.17】 (多选题)下列各项中,属于会计档案的有( )。

A. 购货发票

B. 应收账款明细账

C. 资产负债表

D. 银行存款余额调节表

【正确答案】 ABCD

【答案解析】 本题考核会计档案的内容。会计档案包括会计凭证类、会计账簿类、财务会计报告类及其他类。购货发票属于原始凭证,应收账款明细账属于会计账簿,资产负债表属于会计报表,银行存款余额调节表属于其他会计资料。

(二) 会计档案的管理

单位可以利用计算机、网络通信等现代信息技术手段管理会计档案。

（1）形成的电子会计资料来源真实有效，由计算机等电子设备形成和传输。

（2）使用的会计核算系统能够准确、完整、有效接收和读取电子会计资料，能够输出符合国家标准归档格式的会计凭证、会计账簿、财务会计报告等会计资料，设定了经办、审核、审批等必要的审签程序。

（3）使用的电子档案管理系统能够有效接收、管理、利用电子会计档案，符合电子档案的长期保管要求，并建立了电子会计档案与相关联的其他纸质会计档案的检索关系。

（4）采取有效措施，防止电子会计档案被篡改。

（5）建立电子会计档案备份制度，能够有效防范自然灾害、意外事故和人为破坏的影响。

（6）形成的电子会计资料<u>不属于具有永久保存价值或者其他重要保存价值</u>的会计档案。

（三）电子会计档案的归档

满足《会计档案管理办法》规定条件，单位从外部接收的电子会计资料附有符合《中华人民共和国电子签名法》规定的电子签名的，可以电子形式归档保存，形成电子会计档案。

单位的会计机构或会计人员所属机构按照归档范围和归档要求，负责定期将应当归档的会计资料整理立卷，编制会计档案保管清册。

四、会计档案的移交

（一）单位内部会计档案移交

（1）当年形成的会计档案，在会计年度终了后，可由会计管理机构临时保管1年，再移交单位档案管理机构保管。

因工作需要确需推迟移交、应当经单位档案机构同意。单位会计管理机构临时保管会计档案最长不超过3年。

【特别提醒】

出纳人员不得兼管会计档案。

（2）单位会计管理机构在办理会计档案移交时，应当编制会计档案移交清册，并按照国家档案管理的有关规定办理移交手续。

（3）纸质会计档案移交时应当保持原卷的封装。电子会计档案移交时应当将电子会计档案及其元数据一并移交，且文件格式应当符合国家档案管理的有关规定。特殊格式的电子会计档案应当与其读取平台一并移交。

（4）单位档案管理机构接收电子会计档案时，应当对电子会计档案的准确性、完整性、可用性、安全性进行检测，符合要求的才能接收。

（二）单位之间会计档案移交

（1）单位之间交接会计档案时，交接双方应当办理会计档案交接手续。

（2）移交会计档案的单位，应当编制会计档案移交清册，列明应当移交的会计档案名称、卷号、册数、起止年度、档案编号、应保管期限和已保管期限等内容。

（3）交接完毕后，交接双方经办人和监督人应当在会计档案移交清册上签名或盖章。

（4）电子会计档案应当与其元数据一并移交，特殊格式的电子会计档案应当与其读取平台一并移交。

五、会计档案的查阅

（1）单位应当严格按照相关制度利用会计档案，在进行会计档案查阅、复制、借出时履行登记手续，严禁篡改和损坏。

（2）单位保存的会计档案一般不得对外借出。确因工作需要且根据国家有关规定必须借出的，应当严格按照规定办理相关手续。

（3）单位的会计档案及其复制件需要携带、寄运或者传输至境外的，应当按照国家有关规定执行。

六、会计档案的保管期限

会计档案的保管期限分为永久和定期两类。定期保管期限一般分为 10 年和 30 年。会计档案的保管期限，从会计年度终了后的第一天算起。

【温馨提示】

会计档案在很多民事案件中都作为重要证据，民事案件的诉讼时效最长为 20 年，但原来大部分会计档案的最低保管期限都低于 20 年，所以在新修订的《会计档案管理办法》中延长了会计档案保管的时间。

企业和其他组织会计档案保管期限表如表 1-1 所示。

表 1-1　　　　　　　企业和其他组织会计档案保管期限表

序号	档案名称	保管期限	备注
一	会计凭证		
1.	原始凭证	30 年	
2.	记账凭证	30 年	
二	会计账簿		
1.	总账	30 年	
2.	明细账	30 年	
3.	日记账	30 年	
4.	固定资产卡片账		固定资产报废清理后保管 5 年
5.	其他辅助性账簿	30 年	
三	财务会计报告		
1.	月、季度、半年度财务会计报告	10 年	

(续表)

序号	档案名称	保管期限	备注
2.	年度财务报告	永久	
四	其他会计资料		
1.	银行存款余额调节表	10年	
2.	银行对账单	10年	
3.	纳税申报表	10年	
4.	会计档案移交清册	30年	
5.	会计档案保管清册	永久	
6.	会计档案销毁清册	永久	
7.	会计档案鉴定意见书	永久	

【经典例题1.18】 （单选题）下列会计档案中,保管期限为10年的是(　　　)。

A. 原始凭证

B. 记账凭证

C. 纳税申报表

D. 总账

【正确答案】 C

【答案解析】 本题考核会计档案的保管期限。选项A、B、D的保管期限为30年。

七、会计档案的鉴定销毁

单位应当定期对已到保管期限的会计档案进行鉴定。经鉴定,仍需继续保存的会计档案,应当重新划定保管期限;对保管期满、确无保存价值的会计档案,可以销毁。保管期满但未结清的债权债务会计凭证和涉及其他未了事项的会计凭证不得销毁。

(一)销毁程序

经鉴定可以销毁的会计档案,应当按照以下程序销毁。

1. 编制销毁清册

单位档案管理机构编制会计档案销毁清册,列明拟销毁会计档案的名称、卷号、册数、起止年度、档案编号、应保管期限、已保管期限和销毁时间等内容。

2. 签署意见

单位负责人、档案管理机构负责人、会计机构负责人、档案管理机构经办人、会计机构经办人应在会计档案销毁清册上签署意见。

3. 专人负责监销

单位档案管理机构负责组织会计档案销毁工作,并与会计机构共同派员监销。监销人在会计档案销毁前,应当按照会计档案销毁清册所列内容进行清点核对;在会计档案销毁后,应当在会计档案销毁清册上签名或盖章。

电子会计档案的销毁还应当符合国家有关电子档案的规定,并由单位档案管理机构、会计机构和信息系统管理机构共同派员监销。

(二) 不得销毁的会计档案

(1) 保管期满但未结清的债权债务会计凭证和涉及其他未了事项的会计凭证不得销毁,纸质会计档案应当单独抽出立卷,电子会计档案单独转存,保管到未了事项完结时为止。

(2) 单独抽出立卷或转存的会计档案,应当在会计档案鉴定意见书、会计档案销毁清册和会计档案保管清册中列明。

(3) 单位因撤销、解散、破产或其他原因而终止的,在终止或办理注销登记手册之前形成的会计档案,按照国家档案管理的有关规定处置。

【经典例题 1.19】 (多选题)下列情况中,不得销毁的会计档案有(　　)。

A. 保管期未满

B. 正在项目建设期间的建设单位,其保管期已满的会计档案

C. 未结清的债权债务的原始凭证

D. 未了事项的原始凭证

【正确答案】　ABCD

【答案解析】　本题考核会计档案可以销毁的情况。保管期满的会计档案应依法进行销毁。保管期满但未结清债权债务原始凭证及其他未了事项的原始凭证不得销毁;正在项目建设期间的建设单位,其保管期满的会计档案不得销毁。

会计档案管理的顺序如图 1-8 所示。

图 1-8　会计档案管理的顺序

任务 1.4　会 计 监 督

会计监督是会计的又一项基本职能,是我国经济监督体系的重要组成部分,也是会计资料质量控制的重要环节。会计监督有狭义和广义之分,狭义的会计监督也指单位内部会计监督,它是指会计人员对特定主体经济活动的真实性、合法性和合理性所进行的审查。广义的会计监督还包括对单位内部会计监督的再监督,即外部监督,主要有政府监督和社会监督。

目前我国已形成了"三位一体"的会计监督体系。其中,"三位"是指会计监督体系的三个层次,即单位内部的会计监督、以政府财政部门为主体的政府监督和以注册会计师为主体的社会监督;"一体"是指各层次监督之间互相联系、相互协调形成一个有机整体。

【经典例题 1.20】 （多选题）下列各项中,属于会计监督体系组成部分的有( )。

A. 社会舆论监督

B. 单位内部会计监督

C. 以注册会计师为主体的会计工作社会监督

D. 以政府财政部门为主体的会计工作政府监督

【正确答案】 BCD

【答案解析】 本题考核会计监督体系的组成部分内容。社会舆论监督属于社会监督的一部分,但是社会监督的主体不是以社会舆论监督为主体,而是以注册会计师为主体,故选项 A错误。

 **活动 1.4.1 单位内部会计监督**

一、单位内部会计监督的概念

单位内部会计监督是指会计机构、会计人员依照法律的规定,通过会计手段对经济活动的合法性、合理性和有效性进行的一种监督。各单位应当建立、健全本单位内部会计监督制度。

（一）单位内部监督的主体和对象

（1）监督主体:各单位的会计机构和会计人员。

（2）监督对象:本单位的经济活动。

根据《会计法》的规定,单位负责人负责单位内部会计监督制度的组织实施,对本单位内部会计监督制度的建立及有效实施承担最终责任。

【经典例题 1.21】 （多选题）我国单位内部会计监督的主体是( )。

A. 单位的会计机构

B. 单位的会计人员

C. 单位负责人

D. 审计人员

【正确答案】 AB

【答案解析】 本题考核单位内部会计监督的主体,我国单位内部会计监督的主体是会计机构和会计人员。

（二）会计机构和会计人员在单位内部会计监督中的职权

（1）依法开展会计核算和监督。对违反《会计法》和国家统一的会计制度规定的会计事项,有权拒绝办理或者按照职权予以纠正。

（2）对单位内部的会计资料和财产物资实施监督。发现会计账簿记录与实物、款项及有关资料不相符的,按照国家统一的会计制度的规定有权自行处理的,应当及时处理;无权处理的,应当立即向单位负责人报告,请求查明原因,做出处理。

（三）单位负责人在会计监督方面的义务

单位负责人在会计监督方面的义务主要有两点：一是应当保证会计机构、会计人员依法履行职责；二是不得授意、指使、强令会计机构、会计人员违法办理会计事项。

二、单位内部会计监督的基本要求

（1）记账人员与经济业务事项和会计事项的审批人员、经办人员、财物保管人员的职责权限应当明确，并相互分离、相互制约。

（2）重大对外投资、资产处置、资金调度和其他重要经济业务事项的决策和执行的相互监督、相互制约的程序应当明确。

（3）财产清查的范围、期限和组织程序应当明确。

（4）对会计资料定期进行内部审计的办法和程序应当明确。

三、内部控制

企业内部控制和行政事业单位内部控制的区别如表 1-2 所示。

表 1-2　　　　　　　企业内部控制和行政事业单位内部控制的区别

内部控制	企业	行政事业单位
概念	由企业董事会、监事会、经理层和全体员工实施的、旨在实现控制目标的过程	单位为实现控制目标，通过制定制度、实施措施和执行程序，对经济活动的风险进行防范和管控
目标	合理保证企业经营管理合法合规	合理保证单位经济活动合法合规
	合理保证企业资产安全	资产安全和使用有效
	合理保证企业财务会计报告及相关信息真实完整	财务信息真实完整
	提高经营效率和效果	有效防范舞弊和预防腐败
	促进企业实现发展战略	提高公共服务的效率和效果
原则	全面性（全过程控制＋全员控制）	全面性
	重要性（重要业务事项＋高风险领域）	重要性
	制衡性	制衡性
	适应性	适应性
	成本效益性	
责任人	董事会：负责内部控制的建立健全和有效实施	单位负责人对本单位内部控制的建立健全和有效实施负责
	监事会：对董事会进行监督	
	经理层：负责组织领导企业内部控制的日常运行	
	专门机构：具体负责组织协调内部控制的建立实施及日常工作	单位应当建立适合本单位实际情况的内部控制体系，并组织实施

（续表）

内部控制	企业		行政事业单位
内容	内部环境(实施内部控制的基础)		梳理业务流程,明确业务环节,分析风险,确定风险点,选择风险应对策略,在此基础上根据国家有关规定建立健全单位各项内部管理制度并督促相关工作人员认真执行
	风险评估		
	控制活动		
	信息与沟通		
	内部监督(监督内部控制的执行)		
控制方法	不相容职务分离控制、授权审批控制、会计系统控制、财产保护控制、预算控制、运营分析控制和绩效考评控制		不相容岗位相互分离、内部授权审批控制、归口管理、预算控制、财产保护控制、会计控制、单据控制、信息内部公开

此外,根据《行政事业单位内部控制规范(试行)》第十条和第十一条的规定,行政事业单位进行单位层面的风险评估时应当重点关注以下方面:一是内部控制工作的组织情况;二是内部控制机制的建设情况;三是内部管理制度的完善情况;四是内部控制关键岗位工作人员的管理情况;五是财务信息的编报情况;六是其他情况。行政事业单位进行经济活动业务层面的风险评估时,应当重点关注以下方面:一是预算管理情况;二是收支管理情况;三是政府采购管理情况;四是资产管理情况;五是建设项目管理情况;六是合同管理情况;七是其他情况。

【经典例题1.22】 **(单选题)**对于关键控制点和关键岗位,企业应花费更大的成本,采取更严格的控制措施,使企业的内部控制风险降到最低。这体现的是内部控制的(   )原则。

A. 制衡性   B. 全面性
C. 重要性   D. 成本效益

【正确答案】 C

【答案解析】 本题考核内部控制重要性原则。

四、内部审计

(一) 内部审计的概念

内部审计是指单位内部的一种独立客观的监督和评价活动。它通过单位内部独立的审计机构和审计人员审查和评价本部门、本单位财务收支和其他经营活动以及内部控制的适当性、合法性和有效性来促进单位目标的实现。

(二) 内部审计的内容

内部审计的内容是一个不断发展变化的范畴,主要包括财务审计、经营审计、经济责任审计、管理审计和风险管理等。

(三) 内部审计的特点

内部审计的审计机构和审计人员都设在本单位内部,审计的内容更侧重于经营过程是否有效、各项制度是否得到遵守与执行。审计结果的客观性和公正性较低,并且以建议性意见为主。

（四）内部审计的作用

内部审计具有如下作用：

（1）预防保护作用。

（2）服务促进作用。

（3）评价鉴证作用。

 活动 1.4.2　会计工作的政府监督

一、会计工作的政府监督的概念

会计工作的政府监督主要是指财政部门代表国家对单位和单位中相关人员的会计行为实施的监督检查，以及对发现的违法会计行为实施的行政处罚。会计工作的政府监督是一种外部监督。

二、会计工作的政府监督主体和对象

（一）主体

（1）县级以上人民政府财政部门为各单位会计工作的监督检查部门，对各单位会计工作行使监督权，对违法会计行为实施行政处罚。

（2）审计、税务、人民银行、证券监管、保险监管等部门依照有关法律、行政法规规定的职责和权限，可以对有关单位的会计资料实施监督检查。

（二）对象

财政部门实施会计监督检查的对象是会计行为，并对发现的有违法会计行为的单位和个人实施行政处罚。

 【经典例题 1.23】　（单选题）财政部门实施会计监督检查的对象是（　　）。

A. 会计行为　　　　　　　　　　　B. 偷税漏税行为

C. 违法经营行为　　　　　　　　　D. 合同欺诈行为

【正确答案】　A

【答案解析】　本题考核会计工作的政府监督。财政部门对会计行为实施会计监督检查。

三、财政部门实施会计监督的主要内容

（1）对单位依法设置会计账簿的检查。

（2）对单位会计资料真实性、完整性的检查。

（3）对单位会计核算情况的检查，即会计核算是否符合《会计法》和国家统一的会计制度的规定。

（4）对单位会计人员从业资格和任职资格的检查。

（5）对会计师事务所出具的审计报告的程序和内容的检查。

【特别提醒】

财政部门实施的会计监督没有对<u>税</u>进行的检查。

【经典例题1.24】 **(多选题)**财政部门实施会计监督检查的内容包括(   )。

A. 对单位是否依法设置会计账簿的检查

B. 对单位会计资料真实性、完整性的检查

C. 对单位的会计核算是否符合法定要求的检查

D. 对单位的会计人员从业资格和任职资格的检查

【正确答案】 ABCD

【答案解析】 本题考核财政部门实施会计监督检查的内容。

 活动 1.4.3   会计工作的社会监督

一、会计工作的社会监督的概念

会计工作的社会监督主要是指由注册会计师及其所在的会计师事务所依法对委托单位经济活动进行的审计、鉴证的一种监督制度。

此外,单位和个人检举违反《会计法》和国家统一的会计制度规定的行为,也属于会计工作社会监督的范畴。

【特别提醒】

单位和个人检举违法会计行为属于<u>社会监督</u>的组成部分但非监督体系。

【经典例题1.25】 **(多选题)**会计工作的社会监督主要包括(   )。

A. 注册会计师及其所在的会计师事务所依法实施的监督

B. 审计、税务和人民银行依法实施的监督

C. 县级以上财政部门依法实施的监督

D. 单位和个人对会计违法行为的检举

【正确答案】 AD

【答案解析】 本题考核会计工作的社会监督,选项B、C属于政府监督。

【经典例题1.26】 **(判断题)**会计工作的社会监督主要是指由注册会计师及其所在的会计师事务所依法对受托单位的经济活动进行审计、鉴证的一种监督制度。   (   )

【正确答案】 错

【**答案解析**】 本题考核会计工作的社会监督,它是委托单位的经济活动而不是受托单位的经济活动。

二、注册会计师审计与内部审计的关系

(一) 联系

(1) 两者都是我国现代审计体系的重要组成部分。

(2) 两者都关注内部控制的健全性和有效性。

(3) 注册会计师审计可能涉及对内部审计成果的利用。

(二) 区别

注册会计师审计与内部审计的区别如表 1-3 所示。

表 1-3 注册会计师审计与内部审计的区别

区别	注册会计师审计	内部审计
独立性	完全独立于被审计单位	受本部门、本单位直接领导,只具有相对独立性
审计方式	受托审计,必须按照执业准则实施审计	依照单位经营管理需要自行组织实施,具有较大的灵活性
职责和作用	对外出具的审计报告具有鉴证作用	只对本部门、本单位负责,不对外公开
接受审计的自愿程度	委托人可自由选择会计师事务所	必须接受

【**经典例题 1.27**】 (多选题)根据《会计法》和《注册会计师法》规定,注册会计师审计和内部审计的联系主要有(   )。

A. 都是现代审计体系的重要组成部分

B. 都关注内部控制的健全性和有效性

C. 注册会计师审计中可能会涉及对内部审计成果的利用

D. 内部审计中可能会涉及对注册会计师审计成果的利用

【**正确答案**】 ABC

【**答案解析**】 本题考核注册会计师审计和内部审计的联系。

三、会计师事务所的业务范围

注册会计师执行业务,应当加入会计师事务所。

注册会计师承办业务,由其所在的会计师事务所统一受理并与委托人签订委托合同。

会计师事务所对本所注册会计师承办的业务,承担民事责任。

注册会计师及其所在的会计师事务所依法承办审计业务、会计咨询和会计服务业务。

(一) 审计业务

(1) 审查企业的财务会计报告,并出具审计报告。

（2）验证企业资本，并出具验资报告。

（3）办理企业合并、分立、清算事宜中的审计业务，并出具有关报告。

（4）法律、行政法规规定的其他审计业务。

【特别提醒】

注册会计师依法执行审计业务所出具的报告具有证明效力。

（二）会计咨询和会计服务业务

（1）设计企业的会计制度。

（2）担任会计顾问。

（3）代理记账。

（4）代理纳税申报。

（5）代理申请工商注册登记，协助拟订合同、章程和其他业务文件。

（6）培训会计、审计和财务管理人员。

（7）提供会计咨询、税务咨询和管理咨询。

（8）办理投资评估、资产评估和项目可行性研究中的有关业务。

（9）其他的会计咨询、会计服务业务。

活动 1.4.4 单位内部会计监督与政府监督、社会监督的关系

一、联系

（1）单位内部会计监督是政府监督、社会监督有效进行的基础。

（2）政府监督、社会监督是对单位内部会计监督的一种再监督。

（3）政府监督是社会监督有效进行的重要保证。

二、区别

（1）监督的主体不同。

（2）监督的性质不同。

（3）监督的时间不同。

（4）监督的内容不同。

任务 1.5 会计机构与会计人员

会计机构是指各单位依据会计工作的需要设置的专门负责办理单位会计业务事项、进行会计核算、实行会计监督的职能部门。会计人员是直接从事会计工作的人员。建立健全会计机构，配备与工作要求相适应的、具有一定素质和数量的会计人员，是做好会计工作，充分发挥

会计职能作用的重要保证。

活动 1.5.1 会计机构的设置

一、办理会计事务的组织方式

各单位可以根据本单位的会计业务繁简情况和会计管理工作的需要决定是否设置会计机构。

（一）单独设置会计机构

单位是否单独设置会计机构，主要取决于以下几个因素：

（1）单位规模大小。

（2）经济业务和财务收支的繁简。

（3）经营管理的要求。

（二）有关机构中配置专职会计人员

规模很小、经济业务简单、业务量相对较少的单位，为了提高经济效益，可以不单独设置会计机构，将会计职能并入其他职能部门，并设置会计人员，同时指定会计主管人员。

（三）实行代理记账

没有设置会计机构且未配置专职会计人员的单位，应当实行代理记账。代理记账是指从事代理记账业务的社会中介机构接受委托人的委托办理会计业务。委托人是指委托代理记账机构办理会计业务的单位。代理记账机构主要包括代理记账公司、会计师事务所、具有代理记账资格的其他社会咨询服务机构等。

我国对代理记账资格实行审批制，申请设立除会计师事务所以外的代理记账机构，应当经所在地的县级以上人民政府财政部门批准，并领取由财政部统一规定样式的代理记账许可证书。

【经典例题 1.28】 （多选题）单位能否单独设置会计机构，其影响因素有（ ）。

A. 单位规模的大小

B. 经营管理的要求

C. 经济业务的繁简

D. 上级主管部门的要求

【正确答案】 ABC

【答案解析】 本题考核会计机构的设置。一个单位能否单独设置会计机构，往往取决于单位规模的大小、经济业务和财务收支的繁简及经营管理的要求等因素。

二、代理记账

代理记账是指从事代理记账业务的中介机构接受委托人的委托办理会计业务。

申请设立除会计师事务所以外的代理记账机构，应当经所在地的县级以上人民政府财政部门批准，并领取由财政部统一印制的代理记账许可证书（见图 1-9）。

图 1-9　代理记账许可证书

（一）代理记账机构的设立条件

符合下列条件的机构可以申请代理记账资格：

（1）为依法设立的企业。

（2）持有会计从业资格证书的专职从业人员不少于 3 名。

（3）主管代理记账业务的负责人具有会计师以上专业技术职务资格且为专职从业人员。

（4）有健全的代理记账业务内部规范。

（二）代理记账机构的业务范围

代理记账机构可以接受委托，受托办理委托人的以下业务：

（1）根据委托人提供的原始凭证和其他资料，按照国家统一的会计制度的规定进行会计核算，包括审核原始凭证、填制记账凭证、登记会计账簿、编制财务会计报告等。

（2）对外提供财务会计报告。代理记账机构为委托人编制的财务会计报告，经代理记账机构负责人和委托人签名并盖章后，应按照有关法律、行政法规和国家统一的会计制度的规定对外提供。

（3）向税务机关提供税务资料。

（4）委托人委托的其他会计业务。

（三）委托代理记账的委托人的义务

（1）对本单位发生的经济业务事项，应当填制或者取得符合国家统一的会计制度规定的原始凭证。

（2）应当配备专人负责日常货币收支和保管。

（3）及时向代理记账机构提供真实、完整的原始凭证和其他相关资料。

（4）对于代理记账机构退回的，要求按照国家统一的会计制度的规定进行更正、补充的原始凭证，应当及时予以更正、补充。

（四）代理记账机构及其从业人员的义务

（1）遵守有关法律、法规和国家统一的会计制度的规定，按照委托合同办理代理记账业务。

（2）对在执行业务中知悉的商业秘密予以保密。

（3）对委托人要求其做出不当的会计处理，提供不实的会计资料，以及其他不符合法律、法规和国家统一的会计制度行为的，予以拒绝。

（4）对委托人提出的有关会计处理相关问题予以解释。

（五）法律责任

根据《代理记账管理办法》的有关规定，代理记账机构应承担以下法律责任：

（1）代理记账机构对其专职从业人员和兼职从业人员的业务活动承担责任。

（2）代理记账机构及其从事代理记账业务人员在办理业务中违反会计法律、行政法规和国家统一的会计制度规定的，由县级以上人民政府财政部门根据《会计法》及相关法规的规定处理。

（3）对于未经批准从事代理记账业务的，由县级以上人民政府财政部门责令其改正，并予以公告。

（4）代理记账机构违反《代理记账管理办法》和国际有关规定造成委托人会计核算混乱，损害国家和委托人利益，或者会同委托人共同提供不真实会计资料的，应当承担相应法律责任。

【经典例题 1.29】　（判断题）从事代理记账业务的单位必须取得由财政部统一印制，并由县级以上人民政府财政部门颁发的代理记账许可证书。　　　　　　　　（　　）

【正确答案】　错

【答案解析】　申请设立除会计师事务所以外的代理记账机构，应当经所在地的县级以上人民政府财政部门批准，并领取由财政部统一印制的代理记账许可证书。

【经典例题 1.30】　（判断题）委托代理记账机构办理会计业务，应由委托代理机构对本单位会计资料的真实性、完整性负责。　　　　　　　　　　　　　　　　　（　　）

【正确答案】　错

【答案解析】　委托代理记账机构办理会计业务，应由单位负责人对本单位会计资料的真实性、完整性负责。

三、会计机构负责人（会计主管人员）的任职资格

（一）会计机构负责人（会计主管人员）的概念

会计机构负责人（会计主管人员）是指在单位内部具体负责会计工作的中层领导人员。

在设置会计机构的情况下，该负责人为会计机构负责人；在未单独设置会计机构（有关机构中设置会计人员）的情况下，被指定为会计主管人员的人就是负责人。

（二）会计机构负责人（会计主管人员）的任职资格

担任单位会计机构负责人（会计主管人员）的，应当具备会计师以上专业技术职务资格或者从事会计工作 3 年以上经历。

【经典例题1.31】 (单选题)根据《会计法》的规定,担任单位会计机构负责人的,应当具备会计师以上专业技术职务资格或者具有一定年限会计工作经历。该年限是( )年以上。

A. 1   B. 2   C. 3   D. 4

【正确答案】 C

【答案解析】 会计机构负责人的任职资格为:会计师以上专业技术职务资格或者3年以上的会计工作经验。

活动1.5.2 会计工作的岗位设置

会计工作岗位是指单位会计机构内部根据<u>业务分工</u>而设置的从事会计工作、办理会计事项的<u>具体职位</u>。

一、会计工作岗位设置的要求

(一) 按需设岗

根据本单位会计业务的需要设置会计工作岗位。

(二) 符合内部牵制的要求

在设置会计工作岗位时,必须遵循"<u>不相容职务相分离</u>"的原则。

会计工作岗位可以一人一岗、一人多岗或者一岗多人。但是,出纳<u>不得兼任稽核、会计档案保管和收入、费用、债权债务账目的登记工作</u>。

【特别提醒】

会计工作岗位不可"多人多岗"。

(三) 建立岗位责任制度

会计机构内部岗位责任制是指明确各项具体会计工作的职责范围、具体内容和要求,并落实到每个会计工作岗位或会计人员的一种会计工作责任制度。以岗位定人员,责任落实到人,各尽其职,达到<u>事事有人负责的</u>目标,改变以往<u>有人没事干、有事又没人干</u>的局面,避免苦乐不均现象的发生。

(四) 建立轮岗制度

会计人员轮岗不仅是会计工作本身的需要,也是加强会计人员队伍建设的需要。定期、不定期地轮换会计人员的工作岗位,有利于会计人员全面熟悉会计业务,提高业务素质,增强会计人员之间团结合作意识,进一步完善单位内部会计控制制度。

【温馨提示】

出纳并非所有账簿都不能登记,除特种日记账必须由出纳登记外,出纳还可以登记固定资产卡片等财产物资明细账。

【经典例题1.32】 （多选题）下列各项中，属于出纳不得兼管的工作有（　　）。

A. 稽核　　　　　　　　　　　　B. 会计档案保管

C. 登记银行存款日记账　　　　　D. 登记收入总账

【正确答案】 ABD

【答案解析】 本题考核设置会计工作岗位的内部牵制要求。出纳不得兼任稽核、会计档案保管和收入、费用、债权债务账目登记工作。选项A、B、D都符合题目的要求。

二、主要会计工作岗位

（1）总会计师（或行使总会计师职权）。

（2）会计机构负责人或者会计主管人员。

（3）出纳。

（4）稽核。

（5）资本、基金核算。

（6）收入、支出、债权债务核算。

（7）职工薪酬、成本费用、财务成果核算。

（8）财产物资收发、增减核算。

（9）总账。

（10）财务会计报告编制。

（11）会计机构内会计档案管理。

（12）其他。

 【特别提醒】

以下岗位不属于会计岗位：

（1）档案管理部门的人员管理会计档案，不属于会计岗位。

（2）医院门诊收费员、住院处收费员、药房收费员、药品库房记账员、商场收款（银）员所从事的工作，均不属于会计岗位。

（3）单位内部审计、社会审计、政府审计工作也不属于会计岗位。

 【经典例题1.33】 （单选题）会计岗位不包括（　　）。

A. 稽核　　　　　B. 财务成果核算　　　C. 出纳　　　　　　D. 药房收费员

【正确答案】 D

【答案解析】 药房收费员不属于会计岗位。

三、总会计师

总会计师是组织领导本单位的财务管理、成本管理、预算管理、会计核算和会计监督等方面工作，参与本单位重要经济问题分析和决策的单位行政领导人。

（一）总会计师的设置

国有资产占控股地位或主导地位的大、中型企业必须设置总会计师，任免总会计师应当符合规定，总会计师行使规定的职权。

（二）总会计师的地位

凡是设置总会计师的单位，不应当再设置与总会计师职责重叠的行政副职。

总会计师属于单位领导成员，而会计机构负责人则是中层领导人员。

（三）总会计师的任职资格

总会计师的任职资格为取得会计师任职资格后，主管一个单位或者单位内一个重要方面的财务会计工作时间不少于 3 年。

（四）总会计师的职权

（1）会计人员的任用、晋升、调动、奖惩，应当事先征求总会计师的意见。

（2）会计机构负责人或者会计主管人员的人选，应当由总会计师进行业务考核，依照有关规定审批。

 活动 1.5.3　会计工作交接

会计人员工作交接也称会计工作交接，是指会计人员工作调动、因故离职或因病暂时不能工作时，与接替人员办理交接手续的一种工作程序。做好会计交接工作，也是分清移交人员和接管人员工作责任的一项有效措施。

一、交接的范围——换人来做

（1）会计人员工作调动或者因故离职，应与接管人员办理会计工作交接手续。

（2）会计人员临时离职或因病暂时不能工作且需要接替或代理的，会计机构负责人（会计主管人员）或单位负责人必须指定专人接替或者代理，并办理会计工作交接手续。

（3）临时离职或因病不能工作的会计人员恢复工作时，应当与接替或代理人员办理交接手续。

（4）移交人员因病或其他特殊原因不能亲自办理移交手续的，经单位负责人批准，可由移交人委托他人代办交接，但委托人应当对所移交的会计凭证、会计账簿、财务会计报告和其他会计资料的真实性和完整性承担法律责任。

 【特别提醒】

没有办清工作交接手续的会计人员，不得调动或者离职。

二、交接程序

（一）提出交接申请

（1）会计人员在向单位或者有关部门提出调动工作或者离职申请时，应当同时向会计机构提出会计交接申请,以便会计机构早做准备,安排其他会计人员接替工作。

(2) 单位或者有关部门在批准其申请前,应当主动与本单位的会计机构负责人沟通,了解该会计人员是否申请办理交接手续,以及会计机构的意见等。

(二) 办理移交手续前的准备工作

(1) 已经受理的经济业务事项尚未填制会计凭证的,应当填制完毕。

(2) 尚未登记的账目应当登记完毕,结出余额,并在最后一笔余额后加盖经办人员印章。

(3) 整理应移交的各项会计资料,对未了事项写出书面材料;会计机构负责人(会计主管人员)办理交接的,对遗留问题应写出书面材料。

(4) 编制移交清册。

(5) 会计机构负责人(会计主管人员)移交时,还应将全部财务会计工作、重要财务收支问题和会计人员情况等向接替人员介绍清楚。

(三) 移交点收

接管人员应认真按照移交清册逐项点收。

(1) 现金要根据会计账簿记录余额进行当面点交,不得短缺。如有不一致或存在"白条抵库"现象,移交人员应在规定期限内负责查清处理。

(2) 有价证券的数量要与会计账簿记录一致。有价证券面额与发行价不一致时,按照会计账簿余额交接。

(3) 所有会计资料必须完整无缺。如有短缺,必须查明原因,并在移交清册中加以说明,由移交人负责。

(4) "银行存款"账户余额要与银行对账单核对一致,如有未达账项,应编制银行存款余额调节表来调节相符;各种财产物资和债权债务的明细账户余额要与总账有关账户的余额核对相符;对重要实物要实地盘点;对余额较大的往来账户要与往来单位、个人核对。

(5) 移交人员经管的票据、印章及其他会计用品等,也必须交接清楚。

(6) 实行电算化的单位,交接双方应将有关电子数据在计算机上进行实际操作,确认有关数据正确无误后,方可交接。

(四) 专人负责监交

(1) 一般会计人员办理交接手续,应由会计机构负责人(会计主管人员)监交。

(2) 会计机构负责人(会计主管人员)办理交接手续,应由单位负责人负责监交,必要时由主管部门派人会同监交。

需要会同监交的情况:①所属单位负责人不能监交。②所属单位负责人不能及时监交。③不宜由所属单位负责人单独监交。④上级主管部门认为存在某些问题需要派人会同监交的。

(五) 交接后的相关事宜

(1) 会计工作交接完毕后,交接双方和监交人要在移交清册上签名或盖章。

(2) 接管人员应继续使用移交前的账簿,不得擅自另立账簿。

(3) 移交清册一般一式三份,交接双方各执一份,存档一份。

三、交接人员的责任

(1) 移交人员所移交的会计资料是在其经办会计工作期间内发生的,应当对这些会计资料的真实性、完整性承担法律责任。

（2）即使接替人员在交接时因疏忽没有发现所交接会计资料在真实性、完整性方面的问题，如事后发现仍由原移交人员负责。

 **案例分析**

A 公司 2018 年发生如下经济业务和事项：

（1）1 月，公司会计科原科长张某因退休与新任会计科科长李某办理了会计工作交接手续，公司办公室主任负责监交。

（2）2 月，新任会计科科长李某发现原会计科科长张某 2017 年曾经办支付的一笔货款与发票金额不符，遂找张某询问。张某认为，自己已经办理了会计交接手续，会计上的任何事情与他再没有关系。

【分析】（1）A 公司的会计移交程序是不符合规定的。根据《会计法》的规定，会计机构负责人（会计主管人员）办理交接手续，应由单位负责人监交，必要时主管单位可以派人会同监交。

（2）张某应当对移交的会计资料承担责任。根据规定，交接工作完成后，移交人员所移交的会计凭证、会计账簿、财务会计报告和其他会计资料是在其经办会计工作期间内发生的，移交人员应当对这些会计资料的真实性、完整性负责。

 ## 活动 1.5.4　会计专业技术资格与会计专业职务

一、会计专业技术资格

会计专业技术资格是指担任会计专业职务的任职资格。取得会计专业技术资格是担任会计专业职务的前提条件。

（一）考试级别和科目

1. 考试级别

会计专业技术资格考试的级别有初级、中级、高级会计师资格三种。

初级、中级会计师资格的取得实行全国统一考试制度；高级会计师资格实行考试与评审相结合制度。

2. 考试科目

初级：《初级会计实务》和《经济法基础》——要求 1 年内一次通过。

中级：《中级会计实务》《财务管理》《经济法》——要求 2 年为一个周期，单科成绩滚动计算。

高级：《高级会计实务》考试成绩合格后 3 年内有效。

（二）报名条件

初级：要求高中以上学历。

中级：大专学历＋从事会计工作满 5 年；本科学历＋从事会计工作满 4 年；双学士学位或研究生班毕业＋从事会计工作满 2 年；硕士学位＋从事会计工作满 1 年；博士学位（无工作年

限限制）。

【特别提醒】

　　会计专业技术资格考试报名条件中的学历必须是国家认可的；工作年限为取得相应学历前后之和。

（三）证书的管理

（1）会计专业技术资格证书在全国范围有效。

（2）对于伪造学历和资历证明，或者在考试期间有违纪行为的，由会计考试管理机构吊销其会计专业技术资格，由发证机关收回其会计专业技术资格证书，2 年内不得再参加会计专业技术资格考试。

二、会计专业职务

　　会计专业职务是对会计专业人员的职务称谓，它是区别会计人员业务技能的技术等级。（职务＝工作）

　　会计专业职务分为高级会计师（高级职务）、会计师（中级职务）、助理会计师和会计员（初级职务）。

【特别提醒】

（1）会计专业职务不包括总会计师也不包括注册会计师。
（2）有专业技术资格，不一定有会计专业职务。

【经典例题 1.34】　（多选题）我国会计专业职务分为（　　）。

A. 总会计师　　　　　　　　　　B. 会计师
C. 助理会计师和会计员　　　　　D. 高级会计师

【正确答案】　BCD

【答案解析】　本题考核会计专业职务。总会计师不属于会计专业职务，也不是会计机构的负责人或会计主管人员，而是一种行政职务，直接对单位领导人负责。

任务 1.6　法律责任

活动 1.6.1　法律责任概述

法律责任是指行为人因实施违反法律、法规规定的行为而应当承担的法律后果，也就是对违法者的制裁。法律责任通常分为民事责任、行政责任、刑事责任、违宪责任和国际赔偿责任五种。针对会计违法行为,我国《会计法》规定了两种法律责任:一是行政责任;二是刑事责任。

一、行政责任——违法行为

行政责任是指行政法律关系主体在国家行政管理活动中因违反了行政法律规范,不履行行政上的义务而应承担的责任。行政责任的形式有两种:行政处罚和行政处分。

(一) 行政处罚

(1) 概念:行政处罚是指特定的行政主体基于一般行政管理职权,对其认为违反行政法上的强制性义务、违反行政管理程序的行政管理相对人所实施的一种行政制裁措施。

(2) 形式:①警告。②罚款。③没收违法所得、没收非法财物。④责令停产停业。⑤暂扣或者吊销许可证、执照。⑥行政拘留。

(二) 行政处分

行政处分针对的是国家工作人员。它是指国家工作人员违反行政法律规范所应承担的一种行政法律责任。行政处分包括警告、记过、记大过、降级、撤职和开除。

二、刑事责任——犯罪行为

刑事责任是指行为人因触犯《中华人民共和国刑法》所必须承受的,由司法机关代表国家所确定的否定性后果。刑事责任包括主刑和附加刑。

(一) 主刑

主刑是对犯罪分子适用的主要刑罚方法,只能独立适用,不能附加适用,对犯罪分子只能判处一种主刑。主刑分为管制、拘役、有期徒刑、无期徒刑和死刑。

(二) 附加刑

附加刑是既可独立适用又可以附加适用的刑罚方法。也就是说,对同一犯罪行为既可以在主刑之后判处一个或两个以上的附加刑,也可以独立判处一个或两个以上的附加刑。附加刑分为罚金、剥夺政治权利、没收财产。对犯罪的外国人,也可以独立或附加适用驱逐出境。

除了上述刑罚措施外,还可以判处赔偿经济损失;对于犯罪情节轻微不需要判处刑罚的,根据情况予以训诫或者责令其悔过、赔礼道歉。

 【特别提醒】

(1) 行政处罚的"罚款"比刑事责任的"罚金"处罚更重。

(2) 刑事责任的附加刑中的"没收财产"比行政处罚中的"没收违法所得、没收非法财物"处罚更重。因为该附加刑可以把犯罪行为人的合法财产也没收。

活动 1.6.2 不依法设置会计账簿等会计违法行为的法律责任

一、违反会计法规应承担法律责任的行为

（1）不依法设置会计账簿的行为。

（2）私设会计账簿的行为。

（3）未按照规定填制、取得原始凭证或者填制、取得的原始凭证不符合规定的行为。

（4）以未经审核的会计凭证为依据登记会计账簿或者登记会计账簿不符合规定的行为。

（5）随意变更会计处理方法的行为。

（6）向不同的会计资料使用者提供的财务会计报告编制依据不一致的行为。

（7）未按照规定使用会计记录文字或者记账本位币的行为。

（8）未按照规定保管会计资料，致使会计资料毁损、灭失的行为。

（9）未按照规定建立并实施单位内部会计监督制度或者拒绝依法实施的监督或者不如实提供有关会计资料及有关情况的行为。

（10）任用会计人员不符合《会计法》规定的行为。

【特别提醒】

违反会计法规应承担法律责任的行为不包括违反税法的行为。

【经典例题 1.35】 **（多选题）**下列各项中，属于违反《会计法》规定的有（   ）。

A. 以未经审核的会计凭证为依据登记会计账簿的行为

B. 随意变更会计处理方法的行为

C. 未在规定期限办理纳税申报的行为

D. 未按规定建立并实施单位内部会计监督制度的行为

【正确答案】 ABD

【答案解析】 本题考核违反会计法规应承担法律责任的行为，不包括违反税法的行为。

二、法律责任

（1）由县级以上人民政府财政部门责令限期改正。

（2）罚款。①对单位并处 3 000 元以上 5 万元以下的罚款。②对其直接负责的主管人员和其他直接责任人员，可以处 2 000 元以上 2 万元以下的罚款。

（3）属于国家工作人员的，还应当由其所在单位或者有关单位依法给予行政处分。

（4）构成犯罪的，依法追究刑事责任。

【经典例题 1.36】 **（单选题）**根据我国《会计法》的规定，单位随意变更会计处理方法的，县级以上人民政府财政部门责令限期改正，并可以处以（   ）。

A. 2 000元以上5万元以下的罚款　　　B. 2 000元以上2万元以下的罚款
C. 3 000元以上5万元以下的罚款　　　D. 4 000元以上5万元以下的罚款

【正确答案】　C

【答案解析】　本题考核随意变更会计处理方法的法律责任。根据《会计法》的规定,单位随意变更会计处理方法的,由县级以上人民政府财政部门责令限期改正,并可以处以3 000元以上5万元以下的罚款。

活动1.6.3　其他会计违法行为的法律责任

一、伪造、变造会计凭证、会计账簿,编制虚假财务会计报告行为的法律责任

(一) 行为特征

(1) 伪造会计凭证:是指以虚假的经济业务或者资金往来为前提,编制虚假的会计凭证。

(2) 变造会计凭证:是指采取涂改、挖补和其他方法改变会计凭证真实内容。

(3) 伪造会计账簿:是指根据伪造或变造的虚假会计凭证填制会计账簿,或者不按要求登记账簿,或者对内对外采用不同的确认标准、计量方法等手段编造虚假的会计账簿的行为。

(4) 变造会计账簿:是指采取涂改、挖补和其他方法改变会计账簿真实内容。

(5) 编制虚假财务会计报告:是指根据虚假的会计账簿记录编制财务会计报告,或者凭空捏造虚假的财务会计报告及对财务会计报告擅自进行没有依据的修改的行为。

(二) 处罚

(1) 构成犯罪的,依法<u>追究刑事责任</u>。

(2) 尚不构成犯罪的,由县级以上人民政府财政部门给予<u>通报</u>,可以对单位并处5 000元以上10万元以下的<u>罚款</u>;对其直接负责的主管人员和其他直接责任人员,可以处3 000元以上5万元以下的罚款;属于国家工作人员的,还应当由其所在单位或者有关单位依法给予撤职,直至开除的<u>行政处分</u>;其中的会计人员,5年内不得从事会计工作。

二、隐匿或者故意销毁依法应当保存的会计凭证、会计账簿、财务会计报告行为的法律责任

(一) 行为特征

(1) 隐匿:是指故意转移、隐藏依法应当保存的会计资料的行为。

(2) 故意销毁:是指故意将依法应当保存的会计资料予以销毁的行为。

【经典例题1.37】　(单选题)某会计师事务所在审计某企业会计凭证和账簿中发现有挖补、涂改的痕迹,对于企业这种行为可以认定为(　　　)。

A. 伪造会计凭证、会计账簿和其他会计资料

B. 变造会计凭证、会计账簿和其他会计资料

C. 提供虚假的账务会计报告

D. 胁迫会计人员做假账

【正确答案】 B

【答案解析】 本题考核伪造、变造会计凭证、会计账簿,编制虚假财务会计报告的违法行为。变造会计凭证、会计账簿和其他会计资料是指用涂改、挖补等手段来改变会计凭证、会计账簿和其他会计资料。

(二) 处罚

(1) 构成犯罪的,依法追究刑事责任。

(2) 不构成犯罪的,由县级以上人民政府财政部门予以通报;可以对单位并处 5 000 元以上 10 万元以下的罚款;对其直接负责的主管人员和其他直接责任人员,可以处 3 000 元以上 5 万元以下的罚款;属于国家工作人员的,还应由其所在单位或者有关单位。依法给予撤职直至开除的行政处分;其中的会计人员,5 年内不得从事会计工作。

三、授意、指使、强令会计机构、会计人员及其他人员伪造、变造会计凭证、会计账簿,编制虚假财务会计报告或者隐匿、故意销毁依法应当保存的会计凭证、会计账簿、财务会计报告行为的法律责任

(一) 行为特征

(1) 授意:是指暗示他人按其意思行事。

(2) 指使:是指通过明示方式,指示他人按其意思行事。

(3) 强令:是指明知其命令是违反法律的,而强迫他人按其命令行事的行为。

(二)处罚

(1) 构成犯罪的,依法追究刑事责任。

(2) 尚不构成犯罪的,可以处 5 000 元以上 5 万元以下的罚款;属于国家工作人员的,还应当由其所在单位或者有关单位依法给予降级、撤职、开除的行政处分。

四、单位负责人对依法履行职责、抵制违反《会计法》规定行为的会计人员以降级、撤职、调离工作岗位、解聘或者开除等方式实行打击报复的法律责任

(一) 行为特征

(1) 犯罪主体是公司、企业、事业单位、机关、团体的领导人。

(2) 犯罪对象是依法履行职责、抵制违反《会计法》规定行为的会计人员。

(3) 在客观上表现为对依法履行职责、抵制违反《会计法》规定行为的会计人员实行打击报复、情节恶劣的行为,如降级、撤职、调离工作岗位、解聘或者开除等方式。

(二) 处罚

(1) 构成犯罪的,依法追究刑事责任。

(2) 尚不构成犯罪的,由其所在单位或者有关单位依法给予行政处分。

(三) 对受打击报复的会计人员的补救措施

(1) 恢复其名誉。

(2) 恢复其原有职务、级别。

【经典例题1.38】 （判断题）对犯有打击报复会计人员罪的单位负责人，可处5年以下有期徒刑或者拘役。　　　（　　）

【正确答案】 错

【答案解析】 本题考核单位负责人对会计人员打击报复的法律责任。对犯有打击报复会计人员罪的单位负责人，可处3年以下有期徒刑或者拘役。

不同会计违法行为的罚款金额如表1-4所示。

表1-4　　　　　　　　　　不同会计违法行为的罚款金额

会计违法行为	违反会计法规行为	伪造、变造会计凭证、会计账簿，编制虚假财务会计报告行为	隐匿或者故意销毁依法应当保存的会计凭证、会计账簿、财务会计报告行为	授意、指使、强令会计机构、会计人员及其他人员伪造、变造会计凭证、会计账簿，编制虚假财务会计报告或者隐匿、故意销毁依法应当保存的会计凭证、会计账簿、财务会计报告行为
单位	3 000~50 000元	5 000~100 000元	5 000~100 000元	—
直接责任人	2 000~20 000元	3 000~50 000元	3 000~50 000元	5 000~50 000元

模 块 测 试

参考答案

一、单项选择题(本题共20题，每题1分，共20分)

1. 根据《中华人民共和国会计法》的规定，对故意销毁依法应当保存的会计凭证、会计账簿、财务会计报告，尚不构成犯罪的，县级以上财政部门除按规定对直接负责的主管人员和其他直接责任人员进行处罚外，对单位予以通报，可以并处罚款。对单位所处的罚款金额最低为(　　)元。

A. 5 000　　　　　B. 2 000　　　　　C. 3 000　　　　　D. 1 000

2. 行政处分适用于(　　)。

A. 触犯行政法规的所有人　　　　　B. 违反行政法律、法规的国家工作人员
C. 触犯刑法的普通公民　　　　　　D. 仅限违法的领导干部

3. 下列各项中，不属于行政处罚形式的是(　　)。

A. 没收违法所得　　　　　　　　　B. 暂扣或吊销许可证
C. 行政拘留　　　　　　　　　　　D. 开除

4. 设置总会计师的国有企业，不能再设置(　　)。

A. 单位负责人　　　　　　　　　　B. 会计机构负责人
C. 与总会计师职责相同的行政副职　D. 总账会计

5. 我国会计法律制度中层次最高的法律、法规是(　　)。

A.《会计法》
B.《注册会计师法》

C.《会计法》和《注册会计师法》

D.《总会计师条例》

6. 财政部门实施会计监督检查的对象是(　　)。

A. 会计行为　　　　　　　　　　　　　B. 偷税漏税行为

C. 违法经营行为　　　　　　　　　　　D. 合同欺诈行为

7. 根据《会计档案管理办法》规定,固定资产卡片账自固定资产报废后的保管期限是(　　)。

A. 3年　　　　　　B. 5年　　　　　　C. 15年　　　　　　D. 永久

8. 对单位一定会计时期内财务、成本等情况进行分析总结的书面文字报告是(　　)。

A. 会计报表　　　　　　　　　　　　　B. 会计报表附注

C. 财务情况说明书　　　　　　　　　　D. 财务年度计划

9. A单位会计王某采用涂改手段,将金额为10 000元的购货发票改为40 000元。根据《会计法》有关规定,该行为属于(　　)。

A. 伪造会计凭证　　　　　　　　　　　B. 变造会计凭证

C. 伪造会计账簿　　　　　　　　　　　D. 变造会计账簿

10. 下列各项中,不属于会计行业自律管理制度应发挥的作用的是(　　)。

A. 督促会计人员依法开展会计工作　　　B. 替代会计行政管理制度

C. 促进行业的发展　　　　　　　　　　D. 树立良好的行业风气

11. 违反我国《会计法》的要求私设会计账簿,县级以上人民政府财政部门可以对其直接负责的主管人员和其他直接责任人员处以的罚款金额是(　　)。

A. 1 000元以上2万元以下　　　　　　B. 2 000元以上2万元以下

C. 2 000元以上5万元以下　　　　　　D. 5 000元以上5万元以下

12. 会计专业技术职务的高级职务是(　　)。

A. 高级会计师　　　B. 会计师　　　　C. 注册会计师　　　D. 会计员

13. 按照规定,(　　)任用会计人员应当实行回避制度。

A. 国家机关、国有企业、事业单位　　　B. 国家机关、国有企业、企事业单位

C. 国有企业、企事业单位、外资企业　　D. 国有企业、事业单位、外资企业

14. 下列对编制财务会计报告的表述中,不正确的是(　　)。

A. 财务会计报告应当依据会计账簿记录和有关会计资料编制

B. 财务会计报告的编制要求、提供对象、提供期限应当符合法定要求

C. 向不同的会计资料使用者提供的财务会计报告,其编制依据应当一致

D. 各单位的财务会计报告在上报有关部门前必须经注册会计师审核签字

15. 用涂改、挖补等手段来改变会计凭证、会计账簿等的真实内容、歪曲事实真相的行为属于(　　)。

A. 变造会计凭证、会计账簿及其他会计资料的行为

B. 提供虚假财务会计报告的行为

C. 伪造会计凭证、会计账簿及其他会计资料的行为

D. 一般违纪行为,免于处罚

16. 由国务院发布的会计法律制度属于(　　)。

A. 会计法律　　　　　　　　　　　　　B. 会计行政法规

C. 会计部门规章　　　　　　　　　　　D. 会计规范性文件

17. 记账凭证上不需要有（　　）的签名或印章。

A. 填制人员　　　　B. 稽核人员　　　　C. 记账人员　　　　D. 单位负责人

18. 某单位会计人员夏某在填制记账凭证过程中发生的下列事项中，正确的是（　　　）。

A. 将若干张原始凭证进行汇总，根据汇总后的原始凭证汇总表填制记账凭证

B. 一张更正错误的记账凭证未附原始凭证

C. 由于一张购货发票涉及另一单位，发票原件被对方保存，故根据发票复印件填制记账凭证

D. 填制记账凭证时，因出现文字错误，遂用划线更正法进行了更正

19. 《会计法》要求，作为记账凭证编制依据的必须是（　　）的原始凭证和有关资料。

A. 经办人签字　　　B. 审核无误　　　　C. 金额无误　　　　D. 领导认可

20. 根据我国《注册会计师法》的规定，（　　）负责组织实施全国会计师事务所执业质量监督检查，并对违反《中华人民共和国注册会计师法》的行为实施行政处罚。

A. 财政部　　　　　　　　　　　　　　B. 中国注册会计师协会

C. 证券监督委员会　　　　　　　　　　D. 审计署

二、多项选择题（本题共 20 题，每题 2 分，共 40 分）

1. 隐匿或者故意销毁依法应当保存的会计凭证、会计账簿、财务会计报告，对单位及其直接负责的人员（　　）。

A. 予以通报

B. 处以罚款

C. 属于国家工作人员的，给予行政处分

D. 构成犯罪的，依法追究刑事责任

2. 《会计法》规定，对单位处 5 000 元以上 100 000 元以下罚款的行为有（　　　）。

A. 伪造、变造会计凭证、会计账簿　　　B. 隐匿应当保存的财务会计报告

C. 故意销毁应当保存的会计凭证　　　　D. 编制虚假财务会计报告

3. 根据《会计法》的规定，应当承担法律责任的违法行为包括（　　）。

A. 私设会计账簿

B. 向不同的会计资料使用者提供的财务会计报告编制依据不一致

C. 未按照规定建立并实施单位内部会计监督制度

D. 外商投资企业仅使用英文作为会计记录文字

4. 会计工作交接完毕之后，必须在移交清单上签名或者盖章的人员有（　　）。

A. 接管人　　　　　B. 移交人　　　　　C. 监交人　　　　　D. 会计机构负责人

5. 下列关于会计专业技术资格的说法中，正确的有（　　　）。

A. 初级资格的取得实行全国统一考试制度

B. 中级资格的取得实行全国统一考试制度

C. 高级资格的取得实行全国统一考试制度

D. 高级会计师资格考试成绩合格证在全国范围内 5 年有效

6. 下列关于财产清查的说法中，正确的有（　　　）。

A. 在编制年度财务会计报告之前，必须进行财产清查

B. 对账实不符等问题根据国家统一的会计制度的规定进行会计处理

C. 通过清查可以确定各项财产的实存数,以便查明实存数与账面数是否相符,并查明不符的原因和责任

D. 各单位应当定期将会计账簿记录与实物、款项及有关资料相互核对,保证会计账簿记录与实物及款项的实有数额相符

7. 下列各项中,在会计法规制度中进行了统一规范的有(   )。

A. 会计年度   B. 记账本位币

C. 设置会计账簿   D. 填制会计凭证

8. 下列关于会计账簿的描述中,正确的有(   )。

A. 会计账簿以会计凭证为依据

B. 由一定格式、相互联系的账页所组成

C. 是会计资料的主要载体之一

D. 是编制财务会计报告,检查、分析和控制单位经济活动的主要依据

9. 下列属于我国《会计法》对会计电算化做出的规定的有(   )。

A. 使用的会计核算计算机必须为国家指定的品牌

B. 使用的会计核算软件必须符合国家统一的会计制度的规定

C. 使用电子计算机软件生成的会计资料必须符合国家统一的会计制度的要求

D. 使用电子计算机进行会计核算的人员必须经过国家统一培训

10. 下列说法中,正确的有(   )。

A. 单位负责人负责单位内部的会计工作管理,应当保证会计机构、会计人员依法履行职责

B. 单位负责人是指单位法定代表人或者法律、行政法规规定代表单位行使职权的主要负责人

C. 单位负责人负责单位内部的会计管理,不得授意、指使、强令会计机构和会计工作人员违法办理会计事项

D. 单位负责人对本单位的会计工作和会计资料的真实性、完整性负责

11. 我国会计工作管理体制的总原则有(   )。

A. 统一领导   B. 分级管理   C. 统一管理   D. 分级领导

12. 会计人员继续教育的目的有(   )。

A. 提高和保持专业胜任能力   B. 提高和保持职业道德水平

C. 提高和保持学位   D. 提高和保持学历

13. 依法建账是建账的最基本原则。它主要包括(   )。

A. 国家机关、社会团体、公司、企业、事业单位和其他组织,都应当按照《会计法》的规定设置会计账簿,进行会计核算

B. 设置会计账簿的种类和具体要求,应当符合《会计法》和国家统一的会计制度的规定

C. 各单位发生的各项经济业务事项应当统一进行会计核算不得违反规定私设会计账簿进行登记核算

D. 必须使用真实的会计资料登记账簿,并加以核算

14. 下列各项中,在会计法规制度中进行了统一规范的有(   )。

A. 会计年度   B. 记账本位币

C. 设置会计账簿   D. 填制会计凭证

15. 我国的会计管理体制在《会计法》和《注册会计师法》中已作明确规定,形成了各有侧重、协调发展的会计管理体制,主要包括(　　)。

A. 会计行政管理   B. 自律管理

C. 单位会计管理   D. 会计从业人员自我管理

16. 1999 年第一次修订、并经 2017 年第二次修正后重新发布的《会计法》的特点包括(　　)。

A. 突出了规范会计行为、保证会计信息质量的立法宗旨

B. 进一步完善了会计核算规则

C. 进一步加强了会计监督制度

D. 特别强调了单位负责人对本单位会计工作和会计资料真实性、完整性的责任

17. 记账凭证上应当有(　　)的签名或印章。

A. 填制人员   B. 稽核人员   C. 记账人员   D. 会计主管人员

18. 下列事项中,属于记账凭证内容的有(　　)。

A. 填制凭证的日期   B. 经济业务的摘要

C. 会计科目   D. 记账凭证编号

19. 下列有关记账凭证填制的说法中,错误的有(　　)。

A. 填制记账凭证时,应当对记账凭证连续编号

B. 除结账和更正错误的记账凭证可以不附原始凭证外,其他记账凭证必须附有原始凭证

C. 一张原始凭证所列支出需要几个单位共同负担的,应当将原件复印后交给对方单位

D. 登记入账前填制记账凭证时发生金额错误的,应当重新填制;发生金额以外其他错误的,可以直接更正并在更正处签名或盖章

20. 会计监督检查的作用包括(　　)。

A. 规范会计秩序,打击违法行为

B. 保证会计信息质量

C. 保护国家、投资者、债权人、社会公众利益

D. 维护社会主义市场经济秩序

三、判断题(本题共 20 题,每题 1 分,共 20 分)

1. 对犯有打击报复会计人员罪的单位负责人,可处 3 年以下有期徒刑或者拘役。(　　)

2. 各单位发生的各项经济业务应当在依法设置的会计账簿上统一登记、核算,不得违反规定私设会计账簿进行登记、核算。(　　)

3. 会计人员调动或因故离职,应与接管人员办理会计人员工作交接手续,未办清交接手续的,不得调动或离职。(　　)

4. 我国《会计法》规定,国有的和国有资产占控股地位或者主导地位的大、中型企业可以设置总会计师。(　　)

5. 我国《会计法》规定,不具备设置会计机构和会计人员条件的,应当委托从事会计代理记账业务的中介机构代理记账。(　　)

6. 如实向委托的会计师事务所提供会计资料和有关情况,是委托人的责任和义务。(　　)

7.《会计法》要求建立的"三位一体"的会计监督体系是财政监督、审计监督和税务监督。

（　　）

8. 从《会计法》规定的单位内部会计监督制度的内容来看,其本质是一种内部控制制度。

（　　）

9. 各级财政部门销毁会计档案时,可以不由审计部门派人监销。（　　）

10.《企业财务会计报告条例》规定,会计期间分为年度、半年度、季度和月度,以满足单位经营管理和投资者对会计资料的需要。（　　）

11. 会计人员如果在填制记账凭证时发生错误,应当重新填制。（　　）

12. 用计算机进行会计核算与手工会计核算,在会计法律上的规定是不同的。（　　）

13. 会计法律是由全国各地人民代表大会或其常务委员会制定的。（　　）

14. "小金库"属于私设会计账簿的行为。（　　）

15. 我国《会计法》规定各单位应当根据会计业务的需要,设置会计机构,或者在有关机构中设置会计人员并指定会计主管人员,但不具备设置会计机构或会计人员条件的单位应当委托经批准设立从事代理记账业务的中介机构代理记账。

16. 单位负责人必须保证对外提供的财务会计报告的真实、完整。（　　）

17. 对先进工作者的表彰奖励不属于会计人才评价的范畴。（　　）

18. 我国目前有两部会计法律,分别是《会计法》和《注册会计师法》。（　　）

19. 原始凭证是登记会计账簿的直接依据。（　　）

20. 记账凭证基本要素包括填制日期、所附原始凭证的张数、记账人员和会计主管人员的签名或盖章等。（　　）

四、案例分析题(本题共 2 题,每题 5 小题,每小题 2 分,共 20 分)

（一）振光有限责任公司是一家中外合资经营企业,2018 年度发生了以下事项:

（1）1 月 15 日,公司收到一张应由公司与乙公司共同负担费用支出的原始凭证,公司会计人员张某以该原始凭证及应承担的费用进行账务处理,并保存该原始凭证;同时应乙公司的要求将该原始凭证复制件提供给乙公司用于账务处理。

（2）3 月 5 日,公司会计科一名档案管理人员生病临时交接工作,胡某委托单位出纳李某临时保管会计档案。

（3）6 月 30 日,公司有一批保管期满的会计档案,按规定需要进行销毁。公司档案管理部门编制了会计档案销毁清册,档案管理部门的负责人在会计档案销毁清册上签了字,并于当天销毁。

根据材料,选择下列符合题意的选项:

1. 根据事项(1),一张原始凭证所列支出需由两个以上单位共同负担时,下列做法中,正确的是(　　)。

A. 由保存该原始凭证的单位开具原始凭证分割单给其他应负担单位

B. 在记账时加以注明即可

C. 由双方共同加以说明即可

D. 由保存该原始凭证的单位出具复印件给其他应分割单位

2. 根据事项(2),下列表述中,正确的有(　　)。

A. 会计科档案管理人员是会计工作岗位

B. 会计科档案管理人员不是会计工作岗位

C. 出纳可以临时保管会计档案

D. 出纳不能临时保管会计档案

3. 出纳不得兼管（　　）工作。

A. 稽核　　　　　　B. 收入账目的登记　　C. 费用账目的登记　　D. 会计档案保管

4. 一般的会计工作人员交接，由（　　）负责监交。

A. 单位负责人　　　　　　　　　　　B. 总会计师

C. 会计机构负责人　　　　　　　　　D. 会计主管人员

5. 根据事项（3），下列关于会计档案销毁的表述中，正确的有（　　）。

A. 公司档案部门销毁会计档案的做法不符合规定

B. 会计档案保管期满需要销毁的，要由本单位档案部门提出意见

C. 应编制会计档案销毁清单，并经单位负责人在会计档案销毁清册上签字

D. 销毁时要由单位档案部门和会计部门共同派人监销

（二）北京某公司 2018 年发生如下事项：

（1）1 月，李强到公司财务科担任出纳，公司原出纳张友调到销售科。李强与张友在办理会计工作交接手续后，因会计科长在外地出差，遂定财务科一名会计负责监交工作。在办理交接中，李强发现存在"白条抵库"问题，遂电话向会计科长汇报，会计科长指示李强先办理完交接手续，并责成李强接管出纳工作后，再对"白条抵库"问题逐个查清处理。随后，李强、张友及监交人在移交清册上签字并盖章。

（2）4 月，李强在办理报销工作中，发现采购科送来的报销 3 张由购货方开具的发票有更改现象：其中 2 张发票分别更改了数量和用途，另外 1 张发票更改了金额；该 3 张发票的更改处均盖有公司采购科的业务印章。尽管李强开始犹豫一下，但考虑到 3 张发票已经公司总经理、财务科长签字同意，最后均予以报销。

（3）7 月，在公司财务科团支部组织一次财务工作务虚会上，李强说："《会计法》规定了公司领导对单位会计信息的真实性负责，作为一般会计人员应该服从领导的安排，领导让干啥就干啥，公司的一些业务也没有必要去问个明白，领导签字同意就给报销，只要两袖清风，不贪不占，就能把会计工作做好"。

（4）12 月，公司在进行内部审计时，发现原出纳张友在经办出纳工作期间的有关账目存在一些问题，而接替者李强在交接时并未发现。审计人员在了解情况时，原出纳张友说："已经办理了会计交接手续，自己不再承担任何责任。"

根据会计法律制度的有关规定，回答下列问题：

6. 下列关于李强与张友办理的会计工作交接的说法中，正确的有（　　）。

A. 监交人不符合规定，制度规定一般会计人员办理交接手续，由会计机构负责人（会计主管人员）监交

B. 监交人符合规定

C. 对交接中发现的"白条抵库"问题处理正确

D. 对交接中发现的"白条抵库"问题处理不正确

7. 李强对 3 张更改的发票予以报销的做法，按照相关规定处理的有（　　）。

A. 原始凭证开具单位应当依法开具准确无误的原始凭证，对于填制有误的原始凭证，负

有更正和重新开具的法律义务,不得拒绝

B. 原始凭证金额出现错误的不得更正,只能由原始凭证开具单位重新开具

C. 原始凭证金额出现错误的可以更正,但是要加盖签章

D. 原始凭证单价数量用途变更,可以更正

8. 下列关于原出纳张友关于"已经办理了会计交接手续,自己不再承担任何责任"说法的表述中,正确的有(　　)。

A. 张友的说法正确,既然已经办理了移交,自己不再负担责任

B. 张友的说法不正确,交接前出现的问题仍应由原移交人员负责

C. 移交人员不得以会计资料已经移交为由推脱责任

D. 移交人员应该对会计资料在其经办工作期间内的合法性、真实性承担法律责任

9. 应该在移交清册上签章的人员有(　　)。

A. 移交人员　　　　B. 接管人员　　　　C. 单位负责人　　　　D. 监交人

10. 下列关于事项(3)的表述中,正确的是(　　)。

A. 公司领导对单位会计信息的真实性负责

B. 作为一般会计人员应该服从领导的安排,领导让干啥就干啥

C. 公司的一些业务也没有必要去问个明白

D. 两袖清风,不贪不占

模块 2

结算法律制度

【考核目标】
1. 理解并掌握现金结算的基本要求,包括现金结算单位、现金使用的限额、现金管理的基本要求及现金的内部控制。
2. 理解并掌握支付结算的概念、特征、原则;熟悉票据的相关概念;掌握办理支付结算的具体要求以及票据和结算凭证填写的基本要求。
3. 理解并掌握各银行结算账户的概念、使用范围和开户要求。

【实践目标】
1. 能够区分支付结算的构成。
2. 能够区分银行结算账户的构成。
3. 能够运用结算方式的规定并能综合分析具体案例。

【知识点思维导图】

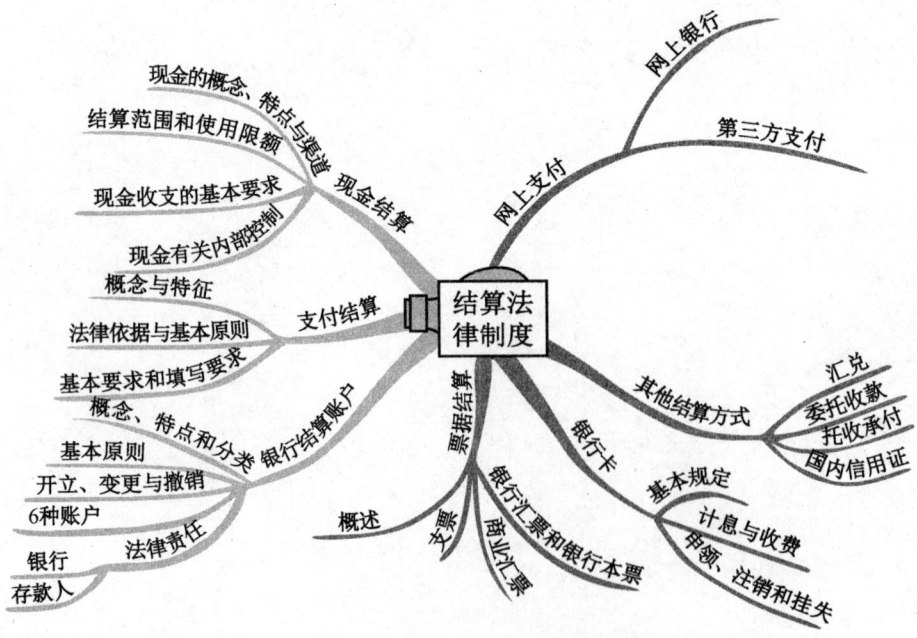

任务 2.1 现 金 结 算

活动 2.1.1 现金结算的概念、特点与渠道

一、现金结算的概念

现金结算是指在商品交易、劳务供应等经济往来中,直接使用现金进行应收、应付款结算的一种行为。

在我国,现金结算主要适用于单位与个人之间的款项收付,以及单位之间的转账结算起点金额以下的零星小额收付。

二、现金结算的特点

现金结算具有如下特点:
(1) 直接便利。
(2) 不安全性。
(3) 不易宏观控制和管理。
(4) 费用较高。

三、现金结算的渠道

现金结算的渠道如下:
(1) 付款人直接将现金支付给收款人。
(2) 付款人委托银行、非银行金融机构或者非金融机构将现金支付给收款人。

【经典例题 2.1】 (多选题)下列各项中,属于现金结算特点的有( )。

A. 直接便利
B. 不安全性
C. 费用较高
D. 不易于宏观控制和管理

【正确答案】 ABCD
【答案解析】 本题考核现金结算的特点。

活动 2.1.2 现金的结算范围

现金结算的范围包括:
(1) 职工工资、津贴。
(2) 个人劳务报酬。
(3) 颁发给个人的科学技术、文化艺术、体育等各种奖金。
(4) 各种劳保、福利费用及国家规定的对个人的其他支出。

(5) 向个人收购农副产品和其他物资的价款。

(6) 出差人员必须随身携带的差旅费。

(7) 结算起点以下的零星支出。

(8) 中国人民银行确定需要支付现金的其他支出。

现金的结算起点为 <u>1 000 元</u>。

 【经典例题 2.2】 **(多选题)** 下列各项中,单位可用现金进行结算的有( )。

A. 支付职工工资、津贴 1 000 元　　　　B. 支付个人劳务报酬 2 600 元

C. 向个人发放防暑降温补贴 200 元　　　D. 支付出差人员差旅费 3 000 元

【正确答案】 ACD

【答案解析】 1 000 元结算起点以上的除了向个人收购农副产品,以及其他物资的价款和出差人员必须随身携带的差旅费外,不能使用现金。

 【经典例题 2.3】 **(多选题)** 下列各项中,单位可用现金进行结算的有( )。

A. 支付职工工资、津贴

B. 支付个人劳务报酬

C. 向个人发放防暑降温补贴

D. 支付出差人员差旅费

【正确答案】 ABCD

【答案解析】 本题考核现金结算的范围。

 ## 活动 2.1.3　现金的使用限额

现金的使用限额是指为保证各单位<u>日常零星开支</u>的需要,允许单位留存现金的最高数额。其具体规定如下:

(1) 库存现金限额由<u>开户银行</u>根据各单位的实际情况来核定。

(2) 限额一般不超过 <u>3～5 天</u>的日常零星开支的需要量。

(3) 限额最多<u>不得超过 15 天</u>的日常零星开支。

(4) 对没有在银行单独开立账户的附属单位也要实行现金管理,核定限额,其限额<u>包括在</u>开户单位的库存限额之内。

(5) 商业和服务业的找零备用现金也要定额,但<u>不计入库存现金限额</u>之内。

 【经典例题 2.4】 **(多选题)** 下列关于现金管理的说法中,错误的有( )。

A. 现金结算起点的调整,由中国人民银行确定,报国务院备案

B. 现金结算起点的调整,由中国人民银行确定,报国务院批准

C. 各单位现金收入应当当日送存银行;如当日确有困难,由中国人民银行当地分支行确定送存时间

D. 开户单位需要增加或减少库存现金限额的,应当向中国人民银行当地分支行提出申

请,由中国人民银行当地分支行核定

【正确答案】 BCD

【答案解析】 选项 B,现金结算起点的调整,由中国人民银行确定,报国务院备案;选项 C,各单位现金收入应于当日送存银行;如当日确有困难,由开户银行确定送存时间;选项 D,开户单位需要增加或减少库存现金限额的,应当向开户银行提出申请,由开户银行核定。选项 A 错误。

 【经典例题 2.5】 **(单选题)**某超市每天的零星现金支付额为 8 000 元,根据银行规定,该超市库存现金的最高限额应为(　　)元。

　A. 6 000　　　　　　B. 12 000　　　　　C. 3 000　　　　　D. 40 000

【正确答案】 D

【答案解析】 库存现金限额由开户银行根据单位 3～5 天的日常零星开支所需要的现金核定。该单位库存现金的最高限额应为 40 000 元(8 000×5)。

活动 2.1.4　现金收支的基本要求

开户单位现金收支应当依照下列规定办理:

(1) 开户单位现金收入应于当日送存银行;当日送存确有困难的,由开户银行确定送存时间。

(2) 开户单位支付现金,可以从本单位库存现金限额中支付或从开户银行提取,不得从本单位的现金收入中直接支付,即不得"坐支"现金。所谓"坐支"现金,是指企业、事业单位和机关、团体、部队从本单位的现金收入中直接用于现金支出。因特殊情况需要坐支现金的,要事先报经开户银行审查批准,由开户银行核定坐支范围和限额。坐支单位必须在现金账上如实反映坐支金额,并按月向开户银行报送坐支金额和使用情况。

(3) 开户单位从开户银行提取现金时,应当如实写明提取现金的用途,由本单位财会部门负责人签字盖章,并经开户银行审核后予以支付现金。

(4) 因采购地点不确定、交通不便、生产或者市场急需、抢险救灾以及其他特殊情况必须使用现金的,开户单位应当向开户银行提出申请,由本单位财会部门负责人签字盖章,经开户银行审核后,予以支付现金。

 **【经典例题 2.6】** **(多选题)**下列关于现金管理的说法中,错误的有(　　)。

A. 单位最多可按 15 天日常零星开支的需要留存现金

B. 没有在银行单独开立账户的附属单位必须保留的现金及商业和服务业的找零备用现金均包括在现金使用限额之内,因此均需要核定定额

C. 开户单位在特殊情况下可以"坐支"现金

D. 经办人员对于审批人超越授权范围审批的货币资金业务,有权拒绝办理,并及时向单位负责人报告

【正确答案】 BD

【答案解析】 选项 B,对没有在银行单独开立账户的附属单位也要实行现金管理,必须保留的现金,也要核定限额,其限额包括在开户单位的库存限额之内。选项 D,经办人员对于审

批人超越授权范围审批的货币资金业务,有权拒绝办理,并及时向审批人上级报告。

活动 2.1.5 建立健全现金核算与内部控制

一、建立单位货币资金内部控制制度

(1) 根据相关规定,建立适合本单位的货币资金内部控制制度,并组织实施。
(2) 单位负责人对内部控制的建立健全和有效实施,以及货币资金的安全完整负责。
(3) 国务院有关部门可以依据法律、法规指定本部门下达货币资金内部控制规定。

二、加强货币资金业务岗位管理

(1) 确保不相容岗位互相分离、制约和监督。
(2) 出纳不得兼任稽核、会计档案保管,以及收入、支出、费用、债权债务账目的登记工作。
(3) 单位不得由一人办理货币资金全过程,应根据具体情况进行岗位轮换。

三、严格货币资金的授权管理

(1) 建立严格的授权审批制度,确定经办人的职责范围和工作要求。
(2) 审批人应在授权范围内进行审批,不得超越审批权限。
(3) 对审批人越权审批,经办人有权拒绝,并向其上级报告。
(4) 严禁未经授权的机构或人员办理货币资金业务或直接接触货币资金。
(5) 对于重要的货币资金业务,实行集体决策和审批,建立责任追究制度。

四、按规定程序办理货币资金支付业务

货币资金支付业务的流程如图 2-1 所示。

图 2-1 货币资金支付业务的流程

任务 2.2 支 付 结 算

活动 2.2.1 支付结算的概念与特征

一、支付结算的概念

支付结算是指单位、个人在社会经济活动中使用票据、信用卡和汇兑、托收承付、委托收款等结算方式进行货币给付及其资金清算的行为。其主要功能是完成资金从一方当事人向另一方当事人的转移。支付结算的示意图如图 2-2 所示。

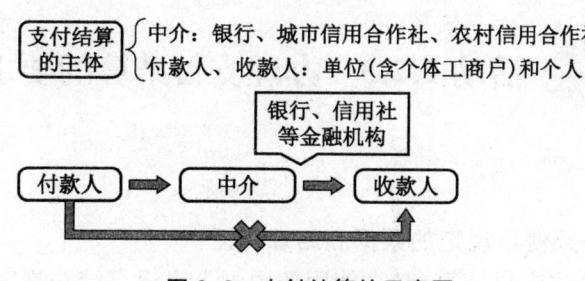

图 2-2 支付结算的示意图

二、支付结算的特征

（1）支付结算必须通过<u>中国人民银行</u>批准的金融机构进行。未经中国人民银行批准的非银行金融机构和其他单位不得作为中介机构经营支付结算业务。

（2）支付结算的发生取决于<u>委托人</u>的意志。① 除国家法律、行政法规另有规定外，银行不得为任何单位或者个人查询；除国家法律另有规定外，银行不代任何单位或者个人冻结、扣款，不得停止单位、个人存款的正常支付。② 银行只要以<u>善意且符合规定</u>的正常操作程序审查，对<u>伪造、变造</u>的票据和结算凭证上的签章及需要交验的个人有效身份证件，未发现异常而支付金额的，对出票人或付款人不再承担受委托付款的责任，对持票人或收款人不再承担付款的责任。

（3）支付结算实行<u>统一管理和分级管理</u>相结合的管理体制。①统一管理——中国人民银行总行。②分级管理——中国人民银行各地分支行。

（4）支付结算是一种要式行为。单位、个人和银行办理支付结算，必须使用按中国人民银行统一规定印制的<u>票据凭证</u>和统一规定的<u>结算凭证</u>。

（5）支付结算必须依法进行。

 活动 2.2.2 支付结算的主要法律依据与基本原则

一、主要法律依据

凡是与支付结算的各种结算方式有关的法律、行政法规及各部门规章和地方性规定，都是支付结算的<u>法律依据</u>。

（1）《票据法》——<u>法律</u>：《××法》。

（2）《票据管理实施办法》《现金管理暂行条例》——<u>行政法规</u>：《××条例》。

（3）《支付结算办法》《银行卡业务管理办法》《人民币银行结算账户管理办法》《异地托收承付结算办法》等——<u>部门规章</u>：《××办法》。

二、基本原则

单位、个人和银行在进行支付结算活动时必须遵守以下三项基本原则：

（1）付款人：恪守信用、履约付款。

（2）收款人：谁的钱进谁的账、由谁支配。

（3）中介：银行不<u>垫款</u>。

活动 2.2.3　办理支付结算的要求

一、基本要求

1. 办理支付结算必须使用规定的票据和结算凭证

单位、个人和银行办理支付结算，必须使用按中国人民银行统一规定印制的票据和结算凭证。——<u>要式行为</u>

（1）未使用按中国人民银行统一规定印制的票据，<u>票据无效</u>。

（2）未使用中国人民银行统一规定格式的结算凭证，<u>银行不予受理</u>。

2. 办理支付结算必须按统一的规定开立和使用账户

3．填写票据和结算凭证应当全面规范

（1）单位和银行的名称应当记载全称或者规范化简称。

（2）票据的出票日期必须按要求使用中文大写。

（3）票据和结算凭证金额以中文大写和阿拉伯数码同时记载，两者必须一致，否则银行不予受理。

（4）少数民族地区和外国驻华使领馆根据实际需要，金额大写可以使用少数民族文字或者外国文字记载。

4. 票据和结算凭证上的签章和记载事项必须真实，不得变造、伪造

1）票据和结算凭证上的签章

（1）单位、银行：<u>一公一私</u>（私：签名或盖章二选一）。

（2）个人：<u>本人签名或盖章</u>（二选一）。

2）区分票据的"伪造"与"变造"

伪造：<u>无中生有</u>。

变造：<u>有中生有</u>。

3）票据效力与责任

（1）票据上有伪造、变造签章的，不影响票据上其他当事人真实签章的效力。

（2）<u>伪造人不承担票据责任</u>，而应追究其刑事责任。

二、填写要求

具体填写要求如下：

（1）票据的出票日期必须使用中文大写。

😊 **【温馨提示】**

票据出票日期的填写要求：

（1）月为壹、贰和壹拾的，日为壹至玖和壹拾、贰拾和叁拾的，应在其前加"零"。

（2）日为拾壹至拾玖的，应在其前加"壹"。

（续上）

（3）大写日期使用小写填写的，银行不予受理；未按规范要求填写规范的，<u>银行可予受</u>
<u>理</u>，但由此造成损失的，由出票人自行承担。

填写<u>原则</u>：简易＋不可更改

（2）中文大写金额数字应用<u>正楷或行书</u>填写，不得自造简化字。如果金额数字书写中使
用<u>繁体字</u>，也应受理。

（3）中文大写金额数字前应标明"人民币"字样，大写金额数字应紧接"人民币"字样填写，
不得留有空白。

（4）中文大写金额数字到"元"为止的，在"元"之后应写"整"（或"正"）字；到"角"为止的，在
"角"之后<u>可以不写</u>"整"（或"正"）字；大写金额数字有"分"的，"分"后面不写"整"（或"正"）字。

😊 **【温馨提示】**

　角后可以不写"整"或"正"字，分后不写"整"或"正"字。

（5）阿拉伯小写金额数字前面，均应填写人民币符号"￥"。

（6）阿拉伯小写金额数字中有"0"的，中文大写应按照<u>汉语语言规律、金额数字构成和防</u>
<u>止涂改的要求</u>进行书写。

😊 **【温馨提示】**

　（1）阿拉伯数字中间有"0"时，中文大写金额要写"零"字。

　（2）阿拉伯数字中间连续有几个"0"时，中文大写金额中间可以只写一个"零"字。

　（3）阿拉伯金额数字万位或元位是"0"，或者数字中间连续有几个"0"，万位、元位也是
"0"，但千位、角位不是"0"时，中文大写金额中可以只写一个"零"字，也可以不写零字。

　（4）阿拉伯金额数字角位是"0"，而分位不是"0"时，中文大写金额"元"后面应写
"零"字。

<u>原则：无论是大写还是小写，均应该封头封尾；大写用"人民币"封头，如果无角和分的，用</u>
<u>"整"或"正"字封尾；小写用"￥"封头，数字标到分位封尾。</u>

（7）票据和结算凭证的更改要求。

😊 **【温馨提示】**

　（1）<u>金额、出票日期、收款人名称</u>不得更改，更改的票据无效；更改的结算凭证，银行不
予受理。

　（2）对票据和结算凭证上的其他记载事项，原记载人可以更改，更改时应当由原记载
人在更改处<u>签章</u>证明。

任务 2.3 银行结算账户

 活动 2.3.1 银行结算账户的概念、特点和分类

一、银行结算账户的概念

人民币银行结算账户是指存款人在经办银行开立的办理资金收付结算的人民币<u>活期</u>存款账户。

（1）存款人：<u>单位、各种组织及个人</u>。

（2）银行：政策性银行、商业银行、信用合作社等金融机构。

（3）监督管理部门：<u>中国人民银行</u>。

二、银行结算账户的特点

银行结算账户的特点如下：

（1）办理人民币业务。

（2）办理资金收付结算业务。

（3）属于活期存款账户。

三、银行结算账户的分类

1. 按<u>存款人</u>不同的分类

按存款人不同，银行结算账户可分为单位银行结算账户和个人银行结算账户。

2. 按<u>用途</u>不同的分类

按用途不同，银行结算账户可分为基本存款账户、一般存款账户、专用存款账户和临时存款账户。

3. 按<u>开户地</u>不同的分类

按开户地不同，银行结算账户可分为本地银行结算账户和异地银行结算账户。

 活动 2.3.2 银行结算账户的基本原则

银行结算账户的基本原则如下：

（1）一个基本账户原则。

（2）自主选择银行开立银行结算账户原则。

（3）守法合规原则。

【温馨提示】

（1）生效日的规定：存款人开立单位银行结算账户，自正式开立之日起 3 个工作日后，方可办理付款业务。

（续上）

（2）生效日规定的排除事项：①注册验资的临时存款账户转为基本存款账户和因借款转存开立的一般存款账户除外。②存款人在同一营业机构撤销银行结算账户后重新开立银行结算账户时，重新开立的银行结算账户可自开立之日起办理付款业务。

（4）存款信息保密原则。除国家法律、行政法规另有规定外，银行有权拒绝任何单位或个人查询。

原则：一个基本户，两方自愿，不泄露第三方，四平八稳（守法）。

 ## 活动 2.3.3　银行结算账户的开立、变更、撤销

一、银行结算账户的开立

（一）开户程序

银行结算账户的开户程序如图 2-3 所示。

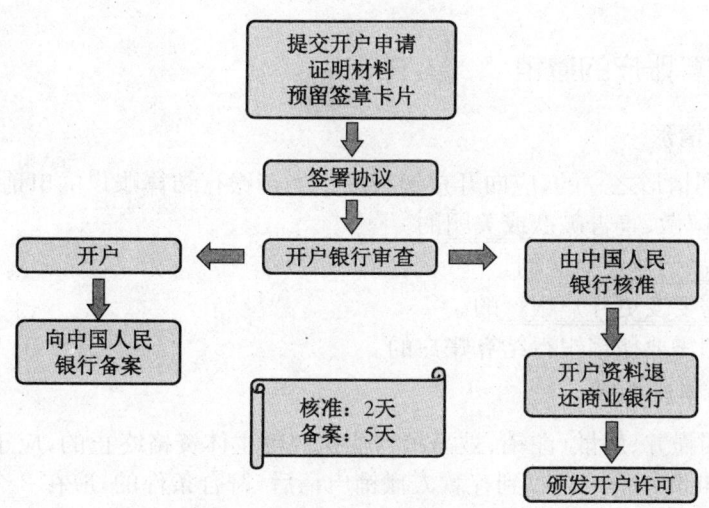

图 2-3　银行结算账户的开户程序

（二）开户注意事项

（1）存款人应在<u>注册地或住所地</u>开立银行账户，符合条件的也可以异地开立。

（2）存款人为单位的，预留章为"<u>单位章＋私人章</u>"（一公一私）。其中：公——单位公章或单位财务专用章；私——法定代表人或其授权代理人的签名或盖章。

（3）存款人为个人的，预留章为个人签名或盖章。

（4）申请开立账户名称、开户证明名称及预留银行印鉴中单位章（含公章和财务专用章，下同）名称应保持一致，下列情况除外：①验资户名称为工商核发的"企业名称预先核准通知书"或政府批文名称，银行预留章为其出资人的名称。②预留银行签章中单位章依法可使用简

称的,账户名称应与其保持一致。③没有字号的个体工商户开立的银行结算账户,其预留签章中单位章应是个体户字样加营业执照上载明的经营者的签名或盖章。

二、银行结算账户的变更

银行结算账户的变更程序如图 2-4 所示。

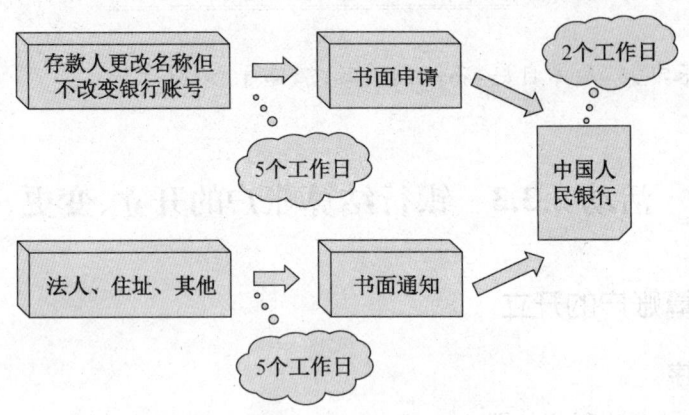

图 2-4 银行结算账户的变更程序

三、银行结算账户的撤销

(一) 撤销的情形

存款人有下列情形之一的,应向开户银行提出撤销银行结算账户的申请:

(1) 被撤并、解散、宣告破产或关闭的。

(2) 注销、被吊销营业执照的。

(3) 因迁址需要变更开户银行的。

(4) 其他原因需要撤销银行结算账户的。

(二) 撤销的手续办理

(1) 存款人因撤并、解散、注销、被吊销营业执照等主体资格终止的,应于 5 个工作日内向开户行提出撤销申请。①银行收到存款人撤销申请后,符合条件的,应在 2 个工作日内办理撤销手续。②存款人主体资格终止后,撤销银行结算账户的,应当先撤销一般存款账户、专用存款账户、临时存款账户,将账户资金转入基本存款账户后,方可办理基本存款账户的撤销。

(2) 存款人需要重新开立基本存款账户的,应在撤销其原基本户后 10 日内申请重新开立。

(3) 存款人尚未清偿其开户银行债务的,不得申请撤销银行结算账户。

银行对 1 年未发生收付活动且未欠开户银行债务的单位银行结算账户,应通知单位,自发出通知之日起 30 日内办理销户手续,逾期视同自愿销户,将未划转款项列入久悬未取专户管理。

😊 **【温馨提示】**

银行办理撤销手续时间为 2 个工作日,存款人办理撤销手续时间为 5 个工作日。

活动 2.3.4　基本存款账户

一、使用范围

基本存款账户是存款人的主办账户。该账户主要办理:存款人日常经营活动的资金收付,以及存款人的工资、奖金和现金的支取。

存款人只能开立一个基本存款账户。

二、开户要求

(一) 存款人资格

根据规定,下列存款人,可以申请开立基本存款账户:①企业法人。②非法人企业。③机关、事业单位。④团级(含)以上军队、武警部队及分散执勤的支(分)队。⑤社会团体。⑥民办非企业组织。⑦异地常设机构。⑧外国驻华机构。⑨个体工商户。⑩居民委员会、村民委员会、社区委员会。⑪单位设立的独立核算的附属机构。⑫其他组织。

(二) 所需的证明文件

开立基本存款账户应按规定提交相关资质证明文件:①企业法人,提交法人营业执照。②军队、武警团级(含)以上单位,出具军队军级以上单位财务部门、武警总队财务部门的开户证明。③社会团体,出具社会团体登记证书。④居民委员会、村民委员会、社区委员会,出具其主管部门的批文证明。

【经典例题 2.7】　(单选题)下列存款人中,不可以申请开立基本存款账户的是(　　)。

A. 甲、乙、丙三人合伙设立的宏大科技产品经营部

B. 上海市财政局

C. 个体工商户张某经营的服装门市部

D. 上海市市东中学在校内设立的非独立核算的小卖部

【正确答案】　D。

【答案解析】　根据规定,下列存款人可以申请开立基本存款账户:企业法人、机关、事业单位、社会团体、军队、武警部队、居民社区委员会、民办非企业组织(如不以营利为目的的民办学校、福利院、医院)等。同时,有些单位虽然不是法人组织,但具有独立核算资格,有自主办理资金结算的需要,也允许其开立基本存款账户,主要包括非法人企业(如具有营业执照的企业集团下属的分公司)、外国驻华机构单位设立的独立核算的附属机构(如单位附属独立核算的食堂、招待所、幼儿园)和个体工商户等。

活动 2.3.5　一般存款账户

一、使用范围

一般存款账户是指存款人因借款或其他结算需要,在基本存款账户开户银行以外的银行

营业机构开立的银行结算账户。

（1）一般存款账户用于办理存款人借款转存、借款归还和其他结算的资金收付。

（2）该账户可以办理现金缴存，但<u>不得办理现金支取</u>。

（3）一般存款账户<u>没有开立数量限制</u>。

二、开户要求

（1）开立基本存款账户要求的<u>资质证明文件</u>。

（2）基本存款账户<u>开户登记证</u>。

（3）存款人因向银行借款需要，应出具<u>借款合同</u>。

（4）存款人因其他结算需要，应出具有关证明。

 ## 活动 2.3.6 专用存款账户

一、使用范围

专用存款账户是指存款人按照法律、行政法规和规章，对其特定用途资金进行专项管理和使用而开立的银行结算账户。

（1）单位银行卡账户的资金必须由<u>基本存款账户</u>转入，该账户<u>不得办理现金收付业务</u>。

（2）财政预算外资金账户、证券交易结算资金账户、期货交易保证金账户和信托基金专用存款账户，<u>不得支取现金</u>。

（3）基本建设资金账户、更新改造资金账户、政策性房地产开发资金账户和金融机构存放同业资金账户需要支取现金的，应在开户时报中国人民银行当地分支行批准。中国人民银行当地分支行应根据国家现金管理的规定审查批准。

（4）粮、棉、油收购资金账户、社会保障基金账户、住房基金账户和党、团、工会经费等专用存款账户支取现金应按照国家现金管理的规定办理。

（5）<u>收入汇缴账户</u>除向其基本存款账户或预算外资金财政专用存款账户划缴款项外，<u>只收不付</u>，不得支取现金。<u>业务支出账户</u>除从其基本存款账户拨入款项外，<u>只付不收</u>，其现金支付必须按照国家现金管理的规定办理。

二、开户要求

出具其开立基本存款账户规定的证明文件、基本存款账户开户登记证和各项专用资金的有关证明文件。

 ## 活动 2.3.7 临时存款账户

一、使用范围

临时存款账户是指存款人因临时需要并在规定期限内使用而开立的银行结算账户。

临时存款账户用于办理临时机构和存款人临时经营活动发生的资金收付。（<u>可以存取</u>

现金）

其使用范围如下：

（1）设立临时机构。

（2）异地临时经营活动。

（3）注册验资。

二、开户要求

（1）临时机构，应出具其驻在地主管部门同意设立临时机构的批文。

（2）异地建筑施工及安装单位，应出具其营业执照正本或其隶属单位的营业执照正本，以及施工及安装地建设主管部门核发的许可证或建筑施工及安装合同。

（3）异地从事临时经营活动的单位，应出具其营业执照正本和临时经营地工商行政管理部门的批文。

（4）注册验资，应出具工商行政管理部门核发的企业名称预先核准通知书或有关部门的批文。

其中，第（2）、第（3）项还应当出具其基本存款账户开户登记证。

【特别提醒】

（1）临时存款账户的有效期最长不得超过 2 年。

（2）临时存款账户支取现金，应按照国家现金管理的规定办理。

（3）注册验资的临时存款账户在验资期间只收不付，注册验资的资金汇缴人应与出资人的名称一致。

（4）增资验资临时存款账户的使用和撤销比照注册验资开立的临时存款账户进行管理。

【经典例题 2.8】　（单选题）注册验资的临时存款账户在验资期间（　　）。

A. 只付不收　　　　　　　　　　B. 只收不付

C. 可以收付　　　　　　　　　　D. 不收不付

【正确答案】　B

【答案解析】　注册验资的临时存款账户在验资期间只收不付。

【经典例题 2.9】　（单选题）存款人开立基本存款账户、临时存款账户和预算单位开立专用存款账户实行核准制度，经（　　）核准后，由开户银行核发开户登记证。

A. 中国人民银行　　　　　　　　B. 各级财政部门

C. 各上级主管部门　　　　　　　D. 地方各级人民政府

【正确答案】　A

【答案解析】　存款人开立基本存款账户、临时存款账户和预算单位开立专用存款账户实行核准制，经中国人民银行核准后，由开户银行核发开户登记证。

 ## 活动 2.3.8　个人银行结算账户

一、使用范围

个人银行结算账户用于办理个人转账收付和现金支取。个人合法收入均可转入个人银行结算账户。

二、开户要求

出具其开具个人银行结算账户的身份证、户口簿、驾驶执照、护照、军官证、警官证等有效证件。

 【特别提醒】

（1）单位从其银行结算账户支付给个人银行结算账户的款项，每笔超过 5 万元的，应向其开户银行提供付款依据。

（2）从单位银行结算账户支付给个人银行结算账户的款项应纳税的，税收代扣单位付款时应向其开户银行提供完税证明。

（3）有下列情形之一的，个人应出具符合规定的有关收款依据：①个人持出票人为单位的支票向开户银行委托收款，将款项转入其个人银行结算账户的。②个人持申请人为单位的银行汇票和银行本票向开户银行提示付款，将款项转入其个人银行结算账户的。

（4）个人持出票人（或申请人）为单位，且一手或多手背书人为单位的支票、银行汇票或银行本票，向开户银行提示付款并将款项转入其个人银行结算账户的，应当提供最后一手背书人为单位且被背书人为个人的收款依据。

（5）储蓄账户仅限于办理现金存取业务，不得办理转账结算。

（6）单位银行结算账户支付给个人银行结算账户款项的，银行应按规定认真审查付款依据或收款依据的原件，并留存复印件，按会计档案保管。未提供相关依据或相关依据不符合规定的，银行应拒绝办理。

不同类型银行结算账户的比较如表 2-1 所示。

表 2-1　　　　　　　　　　不同类型银行结算账户的比较

银行结算账户类型	程序制度	开户数量	业务范围	办理相关证件
基本存款账户	核准制	1	所有业务	资质证明文件
一般存款账户	备案制	N	不能取现	资质证明文件＋开户登记证＋借款合同等

(续表)

银行结算账户类型	程序制度	开户数量	业务范围	办理相关证件
专用存款账户	核准制（预算单位）；备案制（非预算单位）	N	银行卡账户不能收付现金；财政预算外资金、证券、期货、信托专户不能取现等	基本存款账户资料＋开户登记证＋专用资金证明文件
临时存款账户	核准制；备案制（验资户）	N	可以存取现金	异地开户的相关批文或合同＋基本存款账户资料
个人存款账户	备案制	N	可以办理转账和现金收付	个人身份性证件

 ## 活动 2.3.9　异地银行结算账户

一、使用范围

存款人有异地使用账户需求的，可以在异地开立有关银行结算账户。

二、开户要求

存款人开立异地银行结算账户，除需开立基本存款账户、一般存款账户、专用存款账户和临时存款账户规定的证明文件外，还应出具：

（1）经营地与注册地不在同一行政区域，在异地开立基本存款账户的，应出具注册地中国人民银行的未开立基本存款账户的证明。

（2）异地借款的存款人，在异地开立一般存款账户，应出具取得贷款的借款合同。

（3）因经营需要在异地办理收入汇缴和业务支出的存款人，在异地开立专用存款账户的，应出具隶属单位证明。

其中，上述第（2）、第（3）种情况，还应出具其<u>基本存款账户开户登记证</u>。

 ## 活动 2.3.10　银行结算账户的管理

一、中国人民银行的管理

（1）负责监督、检查。

（2）核准开户许可证。

（3）对违法行为给予行政处罚。

二、银行的管理

（1）负责所属营业机构银行结算账户开立和使用的管理。

（2）建立银行结算账户管理档案，按会计档案进行管理；银行结算账户管理档案的保管期限为银行结算账户<u>撤销后 10 年</u>。

（3）对已开立的单位银行结算账户实行<u>年检制度</u>。

（4）对存款人使用银行结算账户的情况进行监督。

三、存款人的管理

（1）存款人应加强对预留银行签章的管理。

（2）存款人应加强对开户许可证的管理。

（3）存款人应妥善保管其密码。

 **活动 2.3.11　违反银行账户结算管理制度的法律责任**

一、存款人违反银行账户结算管理制度的处罚

存款人违反银行账户结算管理制度的处罚如表 2-2 所示。

表 2-2　　　　　　　　　　存款人违反银行账户结算管理制度的处罚

违反银行账户结算管理制度的事项	经营性存款人处罚金额	非经营性存款人处罚金额
法定代表人或主要负责人、存款人地址和其他开户资料的事项未在规定期限内通知银行	1 000 元	1 000 元
违反规定开立银行结算账户	1 万元以上 3 万元以下	1 000 元
伪造、变造证明文件欺骗银行开立银行结算账户	1 万元以上 3 万元以下	1 000 元
违反规定不及时撤销银行结算账户	1 万元以上 3 万元以下	1 000 元
私自印制开户登记证	1 万元以上 3 万元以下	1 000 元
违反规定将单位款项转入个人银行结算账户	5 000 元以上 3 万元以下	1 000 元
违反规定支取现金	5 000 元以上 3 万元以下	1 000 元
利用开立银行结算账户逃废银行债务	5 000 元以上 3 万元以下	1 000 元
出租、出借银行结算账户	5 000 元以上 3 万元以下	1 000 元
从基本存款账户之外的银行结算账户转账存入、将销货收入存入或现金存入单位信用卡账户	5 000 元以上 3 万元以下	1 000 元

二、银行及其有关人员违反银行结算管理制度的处罚

（一）<u>多头开户、公款私存</u>

（1）给予警告并处 <u>5 万～30 万元</u>罚款。

（2）对银行直接管理人员、责任人员给予<u>纪律处分</u>。

（3）情节严重的，中国人民银行停止对其开立基本存款账户的核准，责令停业整顿或吊销经营许可证；构成犯罪的，追究<u>刑事责任</u>。

（二）其他

（1）给予警告并处 0.5 万～3 万元罚款。

（2）对银行直接管理人员、责任人员给予纪律处分。

（3）情节严重的，中国人民银行停止对其开立基本存款账户的核准，责令停业整顿或吊销经营许可证；构成犯罪的，追究刑事责任。

任务 2.4　票 据 结 算

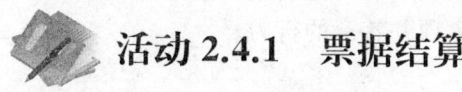

活动 2.4.1　票据结算概述

一、票据的概念和种类

（一）票据的概念

票据是指由出票人依法签发的，约定自己或者委托付款人在见票时或指定的日期向收款人或持票人无条件支付一定金额的有价证券。

（二）票据的种类

票据可分为支票、本票和汇票三类。

票据的分类如图 2-5 所示。

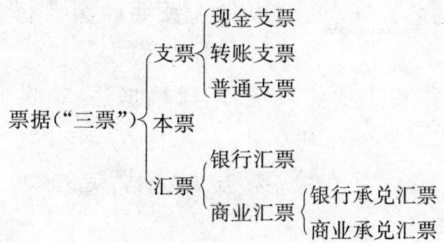

图 2-5　票据的分类

二、票据的特征与功能

（一）特征

（1）票据是债权凭证和金钱凭证。

（2）票据是设权证券。

（3）票据是文义证券。

（二）功能

（1）汇兑功能。

（2）支付功能。

（3）结算功能。

（4）信用功能。

（5）融资功能。

三、票据行为

票据行为是指票据当事人以发生票据债务为目的的,以在票据上签名或盖章为权利义务要件的法律行为。它包括出票、背书、承兑和保证四种。

1. 出票

出票是指出票人签发票据并将其交付给收款人的行为。

2. 背书

背书是指持票人为将票据权利转让给他人或者将一定的票据权利授予他人行使,而在票据的背面或者粘单上记载有关事项并签章的行为。

3. 承兑

承兑是指汇票付款人承诺在汇票到期日支付汇票金额并签章的行为。承兑仅适用于商业汇票。

4. 保证

保证是指票据债务人以外的人,为担保特定债务人履行票据债务而在票据上记载有关事项并签章的行为。被保证的票据,保证人应当与被保证人对持票人承担连带责任。保证人为两人以上的,保证人之间承担连带责任。

【温馨提示】

签章无效的情况有如下几种:

（1）出票人在票据上的签章不符合《中华人民共和国票据法》(以下简称《票据法》)等规定的,票据无效。

（2）承兑人、保证人在票据上的签章不符合《票据法》等规定的,其签章无效,但不影响其他符合规定签章的效力。

（3）背书人在票据上的签章不符合《票据法》等规定的,其签章无效,但不影响其前手符合规定签章的效力。

四、票据的当事人

（一）基本当事人

基本当事人是指在票据作成和交付时就已经存在的当事人。它包括出票人、付款人和收款人。

【特别提醒】

本票的基本当事人只有出票人与收款人。

（二）非基本当事人

非基本当事人是指在票据作成并交付后，通过一定的票据行为加入票据关系而享有一定权利、承担一定义务的当事人。它包括<u>承兑人</u>、<u>背书人</u>、<u>被背书人</u>和<u>保证人</u>。

五、票据权利与责任

（一）票据权利

票据权利是指持票人向票据债务人请求支付票据金额的权利。它包括<u>付款请求权</u>和票据<u>追索权</u>。

（1）付款请求权是指持票人向汇票的承兑人、本票的出票人、支票的付款人出示票据要求付款的权利。它是<u>第一顺序权利</u>，又称<u>主要票据权利</u>。行使付款请求权的持票人可以是票据记载收款人或最后的被背书人。

（2）票据追索权是指票据当事人行使付款请求权遭到拒绝或其他法定原因存在时，向其前手请求偿还票据金额及其他法定费用的权利。它是<u>第二顺序权利</u>，又称<u>偿还请求权</u>。行使追索权的当事人除票载收款人和最后被背书人外，还可能是代为清偿票据债务的保证人、背书人。

【特别提醒】

（1）票据的取得必须<u>给付对价</u>。

（2）因<u>税收</u>、<u>继承</u>、<u>赠与</u>依法无偿取得票据的，不受给付对价限制，但<u>票据权利不得优于前手的权利</u>。

（3）因<u>欺诈</u>、<u>偷盗</u>、<u>胁迫</u>、<u>恶意或重大过失</u>而取得票据的，<u>不得享有票据权利</u>。

票据权利在下列期限内不行使而消灭：①持票人对票据的出票人和承兑人的权利，自票据到期日起<u>2年</u>。②见票即付的汇票、本票，自出票日起<u>2年</u>。③持票人对支票出票人的权利，自出票日起<u>6个月</u>。④持票人对前手的追索权，<u>自被拒绝承兑或者被拒绝付款之日起<u>6个月</u></u>。⑤持票人对前手的再追索权，<u>自清偿或者被提起诉讼之日起</u> <u>3个月</u>。

（二）票据责任

票据责任是指票据债务人向持票人支付票据金额的责任。它是基于债务人特定的票据行为（如出票、背书、承兑等）而应承担的义务，不具有制裁性质，主要包括<u>付款义务</u>和<u>偿还义务</u>。

六、票据记载事项

票据记载事项有如下几类：

（1）<u>绝对记载事项</u>：不记载票据无效。

（2）<u>相对记载事项</u>：不记载按法律规定执行。

（3）<u>任意记载事项</u>：不记载不产生法律效力，记载则产生法律效力。

（4）<u>记载不产生《票据法》上的效力的事项</u>：记不记载都不产生法律效力。

七、票据丧失的补救

票据丧失后可以采取<u>挂失止付</u>、<u>公示催告</u>和<u>普通诉讼</u>三种形式进行补救。

（一）挂失止付

挂失止付是指失票人将丧失票据的情况<u>通知付款人或代理付款人</u>，由接受通知的付款人或代理付款人审查后<u>暂停支付</u>的一种方式。

（1）只有确定付款人或代理付款人的票据丧失时才可进行挂失止付。

（2）挂失止付包括：<u>已承兑的商业汇票、支票、填明"现金"字样和代理付款人的银行汇票、填明"现金"字样的银行本票</u>。

（二）公示催告

公示催告是指在票据丧失后由失票人向人民法院提出申请，请求人民法院<u>以公告方式</u>通知不确定的利害关系人限期申报权利，逾期未申报者则由人民法院<u>通过除权判决</u>宣告所丧失的票据无效的一种制度或程序。

（1）失票人应当在通知挂失止付后的 <u>3 日内</u>，也可以在票据丧失后，依法向<u>人民法院</u>申请公示催告。

（2）申请公示催告的主体必须是可以背书转让的票据的<u>最后持票人</u>。

（三）普通诉讼

普通诉讼是指<u>丧失票据的人</u>为原告，以<u>承兑人或出票人</u>为被告，请求法院判决其向失票人付款的诉讼活动。

如果与票据上的权利有利害关系的人是明确的，无须公示催告，可按一般的票据纠纷向法院提起诉讼。

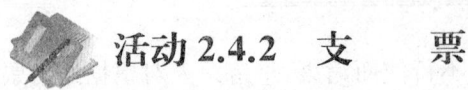 **活动 2.4.2　支　　票**

一、支票的概念、适用范围和种类

（一）概念

支票是指<u>出票人</u>签发的、委托办理支票存款业务的银行在见票时无条件支付确定的金额给收款人或者持票人的票据。

（二）适用范围

单位和个人的各种款项结算，均可以使用支票。2007 年 7 月 8 日，中国人民银行宣布，支票可以实现<u>全国范围内互通使用</u>。

（三）种类

支票可分为现金支票、转账支票和普通支票。

（1）现金支票<u>只能用于支取现金</u>。

（2）转账支票<u>只能用于转账</u>。

（3）普通支票可以用于支取现金,也可用于转账。在普通支票左上角划两条平行线的,为划线支票,划线支票只能用于转账,不能支取现金。

二、支票的出票

(一) 绝对记载事项

（1）表明"支票"的字样。
（2）无条件支付的委托。
（3）确定的金额。
（4）付款人名称。
（5）出票日期。
（6）出票人签章。

(二) 相对记载事项

（1）付款地。支票上未记载付款地的,付款人的营业场所为付款地。
（2）出票地。支票上未记载出票地的,出票地为出票人的营业场所、住所地或经常居住地。

另外,支票上可以记载非法定记载事项,但这些事项不发生支票上的效力。

授权补记事项:金额、收款人名称。

(三) 出票的其他法定条件

（1）支票的出票人所签发的支票金额不得超过其付款时在付款人处实有的存款金额。
（2）支票的出票人不得签发与其预留本名的签名式样或者印鉴不符的支票,使用支付密码的,不得签发支付密码错误的支票。

(四) 出票的效力

出票的效力是指出票人签发支票并交付后,出票人必须按照签发的支票金额承担保证向该持票人付款的责任。它主要包括:
（1）出票人必须在付款人处存有足够资金,保证票款的支付。
（2）当付款人拒绝付款或者超过提示付款期限的,出票人应向持票人承担付款责任。

三、支票的付款

(一) 提示付款

（1）支票限于见票即付,不得另行记载付款日期。另行记载付款日期的,该记载无效。
（2）支票提示付款期限为自出票日起 10 日,超过提示付款期限提示付款的,持票人开户银行不予受理,付款人不予付款;付款人不予付款的,出票人仍应当对持票人承担票据责任。

(二) 付款

出票人在付款人处的存款足以支付支票金额时,付款人应当在见票当日足额付款。

(三) 付款责任的解除

付款人依法支付支票金额的,对出票人不再承担受委托付款的责任,对持票人不再承担付款的责任。但是,付款人以恶意或者有重大过失付款的除外。

四、支票的办理要求

(一)签发要求

(1)签发支票应使用碳素墨水或墨汁填写,中国人民银行另有规定的除外。

(2)签发现金支票和用于支取现金的普通支票必须符合国家现金管理的规定。

(3)支票的出票人签发支票的金额不得超过付款时在付款人处实有的存款金额。禁止签发空头支票。

(4)支票的出票人在票据上的签章,应为其预留银行的签章,该签章是银行审核支票付款的依据。银行也可以与出票人约定使用支付密码,作为银行审核支付支票金额的条件。

(5)出票人不得签发与其预留银行签章不符的支票;使用支付密码的,出票人不得签发支付密码错误的支票。

(6)出票人签发空头支票、签章与预留银行签章不符的支票的,银行应予以退票,并按票面金额处 5‰但不低于 1 000 元的罚款;持票人有权要求出票人赔偿票面金额 2‰的赔偿金。

(二)兑付的要求

(1)持票人可以委托开户银行收款或直接向付款人提示付款。用于支取现金的支票仅限于收款人向付款人提示付款。

(2)持票人委托开户银行收款时,应作"委托收款背书",在支票背面背书人签章栏签章,记载"委托收款"字样、背书日期,在被背书人栏记载开户银行名称,并将支票和填制的进账单送交开户银行。

支票的内容和特点如表 2-3 所示。

表 2-3   支票的内容和特点

内　容	特　点
使用人	单位和个人
使用范围	同城、异地(全国范围内)
基本当事人	出票人、付款人、收款人
资金结算	现金和转账
付款方式	见票即付
付款期限	10 日内
必须记载事项(无条件)	无条件支付的委托
特性	可授权补记收款人、金额

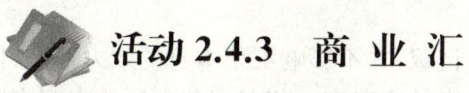

活动 2.4.3　商 业 汇 票

一、商业汇票的概念和种类

（一）概念

商业汇票是指出票人签发的，委托付款人在指定日期无条件支付确定的金额给收款人或者持票人的票据。

付款期限：商业汇票的付款期限最长不得超过 6 个月。

适用范围：同城、异地均可使用。

（二）商业汇票的种类

商业汇票按承兑人的不同，可以分为商业承兑汇票和银行承兑汇票两种。

（1）商业承兑汇票，由银行以外的付款人承兑。

（2）银行承兑汇票，由银行承兑。

二、商业汇票的出票

（一）出票人的确定

出票人的确定如图 2-6 所示。

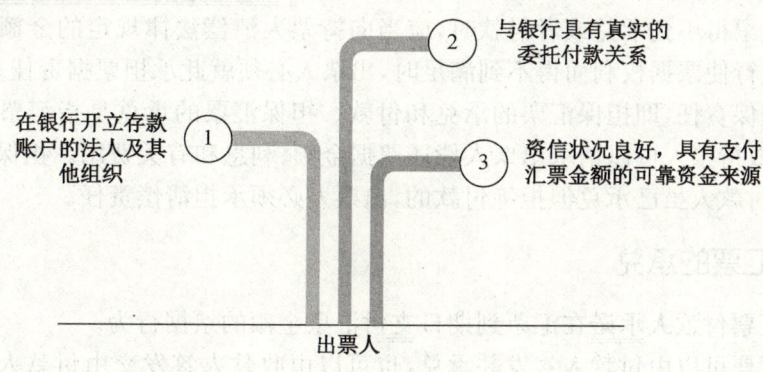

图 2-6　出票人的确定

（二）绝对（必须）记载事项

（1）表明"商业承兑汇票"或"银行承兑汇票"的字样。

（2）无条件支付的委托。

（3）确定的金额。

（4）付款人名称。

（5）收款人名称。

（6）出票日期。

（7）出票人签章。

（三）相对记载事项

相对记载事项未在汇票上记载，并不影响汇票本身的效力，汇票仍然有效。该等未记载的事项可以通过法律的直接规定来补充确定。相对记载事项的内容主要包括：

（1）付款日期。汇票上未记载付款日期的，视为见票即付。

（2）付款地。汇票上未记载付款地的，付款人的营业场所、住所或者经常居住地为付款地。

（3）出票地。汇票上未记载出票地的，出票人的营业场所、住所或者经常居住地为出票地。

此外，在商业汇票上还可以记载非法定记载事项，但是这些事项不具有汇票上的效力。

（四）出票的效力

出票是以创设票据权利为目的的票据行为。所以，出票人依照《票据法》的规定完成出票行为之后，即产生票据上的效力。这一效力表现为创设票据权利和引起票据债务的发生，这种权利和义务因汇票当事人的地位不同而不同。

（1）对收款人的效力。收款人取得出票人发出的汇票后，即取得票据权利。一方面，收款人就票据金额享有付款请求权；另一方面，在该请求权不能满足时，即享有追索权。此外，收款人享有依法转让票据的权利。

（2）对付款人的效力。出票行为是单方行为，付款人并不因此而有付款义务，只是基于出票人的付款委托使其具有承兑人的地位，在其对汇票进行承兑后，即成为汇票上的主债务人。

（3）对出票人的效力。出票人签发汇票后，即承担保证该汇票承兑和付款的责任。

出票人在汇票得不到承兑或者付款时，应当向持票人清偿法律规定的金额和费用。即收款人在向付款人行使票据权利而得不到满足时，出票人必须就此承担票据责任。从法律上讲，该责任是一种担保责任，即担保汇票的承兑和付款。担保汇票的承兑是指汇票到期日前不获承兑时，收款人或持票人可以请求出票人偿还票据金额、利息和有关费用。担保汇票的付款是指汇票到期时，付款人虽已承兑但拒绝付款的，出票人必须承担清偿责任。

三、商业汇票的承兑

承兑是指汇票付款人承诺在汇票到期日支付汇票金额的票据行为。

商业承兑汇票可以由付款人签发并承兑，也可以由收款人签发交由付款人承兑。即收款人和付款人均可以签发商业汇票。

银行承兑汇票应由在承兑银行开立存款账户的存款人签发。

（一）承兑的程序

1. 提示承兑

（1）定日付款或者出票后定期付款：汇票到期日前提示承兑。

（2）见票后定期付款的汇票：自出票日起1个月内提示承兑。

汇票未按照规定期限提示承兑的，丧失对其前手（不包括出票人）的追索权。

（3）见票即付的汇票无须提示承兑。见票即付的汇票包括：票面记载有"见票即付"字样和未记载付款日期的汇票。

2. 承兑成立

（1）承兑时间。付款人对向其提示承兑的汇票，应当自收到提示承兑的汇票之日起 3 日内承兑或者拒绝承兑。如果付款人在 3 日内不做承兑与否表示的，则应视为拒绝承兑。持票人可以请求其做出拒绝承兑证明，向其前手行使追索权。

（2）接受承兑。付款人收到持票人提示承兑的汇票时，应当向持票人签发收到汇票的回单。回单上应当记明汇票提示承兑日期并签章。

（3）承兑的格式。付款人承兑汇票的，应当在汇票正面记载"承兑"字样和承兑日期并签章；见票后定期付款的汇票，应当在承兑时记载付款日期。汇票上未记载承兑日期的，以 3 日承兑的最后 1 日为承兑日期。

（4）退回已承兑的汇票。付款人依承兑格式填写完毕应记载事项后，并不意味着承兑生效，只有在其将已承兑的汇票退回持票人后才产生承兑的效力。

（二）承兑效力

（1）承兑人于汇票到期日必须向持票人无条件地支付汇票上的金额，否则其必须承担迟延付款责任。

（2）承兑人必须对汇票上一切权利人承担责任，该等权利人包括付款请求权人和追索权人。

（3）承兑人不得以其与出票人之间资金关系来对抗持票人，拒绝支付汇票金额。

（4）承兑人的票据责任不因持票人未在法定期限提示付款而解除。

（三）承兑不得附有条件

付款人承兑商业汇票，不得附有条件；承兑附有条件的，视为拒绝承兑。

（四）收费

银行承兑汇票的承兑银行，应当按照票面金额向出票人收取万分之五的手续费。

四、商业汇票的付款

（一）付款期限

商业汇票的付款期限最长不得超过 6 个月。

（二）提示付款期限

（1）见票即付的汇票，自出票日起 1 个月内向付款人提示付款。

（2）定日付款、出票后定期付款或者见票后定期付款的汇票，自到期日起 10 日内向承兑人提示付款。

【特别提醒】

持票人超过提示付款期限提示付款的，持票人的开户银行不予受理。

（三）支付票款

持票人按规定提示付款后，付款人依法审查无误后，必须无条件支付票款，否则应承担迟迟付款责任。

银行承兑汇票的出票人未能足额交存票款的,银行对出票人尚未支付的汇票金额按每日万分之五计收利息。

(四) 付款效力

付款人支付票据金额后,票据关系随之消灭,汇票上全体债务人的责任便予以解除。

五、商业汇票的背书

商业汇票的背书是指以转让商业汇票权利或者将一定的商业汇票权利授予他人行使为目的,按照法定的事项和方式在商业汇票背面或者粘单上记载有关事项并签章的票据行为。

(一) 背书的记载事项

背书是一种要式行为,其记载的事项必须符合法律规定。根据我国《票据法》的规定,背书记载的事项包括:

(1) 背书人签章。背书人签章是背书的绝对记载事项。

(2) 被背书人的名称。被背书人的名称也是背书的绝对记载事项。

(3) 背书日期。背书日期是背书的相对记载事项。

(二) 背书不得记载的事项

(1) 附有条件的背书。附有条件的背书是指背书人在背书时,记载一定的条件,以限制或者影响背书的效力。根据规定,汇票背书附有条件的,所附条件不具有汇票上的效力。

(2) 部分金额背书。我国《票据法》规定:"将汇票金额的一部分转让的背书或者将汇票金额分别转让给两人以上的背书无效。"

(三) 禁止背书的记载

禁止背书是指出票人或背书人在票据上记载"不得转让"等类似文句,以禁止票据权利的转让。

(1) 出票人的禁止背书。出票人的禁止背书应记载在汇票的正面。出票人在汇票上记载"不得转让"字样的,该汇票不得转让。

(2) 背书人的禁止背书。背书人的禁止背书应记载在汇票的背面。背书人在汇票上记载"不得转让"字样,其后手再背书转让的,原背书人对后手的被背书人不承担保证责任,其只对直接的被背书人承担责任。

(四) 背书时粘单的使用

为了保证粘单的有效性和真实性,第一位使用粘单的背书人必须将粘单粘接在票据上,并且在汇票和粘单的粘接处签章,否则该粘单记载的内容无效。

(五) 背书连续

如果背书不连续,付款人可以拒绝向持票人付款,否则付款人自行承担责任。

背书连续主要是指形式上的连续。如果背书在实质上不连续,如有伪造签章等,付款人仍应对持票人付款。但是,如果付款人明知持票人不是真正票据权利人,则不得向持票人付款,否则自行承担责任。

（六）法定禁止背书

被拒绝承兑、被拒绝付款或者超过付款提示期限等情形下的汇票,不得背书转让;背书转让的,背书人应当承担汇票责任。

六、商业汇票的保证

保证是指票据债务人以外的第三人,为担保票据债务的履行所做的一种附属票据行为。保证的当事人为保证人与被保证人。

（一）保证的格式

1. 绝对记载事项

（1）表明"保证"的字样。

（2）保证人签章。

2. 相对记载事项

（1）保证人名称和住所。未记载保证人名称和住所的,以保证人的营业场所、住所或者经常居住地为保证人住所。

（2）被保证人的名称。未记载被保证人名称的,以出票人（未承兑）或承兑人（已承兑）为被保证人。

（3）保证日期。未记载保证日期的,出票日期为保证日期。

3. 保证不得附有条件

保证附有条件的,保证有效,条件无效。

（二）保证的效力

（1）保证人的责任。被保证的汇票,保证人应当与被保证人对持票人承担连带责任。

（2）共同保证人的责任。保证人为两人以上的,保证人之间承担连带责任。

（3）保证人的追索权。保证人清偿汇票债务后,可以行使持票人对被保证人及其前手的追索权。

 活动 2.4.4　银行汇票和银行本票

一、银行汇票

（一）银行汇票的概念、适用范围和联次

银行汇票是指由出票银行签发的,由其在见票时按照实际结算金额无条件付给收款人或者持票人的票据。

适用范围:同城异地均可使用银行汇票。

银行汇票的联次:银行汇票为一式四联,第一联为卡片联,为承兑行支付票款时作付出传票;第二联为银行汇票联,与第三联解讫通知一并由汇款人自带,在兑付行兑付汇票后此联作银行往来账付出传票;第三联解讫通知联,在兑付行兑付后随报单寄签发行,由签发行作余款收入传票;第四联是多余款通知联,在签发行结清后交汇款人。

（二）银行汇票的记载事项

银行汇票的绝对（必须）记载事项包括：

（1）表明"银行汇票"的字样。

（2）无条件支付的承诺。

（3）确定的金额。

（4）付款人名称。

（5）收款人名称。

（6）出票日期。

（7）出票人签章。

欠缺记载上列事项之一的，银行汇票无效。

（三）银行汇票的基本规定

（1）银行汇票可以用于转账，标明"现金"字样的银行汇票也可以提取现金；签发现金银行汇票，申请人和收款人必须为个人，单位不得签发现金银行汇票。

（2）银行汇票的付款人为银行汇票的出票银行，银行汇票的付款地为代理付款人或出票人所在地。

（3）银行汇票的出票人签章为银行的汇票专用章加法定代表人或授权人的签名或盖章。

（4）提示付款期限为自出票之日起1个月；持票人超过付款期限提示付款的，代理付款人不予受理。

（5）填明"现金"字样的银行汇票不得背书转让。银行汇票的背书转让以不超过出票金额的实际结算金额为准。未填写实际结算金额或实际结算金额超过出票金额的银行汇票不得背书转让。

（6）填明"现金"字样和代理付款人的银行汇票丧失，可以由失票人通知付款人或者代理付款人挂失止付。

（7）银行汇票丧失，失票人可以凭人民法院出具的其享有票据权利的证明，向出票银行请求付款或退款。

（四）银行汇票的申办和兑付

收款人应根据实际款项办理结算，并将实际结算金额和多余金额填入银行汇票和解讫通知有关栏内：

（1）实际结算金额低于出票金额的，退回申请人。

（2）未填明实际结算金额和多余金额或实际结算金额超过出票的金额的，银行不予受理。

银行汇票的实际结算金额不得更改，更改的银行汇票无效。

持票人向银行提示付款时，必须同时提交银行汇票和解讫通知，缺少任何一联，银行不予受理。持票人超过提示付款期限向代理付款银行提示付款不获付款的，必须在票据权利时效内向出票银行做出说明，并提供本人身份证件或单位证明，持银行汇票和解讫通知向出票银行请求付款。

银行汇票的申办和兑付程序如图2-7所示。

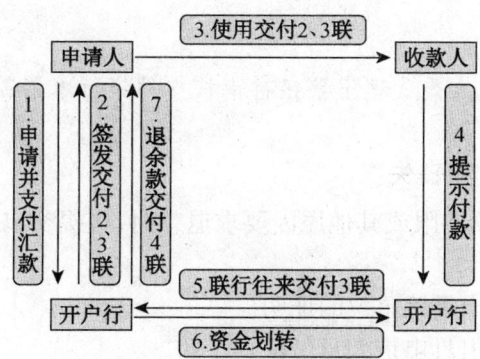

图 2-7 银行汇票的申办和兑付程序

二、银行本票

（一）银行本票的概念、适用范围和记载事项

银行本票是指出票人（银行）签发的，承诺自己在见票时无条件支付票据金额给收款人或持票人的票据。

本票包括商业本票和银行本票。在我国，本票仅限于银行本票。所以，我国的银行本票即为银行签发的，承诺自己在见票时无条件支付确定的金额给收款人或者持票人的票据。

适用范围：单位和个人在同一票据交换区域支付各种款项时，均可以使用银行本票。

银行本票可以用于转账，注明"现金"字样的银行本票可以用于支取现金。

银行本票的绝对（必须）记载事项包括：

（1）表明"银行本票"的字样。

（2）无条件支付的承诺。

（3）确定的金额。

（4）收款人名称。

（5）出票日期。

（6）出票人签章。

欠缺记载上列事项之一的，银行本票无效。申请人或收款人为单位的，不得申请签发现金本票。

（二）银行本票的提示付款期限

银行本票的提示付款期限有以下规定：

（1）银行本票见票即付。

（2）提示付款期限自出票之日起最长不得超过 2 个月。

（3）持票人超过付款期限提示付款的，代理付款人不予受理。持票人超过提示付款期限不获付款的，在票据权利时效内向出票银行做出说明，并提供本人身份证件或单位证明，可持银行本票向出票银行请求付款。

（4）持票人未按规定期限提示见票的，丧失对出票人以外的前手追索权。

☺ **【温馨提示】**

银行本票的代理付款人是代理出票银行审核支付银行本票款项的银行。

(三) 银行本票的退款和丧失

申请人因超过提示付款期限或其他原因要求退款时,应提交以下资料:

(1) 银行本票。

(2) 申请人为单位的,出具该单位的证明。

(3) 申请人为个人的,出具申请人身份证。

银行的退款根据"哪里来哪里去"的原则:

(1) 对在本行开立存款账户的申请人,退款转入原申请人账户。

(2) 对现金本票和未在本行开立存款账户的申请人,退付现金。

银行本票丧失,失票人可以凭人民法院出具的其享有票据权利的证明,向出票银行请求付款或退款。

票据涉"现"对比总结表如表2-4所示。

表2-4　　　　　　　　　　　票据涉"现"对比总结表

出票人(申请人)	收款人	支付方式
单位组织	单位组织	转账
单位组织	个人	转账
个人	单位组织	转账
个人	个人	转账、现金

各类票据汇总小结表如表2-5所示。

表2-5　　　　　　　　　　　各类票据汇总小结表

票据类型	支票	银行本票	商业汇票	银行汇票
使用人	单位和个人	单位和个人	单位	单位和个人
使用范围	同城、异地	统一的票据交换区域	同城、异地	同城、异地
基本当事人	出票人、付款人、收款人	出票人、收款人	出票人、付款人、收款人	出票人、付款人、收款人
资金结算	现金和转账	现金和转账	转账	现金和转账
付款方式	见票即付	见票即付	4种	见票即付
付款期限	10日内	2个月	最长6个月	1个月
必须记载事项(无条件支付)	无条件支付的委托	无条件支付的承诺	无条件支付的委托	无条件支付的承诺
特性	可授权补记收款人、金额	"笨票"	需付款人承兑	找零:"慧票",即聪明票

任务 2.5　银　行　卡

 ## 活动 2.5.1　银行卡的概念与分类

一、概念

银行卡是指经批准由<u>商业银行</u>(含邮政金融机构)向社会发行的具有<u>消费信用、转账结算、存取现金</u>等全部或部分功能的信用支付工具。

二、分类

(1) 按照<u>发行主体是否在境内</u>：银行卡分为境内卡和境外卡。
(2) 按照<u>是否给予持卡人授信额度</u>：银行卡分为信用卡和借记卡。
(3) 按照<u>账户币种</u>：银行卡分为人民币卡、外币卡和双币种卡。
(4) 按<u>信息载体</u>：银行卡分为磁条卡和芯片卡。

 ## 活动 2.5.2　银行卡账户与交易

一、基本规定

(1) 单位卡不得用于 <u>10 万元以上</u>的商品交易、劳务供应款项的结算，不得支取现金。
(2) 发卡银行对贷记卡的取现应当<u>每笔</u>进行授权，每卡每日累计取现不得超过限定额度。
(3) 同一持卡人单笔透支发生额个人卡不得超过 <u>2 万元</u>；单位卡不得超过 <u>5 万元</u>，同一账户月透支余额<u>个人</u>卡不得超过 <u>5 万元</u>，单位卡不得超过发卡银行对该单位综合授信额度的 <u>3%</u>。无综合授信额度可参照的单位，其月透支余额不得超过 <u>10 万元</u>。
(4) 准贷记卡的透支期限最长 <u>60 天</u>，贷记卡的首月最低还款额不得低于其当月透支余额的 <u>10%</u>。

二、资金来源

<u>单位卡</u>账户的资金，一律从其<u>基本存款账户</u>存入，<u>不得交存现金</u>。
个人卡在使用过程中，需要向其账户续存资金的，只限于其持有的现金存入和工资性款项及属于个人的劳务报酬收入转账存入。

 ## 活动 2.5.3　银行卡的计息与收费

一、计息

(1) 发卡银行对准贷记卡和借记卡账户内的存款，按照同期同档次存款利率及计息办法

计息。

（2）发卡银行对贷记卡账户的存款、储值卡内的币值<u>不计付利息</u>。

（3）<u>贷记卡持卡人非现金交易</u>享受如下优惠：①免息还款期待遇。免息还款期最长为<u>60天</u>。②<u>最低还款额待遇</u>。

【温馨提示】

（1）贷记卡选择<u>最低还款额方式</u>或超过发卡银行批准的信用额度用卡时，不再享受还款期待遇，自记账日起计算利息。

（2）贷记卡支取现金、准贷记卡透支，<u>不享受免息还款期和最低还款额待遇</u>，应计算利息。

（3）<u>贷记卡透支</u>按月<u>收复利</u>，<u>准贷记卡</u>按月<u>收单利</u>，日利率为<u>万分之五</u>。

（4）发卡行对贷记卡未偿还最低还款额和超信用额度用卡的行为，按最低还款额未还部分和超过信用额度部分的<u>5%</u>收取滞纳金和超限费。

贷记卡与准贷记卡的区别如表 2-6 所示。

表 2-6 贷记卡与准贷记卡的区别

项目	贷记卡	准贷记卡
区分标准	先消费后还款	缴存备用金，额度内透支
优惠政策	免息还款期——最长 60 天 最低还款额——首月最低还款额不得低于其当月透支余额的 10% 【注意】免息还款期和最低还款额只能享受其一；支取现金不能享受优惠	透支期限为 60 天
存款利息	无	有
透支利息	按月复利计收	按月单利计收

二、收费

收费是指商业银行办理银行卡收单业务，向<u>商户</u>收取结算手续费的行为。

 活动 2.5.4　银行卡的申领、注销和挂失

一、申领

（1）凡在中国境内金融机构开立<u>基本存款账户</u>的单位，可申领单位卡。

（2）单位卡可以申领<u>若干张</u>。

（3）具有<u>完全民事行为能力</u>的公民可以申请个人卡。

（4）申领的附属卡最多<u>不得超过 2 张</u>。

二、注销

（1）信用卡账户 2 年以上未发生交易的。

（2）销户时，单位卡账户余额转入<u>基本存款账户</u>，<u>不得提取现金</u>。

（3）个人卡账户可以转账结清也<u>可以支付现金</u>。

三、挂失

银行卡遗失或被盗，持卡人应立即持本人身份证或其他有效证明，<u>向发卡银行或代办银行</u>申请挂失，并按规定提供有关资料，办理挂失手续。持卡人申请挂失后，找回银行卡的，可申请撤销挂失止付。

任务 2.6　其他结算方式

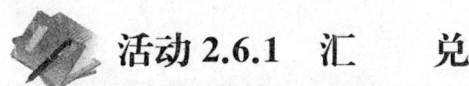

活动 2.6.1　汇　　兑

一、汇兑的概念、分类和适用范围

汇兑是指汇款人委托<u>银行</u>将其款项支付给收款人的结算方式。

分类：汇兑分为<u>信汇</u>和<u>电汇</u>两种。一般来说，信汇是指以邮寄方式将汇款凭证转给外地收款人指定的汇入行的汇兑结算方式；电汇则是指以电报方式将汇款凭证转发给收款人指定的汇入行的汇兑结算方式。前者的费用较低；后者的汇款速度比前者快捷。汇款人可根据实际需要选择信汇或电汇的汇兑方式。

适用范围：汇兑结算适用于各种经济内容的<u>异地提现和结算</u>。

二、办理汇兑的程序

（一）签发汇兑凭证

签发汇兑凭证必须记载下列事项：

（1）表明"信汇"或"电汇"的字样。

（2）无条件支付的委托。

（3）确定的金额。

（4）收款人名称。

（5）汇款人名称。

（6）汇入地点、汇入行名称。

（7）汇出地点、汇出行名称。

（8）委托日期。

（9）汇款人签章。

汇兑凭证上欠缺上列记载事项之一的，银行不予受理。汇兑凭证记载的汇款人名称、收款人名称,其在银行开立存款账户的,必须记载其账号,欠缺记载的,银行不予受理。

(二)银行受理

汇款回单只能作为汇出银行受理汇款的依据,不能作为该笔汇款已转入收款人账户的证明。

汇出银行受理汇兑凭证,并进行认真审查。汇出银行审查汇兑凭证的内容有:汇兑凭证填写的各项内容是否齐全、正确;汇款人账户内是否有足够支付的余额;汇款人的印章是否与预留银行印鉴相符。汇出银行经审核无误后,应及时向汇入银行办理汇款,并向汇款人签发汇款回单。

(三)汇入处理

收账通知是指银行将款项确已收入收款人账户的凭据。

汇入银行接收汇出银行的汇兑凭证之后,应审查汇兑凭证上联行专用章与联行报单印章是否一致,审核无误后,根据收款人的不同情况进行审查并办理付款手续。

三、汇兑的撤销和退汇

(一)汇兑的撤销

汇兑的撤销是指汇款人对汇出银行尚未汇出的款项,向汇出银行申请撤销的行为。

汇款人对汇出银行尚未汇出的款项可以申请撤销。

(二)汇兑的退汇

(1)汇款人对汇出银行已经汇出的款项可以申请退汇。

(2)汇入银行对于收款人拒绝接受的汇款,应立即办理退汇。

(3)汇入银行对于向收款人发出取款通知,经过 2 个月无法交付的汇款,应主动办理退汇。

(4)转汇银行不得受理汇款人或汇出银行对汇款的撤销或退汇。

 # 活动 2.6.2 委 托 收 款

一、概念、适用范围和种类

委托收款是指收款人委托银行向付款人收取款项的结算方式。

适用范围:①单位和个人凭已承兑的商业汇票、债券、存单等付款人债务证明办理款项的结算,均可以使用委托收款结算方式。②委托收款在同城、异地均可以使用。

种类:其结算款项的划回方式分为邮寄和电报两种。

二、记载事项

委托收款的记载事项包括:

(1)表明"委托收款"的字样。

(2)确定的金额。

(3)付款人名称。

（4）收款人名称。

（5）委托收款凭据名称及附寄单证张数。

（6）委托日期。

（7）收款人签章。

欠缺记载上列事项之一的，银行不予受理。

委托收款以银行以外的单位为付款人的，委托收款凭证必须记载付款人开户银行名称；以银行以外的单位或在银行开立存款账户的个人为收款人的，委托收款凭证必须记载收款人开户银行名称；未在银行开立存款账户的个人为收款人的，委托收款凭证必须记载被委托银行名称。

三、结算规定

委托收款的结算规定包括：

（1）以银行为付款人的，银行应在当日将款项主动支付给收款人。

（2）以单位为付款人的，银行通知付款人后，付款人应于接到通知当日书面通知银行付款。银行在办理划款时，付款人存款账户不能足额支付的，应通过被委托银行向收款人发出未付款项通知书。

（3）付款人审查有关债务证明后，对收款人委托收取的款项需要拒绝付款的，有权提出拒绝付款。

（4）收款人收取公用事业费，需有经济合同，由付款人向开户银行授权，并经开户银行同意，报经中国人民银行当地分支行批准，可以使用同城特约委托收款。

 ## 活动 2.6.3　托 收 承 付

一、概念和适用范围

托收承付是指根据购销合同由收款人发货后委托银行向异地付款人收取款项，由付款人向银行承认付款的结算方式。

适用范围：①使用托收承付结算方式的收款单位和付款单位，必须是国有企业、供销合作社，以及经营管理较好，并经开户银行审查同意的城乡集体所有制工业企业（主体限制）。②办理托收承付结算的款项，必须是商品交易，以及因商品交易而产生的劳务供应款项。代销、寄销、赊销商品的款项，不得办理托收承付结算（交易限制）。③托收承付结算每笔金额起点为 1 万元，新华书店系统每笔的金额结算起点为 1 000 元（金额限制）。

二、必须记载事项

（1）表明"托收承付"的字样。

（2）确定的金额。

（3）付款人的名称和账号。

（4）收款人的名称和账号。

（5）付款人的开户银行名称。

（6）收款人的开户银行名称。

（7）托收附寄单证张数或册数。

（8）合同名称、号码。

（9）委托日期。

（10）收款人签章。

三、处理方法

（一）托收

收款人按合同发货后，将托收凭证并附发运凭证或其他符合托收承付结算的有关证明和交易单送银行。

（二）承付

购货单位有验单付款和验货付款两种方式。

（1）验单付款的承付期为 <u>3 天</u>（承付期内遇法定休假日顺延），<u>从付款人开户银行发出承付通知的次日</u>算起。

（2）验货付款的承付期为 <u>10 天</u>，<u>从运输部门向付款人发出提货通知的次日</u>算起。

付款人在承付期内，未向银行表示拒绝付款，银行即视作承付，并在<u>承付期满的次日</u>（遇法定休假日顺延）将款项主动划给收款人。

（三）拒绝付款

以下情况可以向银行提出全部或部分拒绝付款：

（1）没有签订合同或者合同未订明托收承付结算方式的。

（2）未经双方达成协议，收款人提前交货或因逾期交货，付款人不再需要货物的。

（3）未按合同地址发货。

（4）代销、寄销、赊销商品的。

（5）验单付款，发现货不符合要求；货物已到，与合同或单据不符。

（6）验货付款，货物与合同或清单不符。

（7）货款已经支付或计算有误的。

（四）重办托收

收款人对被无理拒绝付款的托收款项，在收到退回的结算凭证及其所附单证后，需要委托银行重办托收。经开户银行审查，确属无理拒绝付款的，可以<u>重办托收</u>。

 **活动 2.6.4 国内信用证**

一、概念

国内信用证是指开证银行根据<u>申请人</u>（购货方）的申请向<u>受益人</u>（销货方）开出的有一定金额、在一定期限内凭信用证规定的单据支付款项的书面承诺。

二、结算方式

信用证结算方式只适用于<u>国内企业之间</u>商品交易产生的货款结算，并且只能用于转账结算,不得支取现金。

三、程序

（1）开证行在决定受理时,应向申请人收取不低于开证金额 20%的保证金,并可根据申请人资信情况要求其提供抵押、质押或由其他金融机构出具保函。

（2）议付仅限于延期付款信用证。

（3）议付行议付信用证后,对开证行具有索偿权;对受益人具有追索权。

（4）申请人交存的保证金和其存款账户余额不足支付的,开证行仍应在规定的付款时间内进行付款,对不足支付的部分作逾期贷款处理。

任务 2.7 网 上 支 付

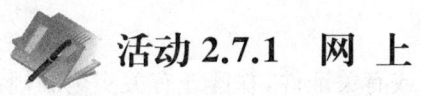

活动 2.7.1 网 上 银 行

一、概念

网上银行也称网络银行,简称网银,就是银行在互联网上虚拟银行柜台,使传统银行服务不再通过物理的银行分支机构来实现,而是借助于网络与信息技术手段在互联网上实现。

二、分类

（1）网上银行按经营模式不同分为单纯网上银行和分支型网上银行。

单纯网上银行是指完全依赖于互联网的虚拟的电子银行。它没有实际的物理柜台,一般只有一个办公地址,没有分支机构,也没有营业网点,采用互联网等高科技服务手段与客户建立密切的联系,为客户提供全方位的金融服务。

分支型网上银行是指现有的传统银行利用互联网开展传统的银行业务的电子银行。即传统银行利用互联网作为新的服务手段为客户提供在线服务,实际上是传统银行服务在互联网上的延伸。

（2）网上银行按主要服务对象不同分为企业网上银行和个人网上银行。

企业网上银行主要服务于企、事业单位,企、事业单位可以通过企业网络银行实时了解财务状况,及时调度资金,轻松处理工资发放和大批量的网络支付业务。

个人网上银行主要服务于个人,个人可以通过个人网络银行实时查询、转账,进行网络支付和汇款。

三、主要功能

（一）企业网上银行的功能

（1）账户信息查询。

(2) 支付指令。

(3) B2B 网上支付。B2B 即企业之间进行的电子商务活动。

(4) 批量支付。

（二）个人网上银行的功能

(1) 账户信息查询。

(2) 人民币转账业务。

(3) 银证转账业务。

(4) 外汇买卖业务。

(5) 账户管理业务。

(6) B2C 网上支付。B2C 即商业机构对消费者的电子商务，是指企业与消费者之间进行的在线式零售商业活动（包括网上购物和网上拍卖等）。

四、网上银行的业务流程及交易时的身份认证

（一）业务流程

开户时，客户必须出具身份证或有关证件，并遵守有关实名制规定。

网上银行的具体交易流程如下：

(1) 客户使用浏览器通过互联网链接到网银中心，发出网上交易请求。

(2) 网银中心接受并审核客户的交易请求，并将交易请求转发给相应成员行的业务主机。

(3) 成员行业务主机完成交易处理，并将处理结果返回给网银中心。

(4) 网银中心对交易结果进行再处理后，返回相应信息给客户。

（二）交易时的身份认证

(1) 密码。

(2) 文件数字证书。

(3) 动态口令卡。

(4) 动态手机口令。

(5) 移动口令牌。

(6) 移动数字证书。

 活动 2.7.2　第 三 方 支 付

一、第三方支付的概念

第三方支付是指经过中国人民银行批准从事第三方支付业务的非银行支付机构，借助通信、计算机和信息安全技术，采用与各大银行签约的方式，在用户与银行支付结算系统间建立连接的电子支付模式（其中通过手机端进行的，称为移动支付）。其本质上是一种新型的支付手段，是互联网技术与传统金融支付的有机结合。

非金融机构提供支付服务，应当取得《支付业务许可证》，称为支付机构。未经中国人民银行批准，任何非金融机构和个人不得从事或变相从事支付业务。

二、第三方支付的方式

1. 线上支付

线上支付是指通过互联网实现的<u>用户和商户</u>之间、<u>商户和商户</u>之间的在线货币支付、资金清算等行为。

2. 线下支付

线下支付是指通过非线上支付方式进行的支付行为,包括 POS 机刷卡支付、拉卡拉等自助终端支付、电话支付、手机近端支付等方式。

三、第三方支付的交易流程及交易时的身份验证

(一)交易流程

1. 开户

支付机构为客户开立支付账户的,应当对客户实行<u>实名制管理</u>,登记并采取有效措施验证客户身份基本信息,按规定核对有效身份证件并留存有效身份证件复印件或者影印件,建立客户唯一识别编码,并在与客户业务关系存续期间采取持续的身份识别措施,确保有效核实客户身份及其真实意愿,不得开立匿名、假名支付账户。支付账户<u>不得透支</u>,不得<u>出借、出租、出售</u>,不得利用支付账户从事或者协助他人从事非法活动。

2. 账户充值

客户开户后,将银行卡和支付账户绑定。付款前,将银行卡中的资金转入支付账户。

3. 收、付款

客户下单后,付款时,通过支付平台将自己支付账户中的虚拟资金划转到支付平台暂存,待客户收到商品并确认后,支付平台会将款项划转到商家的支付账户中,支付行为完成。

(二)交易时的身份验证

支付机构可以组合选用下列<u>三类要素</u>,对客户使用支付账户付款进行身份验证:

(1)仅客户本人知悉的要素。

(2)仅客户本人持有并特有的,不可复制或者不可重复利用的要素。

(3)客户本人生理特征要素。

支付机构应当确保采用的要素相互独立,部分要素的损坏或者泄露不应导致其他要素损坏或者泄露。

四、第三方支付的支付机构及支付账户管理规定

(1)支付机构应根据客户身份对同一客户在本机构开立的所有支付账户进行关联管理,并按照要求对个人支付账户进行分类管理:

Ⅰ类支付账户,账户余额仅可用于消费和转账,余额付款交易的金额自账户开立起累计<u>不得超过 1 000 元</u>(包括支付账户向客户本人同名银行账户转账)。

Ⅱ类支付账户,账户余额仅可用于消费和转账,其所有支付账户的余额付款交易年累计<u>不得超过 10 万元</u>(不包括支付账户向客户本人同名银行账户转账)。

Ⅲ类支付账户,账户余额可以用于消费、转账以及购买投资理财等金融类产品,其所有支

付账户的余额付款交易的金额<u>年累计不得超过 20 万元</u>(不包括支付账户向客户本人同名银行账户转账)。

(2)支付机构办理银行账户与支付账户之间转账业务的,相关银行账户与支付账户应属于同一客户。

(3)因交易取消(撤销)、退货、交易不成功或者投资理财等金融类产品赎回等原因需划回资金的,相应款项应当划回原扣款账户。

(4)支付机构应根据交易验证方式的安全级别,对个人客户使用支付账户余额付款的交易进行限额管理:

其一,支付机构采用包括数字证书或电子签名在内的两类(含)以上有效要素进行验证的交易,单日累计限额由支付机构与客户通过协议自主约定。

其二,支付机构采用不包括数字证书、电子签名在内的两类(含)以上有效要素进行验证的交易,单个客户所有支付账户<u>单日累计金额应不超过 5 000 元</u>(不包括支付账户向客户本人同名银行账户转账)。

其三,支付机构采用不足两类有效要素进行验证的交易,单个客户所有支付账户单日累计<u>金额应不超过 1 000 元</u>(不包括支付账户向客户本人同名银行账户转账),且支付机构应当承诺无条件全额承担此类交易的风险损失赔付责任。

模 块 测 试

一、单项选择题(本题共 20 题,每小题 2 分,共 40 分)　　参考答案

1. 下列各项中,不属于支付结算时应遵循的原则是(　　)。
A. 恪守信用,履约付款原则　　　　　B. 谁的钱进谁的账,由谁支配原则
C. 银行不垫款原则　　　　　　　　　D. 自主选择银行开立银行结算账户原则

2. 下列有关票据出票日期的说法中,正确的是(　　)。
A. 票据的出票日期必须使用中文大写
B. 在填写月、日时,月为壹、贰和壹拾的应在其前加"壹"
C. 在填写月、日时,日为拾壹至拾玖的,应在其前面加"零"
D. 票据出票日期使用小写填写的,银行也应受理

3. 某单位于 2018 年 10 月 19 日开出一张支票。下列有关支票日期的写法中,符合要求的是(　　)。
A. 贰零壹叁年拾月拾玖日　　　　　　B. 贰零壹叁年壹拾月壹拾玖日
C. 贰零壹叁年零壹拾月拾玖日　　　　D. 贰零壹叁年零壹拾月壹拾玖日

4. 填写票据金额时,¥50108.00 应写成(　　)。
A. 伍万零壹佰零捌元　　　　　　　　B. 人民币伍万零壹佰零捌元整
C. 人民币伍万零壹佰零捌元　　　　　D. 人民币伍万零壹零八元整

5. 根据《人民币银行结算账户管理办法》的规定,下列关于银行结算账户管理应遵循的原则中,错误的是(　　)。
A. 单位银行结算账户的存款人只能在银行开立一个基本存款账户
B. 任何单位和个人不得强令存款人到指定银行开立银行结算账户

C. 银行结算账户的开立和使用必须遵守法律

D. 银行应依法为存款人的银行结算账户信息保密

6. 下列存款人中,可以申请开立基本存款账户的是(　　)。

A. 村民委员会

B. 单位设立的非独立核算的幼儿园

C. 营级以上军队

D. 异地临时机构

7. 2018 年 6 月 5 日,A 公司向 B 公司开具一张金额为 5 万元的、见票后 3 个月到期的银行承兑汇票。6 月 10 日,A 公司向其开户银行提示承兑,银行于当日承兑。6 月 11 日,A 公司将票据交付给 B 公司。7 月 10 日,B 公司将该票据背书转让给 C 公司。9 月 12 日,C 公司请求承兑银行付款时,银行以 A 公司账户内只有 5 000 元为由拒绝付款。C 公司遂要求 B 公司付款,B 公司于 9 月 15 日向 C 公司付清了全部款项。根据票据法律制度的规定,B 公司向 A 公司行使再追索权的期限为(　　)。

A. 2018 年 12 月 5 日之前　　　　　　　　B. 2018 年 12 月 15 日之前

C. 2020 年 6 月 5 日之前　　　　　　　　D. 2020 年 9 月 10 日之前

8. (　　)是指出票人签发的、委托办理票据存款业务的银行在见票时无条件支付确定的金额给收款人或持票人的票据。

A. 支票　　　　　B. 商业汇票　　　　　C. 银行汇票　　　　　D. 本票

9. 2018 年 3 月 10 日,万科公司向银行申领了信用卡,下列情形中,可以办理销户的有(　　)。

A. 4 月 12 日,该公司要求注销自用的信用卡

B. 至 2020 年 8 月 30 日,该公司自用的信用卡未发生过任何交易

C. 3 月 11 日,该公司一名管理人员的信用卡丢失并于当日挂失。4 月 12 日,要求注销该丢失的信用卡

D. 至 2019 年 6 月 7 日,该公司自用的信用卡未发生过任何交易

10. 2018 年 3 月 1 日,甲公司销售给乙公司一批化肥,双方协商采取托收承付验单付款方式办理货款结算。3 月 4 日,运输公司向乙公司发出提货单。3 月 5 日,付款人开户银行发出承付通知。乙公司在承付期内未向其开户银行表示拒绝付款。已知 3 月 7 日、8 日为法定休假日。则乙公司开户银行向甲公司划拨货款的日期为(　　)。

A. 3 月 7 日　　　　B. 3 月 9 日　　　　C. 3 月 10 日　　　　D. 3 月 11 日

11. 下列关于银行卡的表述中,正确的是(　　)。

A. 出差人员在出差期间可以用单位卡支取现金

B. 贷记卡持卡人在享受免息还款期的同时还享受最低还款额待遇

C. 准贷记卡透支期限最长不超过 60 天

D. 申请贷记卡要先向银行缴存一定额度的备用金

12. 下列各项中,不属于托收承付结算凭证必须记载的事项是(　　)。

A. 收款人注册资金　　　　　　　　B. 托收附寄单证张数或册数

C. 托收的金额　　　　　　　　　　D. 收款人签章

13. 下列各项中,不属于签发委托收款凭证必须记载的内容是(　　)。

A. 委托收款凭证名称及附寄单证张数

B. 委托日期

C. 收款人名称

D. 收款人的组织代码

14. 委托收款结算,若付款人存款账户不足支付,银行未付款通知书应发给的人是(   )。

A. 收款人　　　　　　　　　　B. 收款人开户银行

C. 付款人　　　　　　　　　　D. 付款人开户银行

15. 下列各项中,属于第三方支付中的线上支付方式的是(   )。

A. 手机近端支付　　　　　　　B. 移动支付中的远程支付

C. 电话支付　　　　　　　　　D. POS 机刷卡支付

16. 发卡银行向持卡人签发没有信用额度,持卡人必须先存款后使用银行卡的是(   )。

A. 贷记卡　　　B. 借记卡　　　C. 信用卡　　　D. 准贷记卡

17. 下列关于授权补记的说法中,正确的是(   )。

A. 只有支票可以授权补记

B. 可以授权补记的事项只有金额和付款人名称

C. 授权补记事项未补记前可以背书转让

D. 授权补记事项未补记前可以提示付款

18. 存款人的开户资料的变更事项未在规定期限内通知银行的,对于经营性的存款人,给予警告并处以(   )的罚款。

A. 1 000 元　　　　　　　　　B. 10 000 元

C. 5 000 元以上 3 万元以下　　D. 1 万元以上 3 万元以下

19. 甲公司向乙公司购买货物,收到乙公司发来的货物后,将出票人为丙公司,收款人为甲公司的商业汇票背书转让给乙公司以抵顶货款。上述行为充分体现了票据的(   )功能。

A. 支付　　　B. 信用　　　C. 结算　　　D. 融资

20. 下列各项中,不属于票据行为的是(   )。

A. 出票人签发票据并将其交付给收款人的行为

B. 票据遗失向银行挂失止付的行为

C. 汇票付款人承诺在汇票到期日支付汇票金额并签章的行为

D. 票据债务人以外的人,未担保特定债务人履行票据债务而在票据上记载有关事项并签章的行为

二、多项选择题(本题共 20 题,每小题 2 分,共 40 分)

1. A公司签发一张商业汇票给 B 公司,C 公司在票据承兑人栏签章,老赵在票据正面记载保证字样但误签笔名"飞燕"。B 公司将该汇票背书转让给 D 公司。D 公司又在将汇票背书转让给 E 公司时在背书人栏误盖合同专用章,E 公司未加以审查即将该汇票背书转让给 F 公司,则该票据上的无效签章有(   )。

A. A公司的签章　　　　　　　B. B公司的签章

C. C公司的签章　　　　　　　D. 保证人老赵的签章

E. D公司的签章　　　　　　　F. E公司的签章

2. 下列关于银行汇票和银行本票的说法中,错误的有(   )。

A. 更改实际结算金额的银行汇票无效

B. 银行汇票的提示付款期限为自出票之日起 2 个月

C. 本票的提示付款期限为自出票之日起 1 个月

D. 本票的基本当事人包括出票人、付款人和收款人

3. 下列关于银行本票的说法中,正确的有(　　)。

A. 单位和个人在同一票据交换区域支付各种款项时,均可以使用银行本票

B. 银行本票可以用于转账

C. 注明"现金"字样的银行本票才可以用于支取现金

D. 申请人和收款人有一方为个人即可使用现金银行本票

4. 甲公司向乙公司购买货物,签发支票一张给乙公司以抵顶货款,由丙公司为保证人,乙公司拿到支票后背书转让给丁公司以抵顶前欠材料款,丁公司向甲公司开户银行 A 提示付款,则上述事项中,属于该支票基本当事人的有(　　)。

A. 甲公司　　　　B. 乙公司　　　　C. 丙公司　　　　D. 丁公司

E. A 银行

5. A 公司签发一张票据给乙公司抵顶货款被甲窃取,甲私刻乙公司的财务专用章,假冒乙公司名义背书转让给丙,丙又将该支票背书转让给丁,丁又背书转让给戊。当戊主张票据权利时,下列表述中,错误的有(　　)。

A. 甲不承担票据责任　　　　　　　　B. 乙公司承担票据责任

C. 丙不承担票据责任　　　　　　　　D. 丁不承担票据责任

6. 下列关于支票分类的说法中,正确的有(　　)。

A. 现金支票可以用于背书转让　　　　B. 转账支票可以用于背书转让

C. 普通支票只能用于转账　　　　　　D. 划线支票只能用于转账

7. 支票可以分为(　　)支票。

A. 划线　　　　　　B. 现金　　　　　　C. 转账　　　　　　D. 普通

8. 根据《票据法》的规定,下列各项中,不会导致汇票失效的是(　　)。

A. 未记载付款日期　　　　　　　　　B. 未记载付款地

C. 未记载出票地　　　　　　　　　　D. 未记载收款人名称

9. 支票的相对记载事项包括(　　)。

A. 付款日期　　　　B. 付款地　　　　C. 出票地　　　　D. 不得转让字样

10. 下列关于商业汇票付款的表述中,错误的有(　　)。

A. 商业汇票持票人超过提示付款期限提示付款的,保证人不承担票据责任

B. 商业汇票持票人超过提示付款期限提示付款的,承兑人不予受理

C. 商业汇票持票人超过提示付款期限提示付款的,出票人不承担票据责任

D. 商业汇票持票人超过提示付款期限提示付款的,背书人不承担票据责任

11. 根据《票据法》的规定,下列关于商业汇票的说法中,正确的有(　　)。

A. 签发票据时委托付款附有条件,所附条件不具备票据上的效力

B. 付款人承兑汇票,不得附有条件,承兑附有条件的,所附条件不具备票据上的效力

C. 背书不得附有条件,背书附有条件的,所附条件不具备票据上的效力

D. 保证不得附有条件,保证附有条件的,所附条件不具备票据上的效力

12. 发卡银行为控制信用卡风险所规定的控制指标有(　　)。

A. 个人卡单笔透支额上限 　　　　　B. 单位卡每笔透支额上限

C. 个人卡月透支余额上限 　　　　　D. 单位卡月透支余额上限

13. 下列各项中,属于发卡银行追偿透支款项和诈骗款项途径的有(　　)。

A. 冻结持卡人账户

B. 扣减持卡人保证金、依法处理抵押物和质押物

C. 向保证人追索透支款项

D. 通过司法机关的诉讼程序进行追偿

14. ABC 公司向其开户银行申请单位卡后将当日的一笔销售收入 30 万元直接存入卡内,后用该卡购买了一辆价值 8 万元的汽车,并支付 20 万元的货款,后将该卡销户,剩余 2 万元直接提取现金,则上述行为中,不符合信用卡管理规定的有(　　)。

A. 存入销售收入 　　　　　B. 购买汽车

C. 支付货款 　　　　　D. 销户后提取现金

15. 下列关于贷记卡与准贷记卡的使用规定说法中,正确的有(　　)。

A. 贷记卡透支(在规定的免息还款期以外)按月计收复利

B. 准贷记卡透支按月计收单利

C. 发卡银行对贷记卡中的存款不计付利息

D. 发卡银行对准贷记卡中的存款计付利息

16. 出现(　　)等情况的,信用卡持卡人不享受免息还款期待遇。

A. 准贷记卡持卡人透支 　　　　　B. 贷记卡持卡人透支

C. 贷记卡持卡人支取现金 　　　　　D. 贷记卡持卡人享受最低还款额待遇

17. 汇兑凭证上欠缺记载(　　)等事项,则银行不予受理。

A. 汇款人名称 　　　B. 收款人名称 　　　C. 委托日期 　　　D. 附单证张数

18. 根据支付结算法律制度的规定,下列选项中,属于使用托收承付方式必须具备的条件有(　　)。

A. 收付双方必须签有符合《合同法》的购销合同

B. 收付双方必须在合同上注明使用托收承付结算方式

C. 办理托收承付结算的款项,必须是商品交易款

D. 结算金额必须为 1 万元以上

19. 个人网上银行具体业务功能包括(　　)。

A. 账户信息查询 　　　　　B. 人民币转账业务

C. 外汇买卖业务 　　　　　D. B2B 网上支付

20. 下列关于第三方支付机构应对个人支付账户进行分类管理的说法中,正确的有(　　)。

A. Ⅰ类支付账户,余额付款交易的金额单日累计不超过 1 000 元

B. Ⅱ类支付账户,余额付款交易的金额年累计不超过 10 万元

C. Ⅲ类支付账户,余额付款交易的金额年累计不超过 100 万元

D. Ⅰ、Ⅱ类支付账户,其账户余额仅可用于消费和转账;Ⅲ类支付账户,其账户余额可用于投资理财

三、判断题(本题共 20 题,每小题 1 分,共 20 分)

1. 开户单位超过结算起点的一切支出均要通过银行进行转账结算,不得使用现金支付。
（　　）

2. 根据《人民币银行结算账户管理办法》的规定,存款人的基本存款账户开户登记证由开户银行核发。
（　　）

3. 存款账户结清时,必须将全部剩余空白支票交回银行注销。
（　　）

4. 网上银行按业务对象分为单纯网上银行和分支型网上银行。
（　　）

5. 付款人是指接受汇票出票人的付款委托,同意承担支付票款义务的人。
（　　）

6. 商业汇票背书转让时,背书人只在票据的背面签章而未记载被背书人名称的,被背书人自行记载的该背书行为无效。
（　　）

7. 汇入银行对于向收款人发出取款通知,经过 2 个月无法交付的汇款,应主动办理撤汇。
（　　）

8. 国内信用证结算方式适用于国内企业之间商品交易款项以及由此引起的劳务供应款项的结算。
（　　）

9. 企业之间订有购销合同且注明采用托收承付结算方式进行结算的,付款人不能拒绝付款。
（　　）

10. 支票上印有"现金"字样的为现金支票,没有印"现金"字样的即为转账支票。（　　）

11. 企业法人内部单位,只要是单独核算,就可以申请开立基本存款账户。（　　）

12. 存款人临时收付现金,可以通过临时存款账户办理。
（　　）

13. 个人储蓄账户既可办理现金存取业务,也可以办理转账结算。
（　　）

14. 汇票的持票人未在法定期限内提示付款的,则承兑人的票据责任解除。（　　）

15. 单位银行卡账户的资金可以由基本存款账户转账存入,也可以以收到的现金存入。
（　　）

16. 存款人开立的一般存款账户可以用于办理转账结算和现金缴存,但不得办理现金支取。
（　　）

17. 票据上的签章和其他记载事项应当真实,不得伪造、变造。
（　　）

18. 票据的签发、取得和转让,必须具有真实的交易关系和债权债务关系。（　　）

19. 无论企业或个人在银行是否开立存款账户,均可通过银行办理支付结算。（　　）

20. 对于出票日期大写不规范的票据,银行可以受理,但由此造成的损失,由出票人自行承担。
（　　）

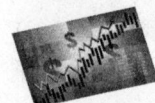

模块 3

税收法律制度

【考核目标】

1. 理解并掌握税收的概念和分类、税收的基本特征以及税法的构成要素。
2. 理解并掌握增值税、消费税、企业所得税和个人所得税的纳税人、计税依据、应纳税额的计算、纳税义务发生时间和纳税期限。
3. 理解并掌握税收征管的具体规定,包括税务登记管理、发票的要求、纳税申报及方式、税款征收方式、税务代理、税务检查、税收法律制度、税务行政复议等规定。

【实践目标】

1. 能够区分增值税、消费税、企业所得税和个人所得税的构成。
2. 能够区分税收征管的具体构成。
3. 能够运用税法的相关规定进行案例分析。

【知识点思维导图】

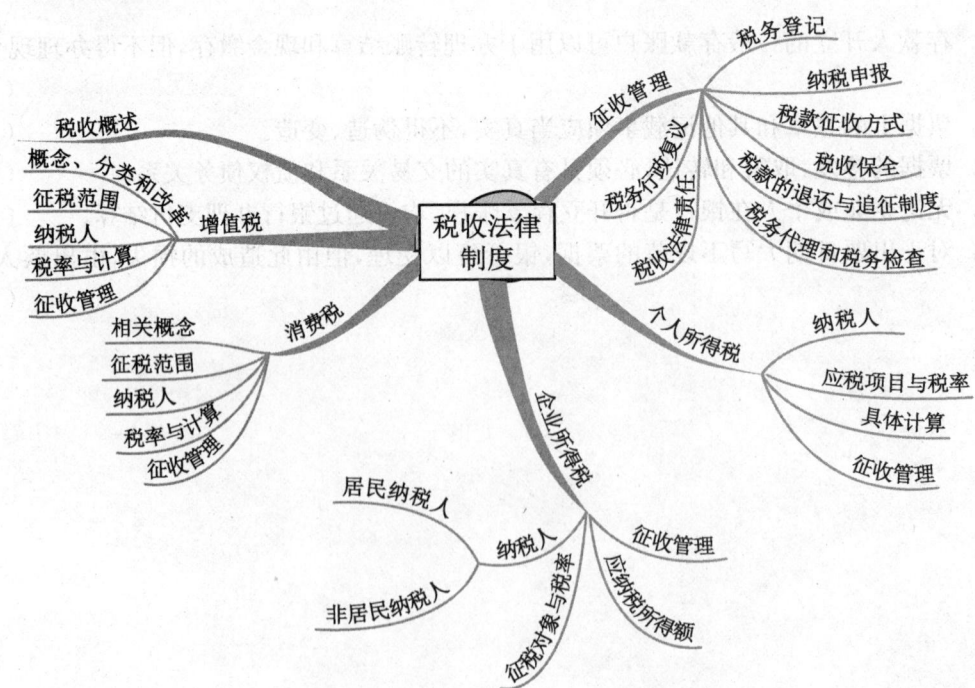

任务 3.1　税 收 概 述

 活动 3.1.1　税收的概念、作用和特征

一、税收的概念

税收是国家为了满足一般的社会共同需要,凭借政治权力,按照法定标准,无偿取得财政收入的一种特定分配方式。

二、税收的作用

(1) 税收是国家组织财政收入的主要形式和工具。
(2) 税收是国家调控经济运行的重要手段。
(3) 税收具有维护国家政权的作用。
(4) 税收是国际经济交往中维护国家利益的可靠保证。

三、税收的特征

税收与其他财政收入形式相比,具有强制性、无偿性和固定性三个特征。

 活动 3.1.2　税 收 的 分 类

一、税收按征税对象的分类

按征税对象的不同,税收可划分为流转税、所得税、财产税、资源税和行为税五种类型。

(一) 流转税

流转税是指以货物或劳务的流转额为课税对象的一类税收。

(二) 所得税

所得税亦称收益税,是指以纳税人的各种所得额为课税对象的一类税收。

(三) 财产税

财产税是指以纳税人所拥有或支配的特定财产为征税对象的一类税收。

(四) 资源税

资源税是指以自然资源和某些社会资源为征税对象的一类税收。

(五) 行为税

行为税也称特定行为目的税,它是指国家为了实现某种特定的目的,以纳税人的某些特定行为为征税对象的一类税收。

二、税收按征收管理分工体系的分类

按征收管理分工体系的不同,税收可分为工商税和关税。

(一) 工商税

工商税是指以从事工业、商业和服务业的单位和个人为纳税人的各种税收的总称,是我国现行税制的主体部分。工商税由税务机关负责征收管理。

(二) 关税

关税是指国家授权海关以出入关境的货物和物品为征税对象的一类税收。它主要包括进出口关税,以及由海关代征的进口环节增值税、消费税和船舶吨税。

三、税收按征收权限和收入支配权限的分类

按征收权限和收入支配权限的不同,税收可分为中央税、地方税、中央与地方共享税。

(一) 中央税

中央税是指由中央政府征收和管理使用,或者地方政府征税后全部划解中央、由中央所有和支配的税收。

(二) 地方税

地方税是指由地方政府征收、管理和支配的税收。

(三) 中央与地方共享税

中央与地方共享税是指税收收入由中央和地方政府按比例分享的税收。

四、税收按计税标准的分类

按计税标准的不同,税收可分为从价税、从量税和复合税。

(一) 从价税

从价税是以课税对象的价格作为计税依据征收的一种税,一般实行比例税率和累进税率,其应纳税额随商品价格的变化而变化,税收负担比较合理。因而大部分税种均采用这一计税方法。

(二) 从量税

从量税是以课税对象的实物量作为计税依据征收的一种税,其课税数额与征税对象数量相关而与价格无关,不受征税对象价格变动的影响,一般采用定额税率,计算简便。

(三) 复合税

复合税是指对征税对象采用从价和从量相结合的计税方法征收的一种税,如我国现行的消费税中的卷烟、白酒等。

税收按不同标准的分类如表 3-1 所示。

表 3-1　　　　　　　　　　　　　税收按不同标准的分类

分类标准	类型	代表税种
征税对象	流转税	增值税、消费税和关税
	所得税	企业所得税、个人所得税
	财产税	房产税、车船税、契税
	资源税	资源税、土地增值税、城镇土地使用税
	行为税	印花税、城市维护建设税、车辆购置税、耕地占用税
征收管理分工体系	工商税	绝大多数
	关税	进出口关税、进口环节增值税、消费税和船舶吨税
征收权限和收入支配权限	中央税	海关负责征收的税种、消费税、车辆购置税
	地方税	城镇土地使用税、耕地占用税、土地增值税、房产税
	地方中央共享税	增值税、企业所得税、个人所得税、资源税
计税标准	从价税	增值税、企业所得税、个人所得税
	从量税	车船税、城镇土地使用税、消费税中的啤酒和黄酒
	复合税	消费税中的卷烟和白酒

【经典例题 3.1】　(单选题)下列选项中,不属于资源税类的是(　　)。

A. 土地增值税　　　　　　　　　　B. 资源税

C. 关税　　　　　　　　　　　　　D. 城镇土地使用税

【正确答案】　C

【答案解析】　选项 C,关税属于流转税。

【经典例题 3.2】　(单选题)下列各项中,不属于按征税对象对税收做出的分类的有(　　)。

A. 流转税　　　　　B. 所得税　　　　　C. 地方税　　　　　D. 行为税

【正确答案】　C

【答案解析】　税收按征税对象分为流转税、所得税、财产税、资源税和行为税。地方税是按税收征收权限和收入支配权限进行的分类。

　活动 3.1.3　税法的概念

　　税法是指税收法律制度,是国家权力机关和行政机关制定的用于调整国家与纳税人之间在征纳税方面的权利与义务关系的法律规范的总称,是国家法律的重要组成部分。

　　税法是以宪法为依据,用于调整国家与社会成员在征纳税方面的权利与义务关系,维护社会经济秩序和纳税秩序,保障国家利益和纳税人合法权益的一种法律规范,是国家税务机关及一切纳税单位和个人依法征税、依法纳税的行为规则。

活动 3.1.4　税法的分类

一、税法按其功能作用的分类

按功能作用的不同,税法可分为税收实体法和税收程序法。

(1) 税收实体法。

(2) 税收程序法。

二、税法按主权国家行使税收管辖权的分类

按主权国家行使税收管辖权的不同,税法可分为国内税法、国际税法和外国税法。

(1) 国内税法。

(2) 国际税法。

(3) 外国税法。

三、税法按法律级次的分类

按法律级次的不同,税法可分为税收法律、税收行政法规、税收部门规章和税收规范性文件。

(1) 税收法律(狭义的税法)。

(2) 税收行政法规。

(3) 税收部门规章和税收规范性文件。

 【特别提醒】

效力排序:税收法律＞税收行政法规＞税收部门规章和税收规范性文件

 ## 活动 3.1.5　税法的构成要素

税法的构成要素如图 3-1 所示。

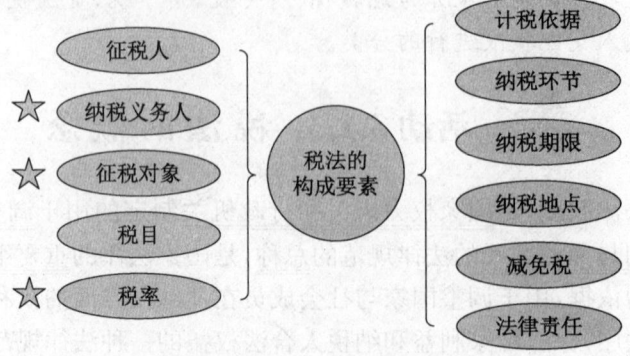

图 3-1　税法的构成要素

一、征税人

征税人是征税主体,是指代表国家行使征税职权的各级税务机关和其他征收机关。因税种的不同,征税人也可能不同,如增值税的征税人是税务机关,关税的征税人是海关。

二、纳税义务人

纳税义务人简称纳税人,是纳税主体,是指依法直接负有纳税义务的自然人(包括个体经营者)、法人和其他组织。

【特别提醒】

纳税人和负税人是两个不同的概念。
负税人是指税收的实际负担者和扣缴义务人。

三、征税对象

征税对象又称课税对象,是指纳税的客体,即对什么征税。它是区别不同税种的重要标志。

四、税目

税目是指税法中规定的征税对象的具体项目。它是征税对象的具体化。税目有两种制定方法:一是列举法,即具体列举征税对象(消费税);二是概括法,即按照商品大类或行业设计税目。

五、税率

税率是指计算税额的尺度。它反映了征税的深度,是税收法律制度中的核心要素。
我国现行的税率主要有比例税率、定额税率、累进税率三种。

(一)比例税率

比例税率包括单一比例税率、差别比例税率、幅度比例税率三种。

(二)定额税率

定额税率是指对单位征税对象规定固定的税额,而不采取百分比形式的税率。目前采用定额税率的税种有:资源税、城镇土地使用税、车船税。

(三)累进税率

累进税率是指根据征税对象数额的大小,规定不同等级的税率。即征税对象数额越大,税率越高;数额越小,税率越低。累进税率一般多在收益课税中使用。它有全额累进税率、超额累进税率、超率累进税率三种形式。
我国现行税法体系采用的累进税率形式只有超额累进税率和超率累进税率两种。

1. 超额累进税率

超额累进税率是指把征税对象按数额大小划分为若干个等级,每一等级规定一个税率,税率依次提高,每一纳税人的征税对象依所属等级同时适用几个税率分别计算,将计算结果相加后得出应纳税款的累进税率形式。

代表税种:个人所得税中的工资薪金所得。

【经典例题3.3】 (计算题)张三2018年8月发放工资11 500元,扣除5 000元生计费后,剩余应纳税所得额为6 500元,其适用表3-2中所列的超额累进税率。试计算张三8月份的应纳税额。

表3-2 工资薪金个人所得税税率表

级数	全年应纳税所得额	税率
1	不超过36 000元的	3%
2	超过36 000元至144 000元的部分	10%
3	超过144 000元至300 000元的部分	20%
4	超过300 000元至420 000元的部分	25%
5	超过420 000元至660 000元的部分	30%
6	超过660 000元至960 000元的部分	35%
7	超过960 000元的部分	45%

【正确答案】 张三8月份的应纳税额＝3 000×3%＋3 500×10%＝440(元)

2. 超率累进税率

超率累进税率是指以征税对象数额的相对率划分若干级距,分别规定相应的差别税率,相对率每超过一个级距的,对超过的部分就按高一级的税率计算征税的累进税率形式。

代表税种:土地增值税。

六、计税依据

计税依据是指计算应纳税额的依据或标准,即依据什么来计算纳税人应缴纳的税额。计税依据一般有三种:

(1) 从价计征。该方法是以计税金额为计税依据,主要包括收入额、收益额、财产额、资金额等。其计算公式如下:

计税金额 ＝ 征税对象的数量×计税价格
应纳税额 ＝ 计税金额×适用税率

(2) 从量计征。该方法是以征税对象的重量、体积、数量为计税依据。计税数量因征税对象不同,所包含的内容也不同。其计算公式如下:

应纳税额 ＝ 计税数量×单位适用税额

(3) 复合计征。复合计征既包括从量计征又包括从价计征,即应纳税额等于应税销售数量乘以定额税率再加上应税销售额乘以比例税率。消费税中的卷烟、白酒实行复合计税办法,其计税依据为销售额和销售数量。其计算公式如下：

$$应纳税额 ＝ 计税数量×单位适用税额＋计税金额×适用税率$$

七、纳税环节

纳税环节主要是指税法规定的征税对象在从生产到消费的流转过程中应当缴纳税款的环节。例如，流转税在生产和流通环节纳税，所得税在分配环节纳税等。

八、纳税期限

纳税期限是指纳税人的纳税义务发生后应依法向税务机关缴纳税款的期限。
纳税期限大体可以分为三种情况：按期纳税，按次纳税，按期预缴、年终汇算清缴。

九、纳税地点

纳税地点是指纳税人按照税法的规定向税务机关申报纳税的具体地点。

十、减免税

减免税是指国家对某些纳税人和征税对象给予鼓励和照顾的一种特殊规定。
（1）减税和免税。减税是指对应征税款减少征收一部分；免税是对按规定应征收的税款全部予以免除。
（2）起征点。不到不征，达到全征。
（3）免征额。不到不征，达到超过部分征。

【经典例题 3.4】　（计算题）某人购买福利彩票，第一次中奖金额为 9 000 元，第二次中奖金额为 11 000 元，假设个人所得税偶然所得起征点为 10 000 元，税率为 20％。请确定两次是否需要纳税；如果需要纳税，分别纳多少。

【正确答案】　第一次中奖：未达到起征点，免征。
第二次中奖：超过起征点，全征。纳税金额＝11 000×20％＝2 200（元）。

【经典例题 3.5】　（计算题）某人 2018 年 7 月份的工资薪金为 4 200 元，8 月份的工资薪金为 6 700 元，个人所得税法中允许税前扣除的标准为 5 000 元/月（免征额），假设综合所得适用的税率为 3％，试计算其应交个人所得税。

【正确答案】　7 月：未达到免征额，免征。
8 月：超过免征额，超过部分征。应交所得税＝（6 700－5 000）×3％＝51（元）。

十一、法律责任

法律责任是指对违反国家税法规定的行为人采取的处罚措施。
两个主体：纳税主体和征税主体。
两种责任：行政责任和刑事责任。

任务 3.2 主要税种

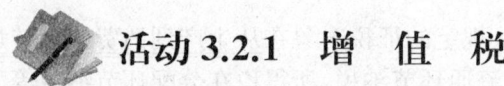

活动 3.2.1 增值税

一、增值税的概念

增值税是指以销售货物、应税服务、无形资产和不动产过程中产生的增值额作为计税依据而征收的一种流转税。

增值税一共有两种征税方式:抵扣制和简易征收。

【经典例题 3.6】 (计算题)甲公司是一家工业生产企业,主要生产经营儿童玩具。2018 年 8 月 5 日,甲公司以 116 万元的含税价格购进了一批材料,后将该批材料加工生产为玩具后以 174 万元的含税价格出售给乙贸易公司。乙贸易公司以 232 万元的价格出售给丙百货公司,后丙百货公司又将该批玩具全部出售给消费者,总销售价款为 348 万元。假设上述公司均为一般纳税人,该玩具适用的增值税税率为 16%。假定甲公司的增值税采用抵扣制的征收方式。试计算甲公司当期应交增值税。

【正确答案】 本例题中,不同主体购销环节的买价、卖价及其相应的增值税如图 3-2 所示。

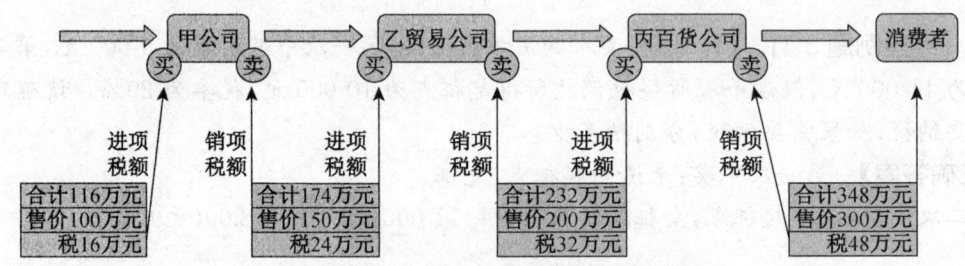

图 3-2 不同主体购销环节的售价和增值税

甲公司当期应交增值税=当期销项税额-当期进项税额=24-16=8(万元)

或: =增值额×税率=(150-100)×16%=8(万元)

【经典例题 3.7】 (计算题)甲公司是一家工业生产企业,主要生产经营儿童玩具,属于小规模纳税人,增值税采用简易征收的方式,征收率为 3%。2018 年 8 月 5 日,甲公司采购一批材料,价税合计 116 万元(售价 100 万元,增值税销项税 16 万元)。甲公司将材料加工成玩具后以 150 万元的价格对外出售给乙公司。试计算甲公司当期应交增值税。

【正确答案】　本例题中，甲公司购销环节的买价、卖价及其相应的增值税如图 3-3 所示。

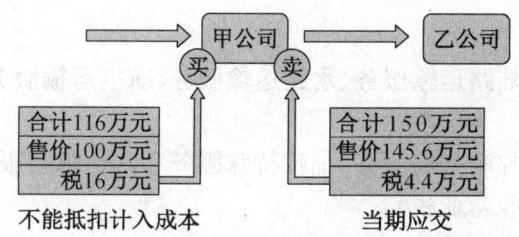

图 3-3　甲公司购销环节的买价、卖价及其相应的增值税

甲公司不含税销售额 ＝ 含税销售额 ÷（1 ＋ 征收率）× 征收率 ＝ 150 ÷（1＋3%）× 3% ＝ 4.37（万元）

二、增值税的分类

根据税基和购进固定资产的进项税额扣除情况，增值税可分为以下几类：

（1）生产型增值税——不允许纳税人在计算增值税时，扣除外购固定资产的进项税额。

（2）收入型增值税——允许纳税人在计算增值税时，将外购固定资产折旧部分扣除。

（3）消费型增值税——允许纳税人在计算增值税时，将外购固定资产的进项税额一次性全部扣除。

【特别提醒】

上述三种类型增值税的主要区别在于购进固定资产的进项税是否可以扣除上。
我国从 2009 年 1 月 1 日起全面实行消费型增值税。

三、增值税征税范围的基本规定

（一）销售（包括进口）货物

货物是指有形动产，包括电力、热力、气体在内。

销售货物是指有偿转让货物的所有权。

（二）提供加工、修理修配劳务

提供加工、修理修配劳务是指有偿提供加工、修理修配劳务。但单位或个体经营者聘用的员工为本单位或雇主提供加工、修理修配劳务，不包括在内。

（三）销售无形资产或不动产

销售无形资产或不动产是指有偿提供服务、有偿转让无形资产或者不动产。但属于下列非经营活动的情形除外：

（1）行政单位收取满足条件的政府性基金或者行政事业性收费。

（2）单位或者个体工商户聘用的员工为本单位或者雇主提供取得工资的服务。

（3）单位或者个体工商户为聘用的员工提供服务。

（4）财政部和国家税务总局规定的其他内容。

（四）提供的应税服务

1．交通运输业

提供的应税劳务包括陆路运输服务、水路运输服务、航空运输服务和管道运输服务。

2．邮政服务

提供的应税劳务包括邮政普遍服务、邮政特殊服务和其他邮政服务，不包括邮政储蓄业务（前按金融、保险业税目征收营业税）。

3．电信服务

提供的应税劳务包括基础电信服务（如通话、出租带宽等）和增值电信服务（如短信、互联网接入等）。

4．建筑服务

提供的应税劳务包括工程服务、安装服务、修缮服务、装饰服务和其他建筑服务等。

5．金融服务

提供的应税劳务包括贷款服务、直接收费金融服务、保险服务和金融商品转让等。

6．现代服务

提供的应税劳务包括研发技术服务、信息技术服务、文化创意服务、物流辅助服务、租赁服务等。

7．生活服务

提供的应税劳务包括文化体育服务、教育医疗服务、旅游娱乐服务、餐饮住宿服务等。

四、增值税征收范围的特殊规定——视同销售

（1）单位或个体经营者的下列行为，视同销售货物：①将货物交付其他单位或者个人代销。②销售代销货物。③设有两个以上机构并实行统一核算的纳税人，将货物从一个机构移送其他机构用于销售，但相关机构设在同一县（市）的除外。④将自产、委托加工的货物用于非增值税应税项目。⑤将自产、委托加工的货物用于集体福利或个人消费。⑥将自产、委托加工或购进的货物作为投资，提供给其他单位或个体工商户。⑦将自产、委托加工或购进的货物分配给股东或投资者。⑧将自产、委托加工或购进的货物无偿赠送其他单位或个人。

（2）视同销售服务、无形资产或者不动产。单位和个体工商户的下列情形，视同提供应税服务：①向其他单位或者个人无偿服务，但以公益活动为目的或者以社会公众为对象的除外。②向其他单位或者个人无偿转让无形资产或者不动产，但以公益活动为目的或以公众为对象的除外。③财政部和国家税务总局规定的其他情形。

五、增值税征收范围的特殊规定——混合销售、兼营

混合销售、兼营的界定如表3-3所示。

增值税纳税人的分类及界定如表3-4所示。

表 3-3　　　　　　　　　　　　　混合销售、兼营的界定

项目	行为特征	税务处理	典型案例
混合销售	销售行为既涉及服务又涉及货物	看主业： (1) 从事生产销售的混合，交销售货物增值税； (2) 其他纳税人的混合，交服务增值税	销售空调的同时提供安装劳务
兼营	纳税人的经营范围既包括销售货物和应税劳务，又包括销售服务、无形资产或者不动产	(1) 分别核算分别缴纳； (2) 未分别核算的，从高适用	多元化经营

表 3-4　　　　　　　　　　　　　增值税纳税人的分类及界定

分类	标准	特殊情况	计税规定	税率(或征收率)
小规模纳税人	年应征增值税销售额 500 万元及以下	(1) 个人(非个体户)； (2) 非企业性单位； (3) 不经常发生应税行为的企业	(1) 简易征税； (2) 不得使用增值税专用发票(可以到税务机关代开)	(1) 3%； (2) 5%
一般纳税人	超过小规模纳税人认定标准	(1) 小规模纳税人会计核算健全，可以申请认定为一般纳税人； (2) 认定为一般纳税人后，不得转为小规模纳税人	(1) 执行税款抵扣制； (2) 可以使用增值税专用发票和增值税普通发票	(1) 制造业：16%； (2) 交通运输业、建筑业、基础通信服务、农产品：10%； (3) 其他：6%

六、增值税税率和征收率

1. 基本税率 16%

（1）销售或者进口货物。

（2）加工、修理修配劳务。

（3）有形动产租赁服务。

2. 低税率

（1）10%——关系社会民生的生活必需品的基础性消费。其具体包括：①粮食、食用植物油、农产品。②自来水、暖气、冷气、热水、煤气、石油液化气、天然气、沼气、居民用煤炭制品。③图书、报纸、杂志、音像制品、电子出版物。④饲料、化肥、农药、农机、农膜、二甲醚。⑤提供陆运运输服务、水路运输服务、航空运输服务、管道运输服务、邮政普遍服务、邮政特殊服务、其他邮政服务、基础电信服务、工程服务、安装服务、修缮服务、装饰服务、其他建筑服务、不动产租赁服务、转让土地使用权、销售不动产。

（2）6%——纳税人销售增值电信服务、贷款服务、直接收费、金融服务、保险服务、金融商品转让、研发和技术服务、信息技术服务、文化创意服务、物流辅助服务、鉴证咨询服务、广播影视服务、商务辅助服务、其他现代服务、文化体育服务、教育医疗服务、旅游娱乐服务、餐饮住宿服务、居民日常服务、其他生活服务，销售无形资产。

3. 零税率

纳税人出口货物、提供国际运输服务、向境外单位提供的研发服务和设计服务，税率为零，

但是国务院另有规定的除外。

4. 征收率

适用于小规模纳税人的增值税征收率有 3％和 5％两档。

七、增值税应纳税额的计算

1. 销售额的确定

销售额包括向购买方收取的全部价款和价外费用,但不包括向购买方收取的销项税额和其他符合税法规定的费用。如果销售货物是消费税应税产品或者进口产品,则全部价款中包括消费税或关税。纳税人采用销售额和销项税额合并定价的,按下列公式计算销售额:

$$不含税销售额 = 含税销售额 \div (1 + 增值税税率)$$

2. 销项税额

相关计算公式如下:

$$销项税额 = 销售额(售价) \times 税率$$
$$当期应纳增值税额 = 当期销项税额 - 当期进项税额$$

【特别提醒】

(1) 当期销项税额小于当期进项税额不足抵扣时,其不足部分可以结转下期继续抵扣。

(2) 价外费用不包括下列项目:①代为收取并符合相关规定的政府性基金或者行政事业性收费。②以委托方名义开具发票代委托方收取的款项。

3. 进项税额

1) 准予抵扣的进项税额

(1) 从销售方取得的增值税专用发票上注明的增值税额。

(2) 海关取得的海关进口增值税专用缴款书上注明的增值税额。

(3) 购进免税农产品,按照农产品收购发票或销售发票上注明的买价和10％的扣除率,计算抵扣进项税额。其计算公式为:进项税额＝买价×扣除率。

(4) 从境外单位或者个人购进服务、无形资产或者不动产,自税务机关或者扣缴义务人取得的解缴税款的完税凭证上注明的增值税额。

2) 不得抵扣的进项税额

(1) 用于简易计税方法计税项目、免征增值税项目、集体福利或者个人消费的购进货物、加工修理修配劳务、服务、无形资产和不动产。

(2) 非正常损失的购进货物,以及相关的加工修理修配劳务和交通运输服务。

(3) 非正常损失的在产品、产成品所耗用的购进货物(不包括固定资产)、加工修理修配劳务和交通运输服务。

(4) 非正常损失的不动产,以及该不动产所耗用的购进货物、设计服务和建筑服务。

(5) 非正常损失的不动产在建工程所耗用的购进货物、设计服务和建筑服务。纳税人新建、改建、扩建、修缮、装饰不动产,均属于不动产在建工程。

（6）购进的旅客运输服务、贷款服务、餐饮服务、居民日常服务和娱乐服务。

（7）财政部和国家税务总局规定的其他情形。

4. 小规模纳税人应纳税额的计算

小规模纳税人实行简易办法征收增值税,并不得抵扣进项税额。其应纳税额计算公式如下:

$$应纳税额 ＝ 销售额 × 征收率$$

小规模纳税人采用销售额和应纳税额合并定价方法的,应将其换算为不含税销售额。其计算公式如下:

$$销售额 ＝ 含税销售额 ÷ （1＋征收率）$$

【特别提醒】

小规模纳税人按征收率征收增值税,不涉及销项税额和进项税额。

八、增值税的征收管理

（一）纳税义务发生时间

（1）采用直接收款方式销售货物,不论货物是否发出,均为收到销售款或取得索取销售款凭证的当天;先开具发票的,为开具发票的当天。

（2）纳税人发生销售服务、无形资产或者不动产行为的,为收讫销售款或索取销售款项凭据的当天;先开具发票的,为开具发票的当天。

（3）采取托收承付和委托银行收款方式销售货物,为发出货物并办妥托收手续的当天。

（4）采取赊销和分期收款方式销售货物,为书面合同约定的收款当天,无书面合同或者书面合同没有约定收款日期的,为货物发出的当天。

（5）采取预收货款方式销售货物,为货物发出的当天;但生产工期超过 12 个月的大型机械设备、船舶、飞机等货物,为收到预收款或者书面合同约定的收款日期的当天。

提供有形动产租赁服务和建筑服务、租赁服务采取预收款方式的,其纳税义务发生时间为收到预收款的当天。

（6）委托其他纳税人代销货物,为收到代销单位的代销清单或者收到全部或者部分货款的当天。未收到代销清单及货款的,为发出代销货物满 180 天的当天。

（7）纳税人从事金融商品转让的,为金融商品所有权转移的当天。

（8）纳税人发生视同销售货物行为,为货物移送的当天。发生视同销售服务、无形资产或者不动产行为的,其纳税义务发生时间为销售服务、无形资产或者不动产权属变更的当天。

（9）纳税人进口货物,纳税义务发生时间为报关进口的当天。

（10）增值税扣缴义务发生时间为纳税人增值税纳税义务发生的当天。

【温馨提示】

确定纳税义务发生时间需考虑风险报酬转移（流转）时点。

（二）纳税期限

（1）增值税的纳税期限分别为 1 日、3 日、5 日、10 日、15 日、1 个月或 1 个季度。以 1 个季度为纳税期限的适用于小规模纳税人以及财政部和国家税务总局规定的其他纳税人；不能按照固定期限纳税的，可以按次纳税。

（2）以 1 日、3 日、5 日、10 日或 15 日为一个纳税期的，自期满之日起 5 日内预缴税款，于次月 1 日起 15 日内结清税款。

（3）以 1 个月或 1 个季度为一个纳税期的，自期满之日起 15 日内申报纳税。

（三）纳税地点

（1）进口货物：向报关地海关申报纳税。

（2）纳税人销售货物、应税服务、无形资产和不动产，均应按照法律规定的地点申报纳税。

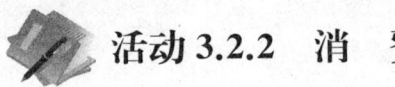
活动 3.2.2　消　费　税

一、消费税的概念

（一）概念

消费税是指对在我国境内从事生产、委托加工和进口应税消费品的单位和个人，就其消费品的销售额或销售数量或销售额与销售数量相结合所征收的一种流转税。

【温馨提示】

消费税是对特定的消费品和消费行为在特定的环节征收的一种流转税。

（二）增值税和消费税的共同点与不同点

1. 不同点

增值税是价外税；属于多环节纳税；对应税服务征税。消费税是价内税；对特定环节纳税。

2. 共同点

增值税和消费税的共同点如下：属于流转税；商品流通环节纳税；对有形动产征税。

【经典例题 3.8】　（计算题）假设某消费品计征消费税按 30% 的比率征收，增值税税率为 16%，该消费品零售价为 116 万元，假定利润为 20 万元。试计算该消费品应纳的增值税额和消费税额。

计算分析过程如图 3-5 所示。

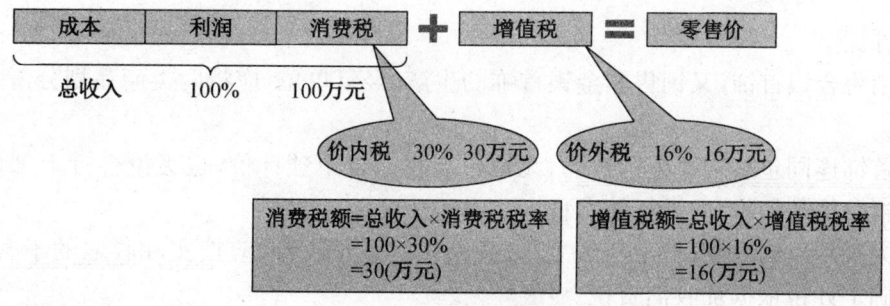

图 3-5　计算分析过程

二、消费税的征税范围

(一)生产应税消费品

（1）生产并销售应税消费品的。

（2）换取生产资料、消费资料、投资入股、偿还债务的。

（3）用于继续生产应税消费品以外的其他方面。

(二)委托加工应税消费品

委托加工应税消费品是指委托方提供原料和主要材料，受托方只收取加工费和代垫部分辅助材料加工的应税消费品。

对于委托加工应税消费品，其消费税的处理为：除受托方为个人外，<u>由受托方向委托方交货时代收代缴税款</u>；<u>委托个人</u>加工的应税消费品，由<u>委托方收回后缴纳消费税</u>（见图 3-6）。

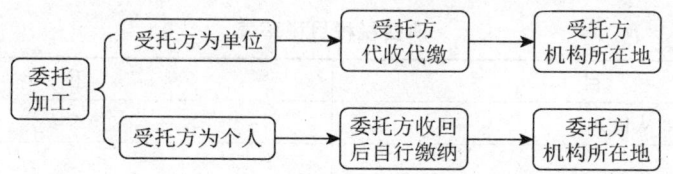

图 3-6　委托加工应税消费品的消费税处理流程

委托加工的应税消费品，委托方收回用于<u>连续生产应税消费品</u>的，所纳税款<u>准予按规定抵扣</u>；委托方收回用于<u>直接出售</u>的，<u>不再缴纳消费税</u>（见图 3-7）。

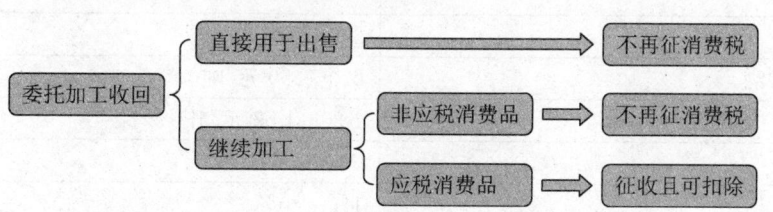

图 3-7　委托加工收回应税消费品的消费税处理流程

(三)进口应税消费品

进口应税消费品，<u>于报关进口时由海关代征消费税</u>。

(四)批发零售应税消费品

零售环节征收消费税的金银首饰仅限于金基、银基合金首饰以及金、银和金基、银基合金的镶嵌首饰。

对既销售金银首饰，又销售非金银首饰的生产、经营单位，应将两类商品划分清楚，分别核算销售额。

金银首饰连同包装物一起销售的，无论包装物是否单独计价，也无论会计上如何核算，均应并入金银首饰的销售额，计征消费税。

纳税人采用以旧换新（含翻新改制）方式销售的金银首饰，应按实际收取的不含增值税的全部价款确定计税依据征收消费税。

三、消费税的纳税人、税目、税率

（一）消费税的纳税人

消费税的纳税人为在中华人民共和国境内生产、委托加工和进口《中华人民共和国消费税暂行条例》（以下简称《消费税暂行条例》）规定的消费品的单位和个人，以及国务院确定的销售《消费税暂行条例》规定的消费品的其他单位和个人。

（二）消费税的税目（15 个）

烟；酒；化妆品；贵重首饰及珠宝玉石；鞭炮、焰火；成品油；摩托车；小汽车；高尔夫球及球具；高档手表；游艇；木制一次性筷子；实木地板；电池；涂料。

（三）消费税的税率

消费税的税目税率表如表 3-5 所示。

表 3-5　　　　　　　　　　消费税税目税率表

税　目	税　率
一、复合计税（从量＋从价）	
1. 卷烟	
（1）甲类、乙类卷烟（生产或进口环节）	36％～56％＋0.003 元/支
（2）批发环节	11％＋0.005 元/支
2. 白酒	20％＋0.5 元/500 克
二、从量计征	
1. 黄酒	240 元/吨
2. 甲类、乙类啤酒	220～250 元/吨
3. 成品油	1.20～1.52 元/升
三、从价计征	
其他税目	1％～40％

四、消费税的应纳税额——从价定率、从量定额、复合计征三种方式

（一）从价定率

在从价定率征收的情况下，根据不同的应税消费品确定不同的比例税率，以应税消费品的销售额为基数乘以比例税率计算应纳税额。其计算公式如下：

$$应纳税额 = 销售额（不含增值税）\times 税率$$

式中：销售额是指纳税人销售应税消费品向购买方收取的全部价款和价外费用，不包括向购货方收取的增值税税款。

价外费用不包含以下内容：

（1）同时符合以下条件的代垫运输费用：①承运部门的运输费用发票开具给购买方的。②纳税人将该发票转交给购买方的。

（2）同时符合以下条件代为收取的政府性基金或者行政事业性收费：①行政部门批准设立的政府性基金和行政事业性收费。②收取时开具省级以上财政部门印制的财政票据。③所收取款项全额上缴财政。

（二）从量定额

在从量定额征收的情况下，根据不同的应税消费品确定不同的单位税额，以应税消费品的数量为基数乘以单位税额计算应纳税额。其计算公式如下：

$$应纳税额 = 应税消费品的销售数量\times 单位税额$$

式中：销售数量是指应税消费品的数量。其具体为：①销售应税消费品的，为应税消费品的销售数量。②自产自用应税消费品的，为应税消费品的移送使用数量。③委托加工应税消费品的，为纳税人收回的应税消费品数量。④进口应税消费品的，为海关核定的应税消费品进口征税数量。

（三）复合计征

在从价定率和从量定额复合征收的情况下，基本与前两种征收方法相同，只不过是对同一应税消费品同时采用两种计税方法计算税额，以两种方法计算的应纳税额之和为该应税消费品的应纳税额。其计算公式如下：

$$应纳税额 = 销售额\times 比例税率 + 销售数量\times 定额税率$$

【特别提醒】

卷烟、白酒采用从量定额与从价定率相结合的复合计税。

五、消费税的应纳税额——已纳税款扣除、自产自用、委托加工

（一）应税消费品已纳税款扣除

用外购或委托加工收回已缴纳消费税的消费品连续生产出来的，在计税时可按当期生产领用数量计算准予扣除外购或委托加工收回的消费品已纳的消费税税款。

（二）自产自用应税消费品应纳税额

（1）纳税人自产自用应税消费品用于连续生产应税消费品的，不纳税。

（2）凡用于其他方面的：①按照纳税人生产的同类消费品的销售价格计算纳税。②没有同类消费品销售价格的，按照组成计税价格计算纳税。

一般应税消费品组成计税价格的计算公式如下：

$$组成计税价格 = （成本 + 利润）\div （1 - 比例税率）$$

【经典例题 3.9】 （计算题）假设某消费品计征消费税按 30% 的比率税率征收，增值税税率为 16%，该消费品零售价为 116 万元。假定该消费品的成本为 50 万元，利润为 20 万元。试计算该消费品的应纳消费税额。计算分析过程如图 3-8 所示。

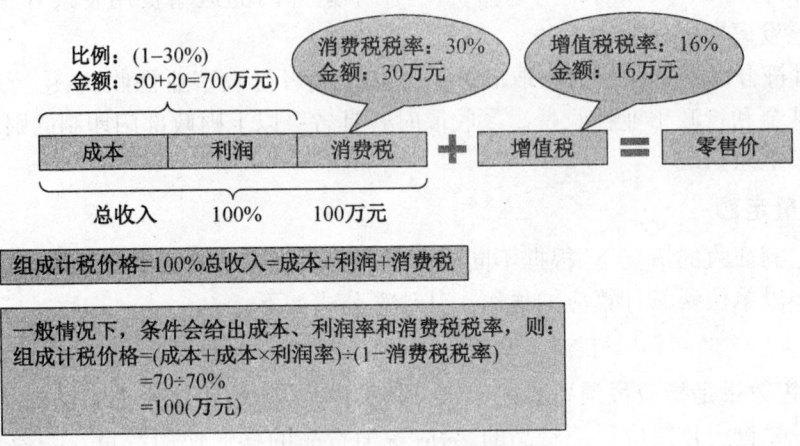

图 3-8 计算分析过程

复合计征应税消费品<u>组成计税价格</u>的计算公式如下：

$$组成计税价格 ＝（成本＋利润＋自产自用数量×定额税率）÷（1－比例税率）$$

【经典例题 3.10】 （计算题）假设某消费品按复合征税方式计算消费税，从价税的税率为 56%，从量税的定额税率为 0.6 元/件，增值税税率为 16%，该消费品零售价为 116 万元，数量为 1 万件，假定成本为 33.4 万元，利润为 10 万元。试计算该消费品的应纳消费税额。

计算分析过程如图 3-9 所示。

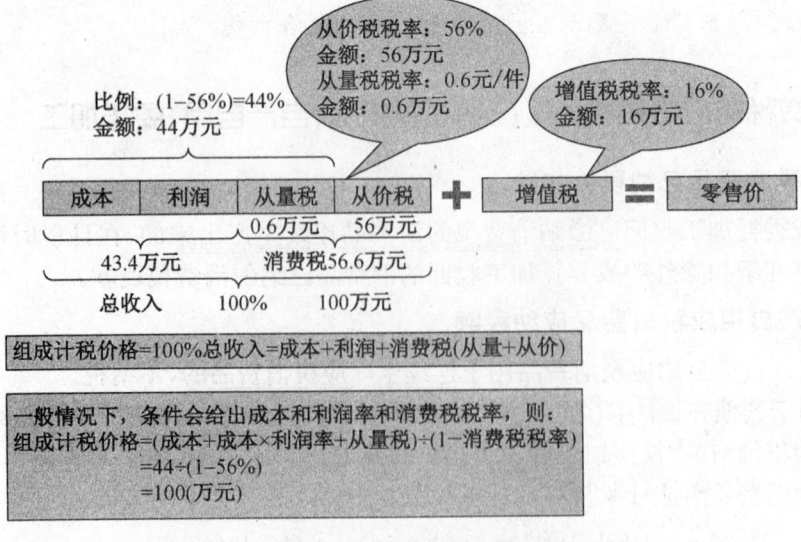

图 3-9 计算分析过程

（三）委托加工应税消费品应纳税额

委托加工的应税消费品：①按照受托方的同类消费品的销售价格计算纳税。②没有同类消费品销售价格的，按照组成计税价格计算纳税。

一般应税消费品组成计税价格的计算公式如下：

$$组成计税价格 ＝（材料成本＋加工费）÷（1－比例税率）$$

复合计征应税消费品组成计税价格的计算公式如下：

$$组成计税价格 ＝（材料成本＋加工费＋委托加工数量×定额税率）÷（1－比例税率）$$

六、消费税的征收管理

（一）纳税义务发生时间

（1）一般情况：同增值税。

（2）特殊情况：纳税人委托加工应税消费品的，为纳税人提货的当天。

（二）纳税期限（与增值税相同）

消费税的纳税期限分别为 1 日、3 日、5 日、10 日、15 日、1 个月或者 1 个季度。纳税人的具体纳税期限由主管税务机关根据纳税人应纳税额的大小分别核定；不能按照固定期限纳税的，可以按次纳税。

纳税人以 1 个月或者 1 个季度为一个纳税期的，自期满之日起 15 日内申报纳税；纳税人以 1 日、3 日、5 日、10 日或者 15 日为一个纳税期的，自期满之日起 5 日内预缴税款，于次月 1 日起 15 日内申报纳税并结清上月应纳税款。进口货物自海关填发税收专用缴款书之日起 15 日内缴纳。

（三）纳税地点

1. 固定业户

（1）销售及自产自用：机构所在地。

（2）到外县（市）销售或者委托外县（市）代销：机构所在地。

（3）总机构与分支机构不在同一县（市）：分别申报；经批准由总机构汇总在总机构所在地申报。

2. 委托加工

（1）受托方为单位：受托方代收代缴消费税→在受托方机构所在地申报。

（2）受托方为个人（个体经营者）：委托方收回后自行缴纳→在委托方机构所在地申报。

3. 进口

进口的应税消费品，由进口人或其代理人向报关地海关申报纳税。

4. 销售退回

如因质量等原因由购买者退回时，主管税务机关审核批准后，可退还已缴纳的消费税税款，但不能自行直接抵减应纳税款。

活动 3.2.3 企业所得税

一、企业所得税的概念、征税对象、税率

(一) 概念

企业所得税是指对我国境内的企业和其他取得收入的组织的生产经营所得和其他所得为计税依据征收的一种税。

1. 居民企业

居民企业是指依法在中国境内成立,或者依照外国(地区)法律成立但实际管理机构在中国境内的企业。

2. 非居民企业

非居民企业是指依照外国(地区)法律成立且实际管理机构不在中国境内,但在中国境内设立机构、场所的,或者在中国境内未设立机构、场所,但有来源于中国境内所得的企业。

【特别提醒】

个人独资企业、合伙企业不缴纳企业所得税。

(二) 征税对象

1. 征税对象

企业所得税的征税对象是企业的生产经营所得、其他所得和清算所得。

2. 纳税义务

企业所得税的纳税义务如表 3-6 所示。

表 3-6　　　　　　　　　　　企业所得税的纳税义务

企业类型	征税所得	
居民企业	来源于中国境内境外的所得作为征税对象	
非居民企业	在中国境内设立机构、场所	应当就其所设机构、场所取得的来源于中国境内的所得,以及发生在中国境外但与其机构场所有实际联系的所得,缴纳企业所得税
	在中国境内未设立机构、场所的,或者虽设立机构、场所,但取得的所得与其所设机构、场所没有实际联系的	应当就其来源于中国境内所得缴纳企业所得税

(三) 税率

企业所得税采用比例税率,如表 3-7 所示。

表 3-7 企业所得税税率表

税　率		适用对象
基本税率	25％	居民企业、在中国境内设立机构场所的非居民企业
优惠税率	10％	执行 20％税率的非居民企业
	15％	高新技术企业
	20％	小型微利企业

二、企业所得税的应纳税所得额

企业所得税的计税依据是应纳税所得额,即企业每一个纳税年度的收入总额,减除不征税收入、免税收入、各项扣除和允许弥补的以前年度亏损后的余额。应纳税所得额的计算方法包括直接计算法和间接计算法两种。

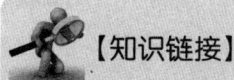【知识链接】

税会差异的调整方法

企业进行国债投资的利息收入在会计上是计入利润中的,但是在税法上国债利息收入免征企业所得税,所以国债利息收入是企业所得税中需要进行纳税调整的项目。调整税会差异的方法有直接法和间接法两种。

(1)直接法。其计算公式如下:

应纳税所得额 = 收入总额 - 不征税收入 - 免税收入 - 各项扣除 - 以前年度亏损

(2)间接法。其计算公式如下:

应纳税所得额 = 利润总额 + 纳税调整项目金额

企业所得税应纳税所得额的计算,以权责发生制为原则,属于当期的收入和费用,不论款项是否收付,均作为当期的收入和费用;不属于当期的收入和费用,即使款项已经在当期收付,也不作为当期的收入和费用。税会差异的调整方法如图 3-10 所示。

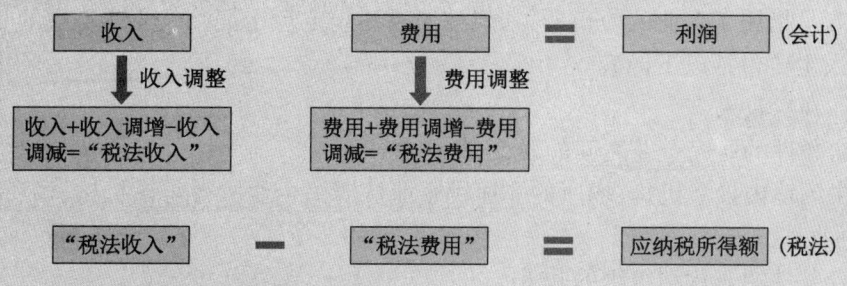

图 3-10　税会差异的调整方法

【经典例题 3.11】 （计算题）某企业当期收入总额为 100 万元，费用总额为 60 万元，在当期缴纳所得税时税务人员告知：当期收入中有 10 万元可以不用缴纳所得税，费用中有 20 万元不得税前扣除，所得税税率为 25%。那么该企业当期应缴纳多少企业所得税？

【答案解析】

直接法：

$$应纳税所得额 = （收入 - 收入调减）-（费用 - 费用调减）$$
$$= （100 - 10）-（60 - 20）= 50（万元）$$
$$企业所得税 = 50 \times 25\% = 12.5（万元）$$

间接法：

$$应纳税所得额 = 会计利润 + 纳税调增 - 纳税调减 = （100 - 60）+ 20 - 10 = 50（万元）$$
$$企业所得税 = 50 \times 25\% = 12.5（万元）$$

三、企业所得税的收入总额、不征税收入、免税收入

（一）收入总额

企业以货币形式和非货币形式从<u>各种来源取得的收入</u>为收入总额。它包括销售货物收入，提供劳务收入，转让财产收入，股息、红利等权益性投资收益，利息收入，租金收入，特许权使用费收入，接受捐赠收入及其他收入。

收入总额可分为<u>货币形式</u>收入和<u>非货币形式</u>收入两种。

（二）不征税收入

不征税收入是指从性质和根源上不属于企业营利性活动带来的经济利益、不负有纳税义务并不作为应纳税所得额组成部分的收入。它是国家为了扶持和鼓励某些特殊的纳税人和特定的项目，或者避免因征税影响企业的正常经营，对企业取得的某些收入予以不征税或免税的特殊政策，以减轻企业的负担，促进经济的协调发展。

不征税收入主要包括<u>财政拨款</u>和依法收取并纳入财政管理的<u>行政事业性收费、政府性基金</u>。

（三）免税收入

免税收入是指属于企业的应税所得，但按照税法规定免予征收企业所得税的收入。

免税收入主要包括以下内容：

（1）<u>国债利息收入</u>。

（2）符合条件的<u>居民企业之间的股息、红利收入</u>。

（3）在中国境内设立机构、场所的<u>非居民企业从居民企业取得与该机构、场所有实际联系的股息、红利收入</u>。

（4）符合条件的<u>非营利组织的收入</u>。

四、企业所得税准予扣除的项目

企业所得税准予扣除的项目主要包括成本、费用、税金和损失四部分内容。

（一）成本

企业所得税准予扣除的成本是指在生产经营活动中发生的销售成本、销货成本、业务支出以及其他耗费。

（二）费用

企业所得税准予扣除的费用是指企业在生产经营活动中发生的销售费用、管理费用和财务费用。其具体规定如下：

（1）企业发生的与经营活动有关的业务招待费支出，按照发生额的 60% 扣除，但最高不得超过当年销售（营业）收入的 5‰，两者取较低者扣除。

（2）企业发生的符合条件的广告费和业务宣传费支出，除另有规定外，不超过当年销售（营业）收入 15% 的部分准予扣除；超过部分，准予在以后纳税年度结转扣除。

（3）职工支出的扣除标准如表 3-8 所示。

表 3-8 职工支出的扣除标准

经费名称	扣除标准	特殊规定
职工福利费	不超过工资薪金总额 14%	超过部分不得结转扣除
工会经费	不超过工资薪金总额 2%	超过部分不得结转扣除
职工教育经费	不超过工资薪金总额 2.5%	超过部分，允许在以后年度结转扣除

公益性捐赠：公益性捐赠支出，不超过年度利润总额 12% 的部分，准予扣除。

（三）税金

企业发生的除企业所得税和允许抵扣的增值税以外的各项税金及其附加。

（四）损失

企业在生产经营活动中发生的固定资产和存货的盘亏、毁损、报废损失、转让财产损失、呆账损失、坏账损失、自然灾害等不可抗力因素造成的损失以及其他损失。

五、企业所得税不得扣除的项目

企业所得税不得扣除的项目包括：

（1）向投资者支付的股息、红利等权益性投资收益款项。

（2）企业所得税税款。

（3）税收滞纳金。

（4）罚金、罚款和被没收财物的损失。

（5）超过规定标准的公益性捐赠支出及所有非公益性捐赠支出。

（6）赞助支出。

（7）未经核定的准备金支出。

（8）企业之间支付的管理费、企业内营业机构之间支付的租金和特许权使用费，以及非银行企业内营业机构之间支付的利息。

（9）与取得收入无关的其他支出。

【注意】

纳税人逾期归还银行贷款,银行按规定加收的罚息,不属于行政性罚款,允许在税前扣除。

六、企业所得税的亏损弥补

纳税人发生年度亏损的,可以用<u>下一纳税年度的所得</u>弥补;下一纳税年度的所得不足以弥补的,可以<u>逐年延续弥补</u>,但是延续弥补期最长不得超过 <u>5 年</u>。

5 年内不论是盈利还是亏损,都作为实际弥补期限计算。这里所指的亏损不是<u>企业财务报表中反映的亏损额</u>,而是<u>企业财务报表中的亏损额经主管税务机关按税法规定核实调整后的金额</u>。

【特别提醒】

企业所得税的亏损弥补,应注意以下两个问题:

(1) 5 年内不论是盈利或亏损,都作为实际弥补期限计算。

(2) 所谓亏损是指税法认定的亏损。

七、企业所得税的征收管理

(一)纳税地点

企业所得税的纳税地点如表 3-9 所示。

表 3-9 企业所得税的纳税地点

项目	一般情况	以登记注册地为纳税地点
居民企业	<u>登记注册地在境外</u>	以<u>实际管理机构所在地</u>为纳税地点
	居民企业在中国境内设立不具有法人资格的营业机构的,应当汇总计算并缴纳企业所得税	
非居民企业	在中国境内设立机构、场所	以机构、场所所在地为纳税地点(<u>不包括与所设立的机构场所无关的境内所得</u>)
	在中国境内未设立机构、场所的或者虽设立机构、场所但取得的所得与其所设机构、场所没有实际联系	以扣缴义务人所在地为纳税地点

(二)纳税期限

(1) 企业所得税按年计征,分月或者分季预缴,<u>年终汇算清缴</u>,<u>多退少补</u>。

(2) 企业所得税的纳税年度,自公历 1 月 1 日起至 12 月 31 日止。纳税年度的实际经营期<u>不足 12 个月</u>的,应当<u>以其实际经营期为一个纳税年度</u>。

（三）纳税申报

1. 分月或分季预缴

企业应当自月份或者季度终了之日起 15 日内，向税务机关报送预缴企业所得税纳税申报表，预缴税款。

2. 汇算清缴

企业应当自年度终了后 5 个月内向税务机关报送年度企业所得税纳税申报表，并汇算清缴，结清应缴或应退税款。

企业在报送企业所得税纳税申报表时，应当按照规定附送财务会计报告和其他有关资料。

【特别提醒】

企业应依照我国《企业所得税法》缴纳的企业所得税，以人民币计算。所得以人民币以外的货币计算的，应当折合成人民币计算并缴纳税款。

活动 3.2.4　个人所得税

一、个人所得税的概念、纳税义务人及纳税义务

（一）个人所得税的概念

个人所得税是指对个人（即自然人）取得的各项应税所得征收的一种所得税。

个人所得税的征税对象不仅包括个人还包括具有自然人性质的特殊主体（个人独资企业、合伙企业）。

（二）个人所得税的纳税义务人及纳税义务

个人所得税的纳税义务人及纳税义务如表 3-10 所示。

表 3-10　　　　　　　　　　个人所得税的纳税义务人及纳税义务

纳税义务人	判定标准	纳税义务
居民个人	在中国境内有住所，或者无住所而一个纳税年度内在中国境内居住累计满 183 天的个人	就其从中国境内和境外取得的所得纳税
非居民个人	在中国境内无住所又不居住，或者无住所而一个纳税率度内在中国境内居住累计不满 183 天的个人	仅就其从中国境内取得的所得纳税

【特别提醒】

（1）在境内居住满 1 年是指在一个纳税年度中在中国境内居住满 365 日。临时离境的，不扣减日数。临时离境是指在一个纳税年度中一次不超过 30 日或者多次累计不超过 90 日的离境。

（续上）

> （2）现行的个人所得税中所说的"中国境内"，是指中国大陆地区，目前不包括中国香港、中国澳门和中国台湾地区。

二、个人所得税的应税项目

个人所得税的应税项目包括：

（1）工资、薪金所得。

（2）个体工商户的生产、经营所得。

（3）企、事业单位的承包经营、承租经营所得。

（4）劳务报酬所得。

（5）稿酬所得。

（6）特许权使用费所得。

（7）利息、股息、红利所得。

（8）财产租赁所得。

（9）财产转让所得。

（10）偶然所得。

（11）经国务院财政部门确定征税的其他所得。

除上述列举的各项个人应税所得外，其他确有必要征税的个人所得，由国务院财政部门确定。个人取得的所得，难以界定应纳税所得项目的，由主管税务机关确定。

三、个人所得税的免税项目

下列各项个人所得，免征个人所得税：

（1）省级人民政府、国务院部委和中国人民解放军军以上单位，以及外国组织、国际组织颁发的科学、教育、技术、文化、卫生、体育、环境保护等方面的奖金。

（2）国债和国家发行的金融债券利息。

（3）按照国家统一规定发给的补贴、津贴。

（4）福利费、抚恤金、救济金。

（5）保险赔款。

（6）军人的转业费、复员费、退役金。

（7）按照国家统一规定发给干部、职工的安家费、退职费、基本养老金或者退休费、离休费、离休生活补助费。

（8）依照有关法律规定应予免税的各国驻华使馆、领事馆的外交代表、领事官员和其他人员的所得。

（9）中国政府参加的国际公约、签订的协议中规定免税的所得。

（10）国务院规定的其他免税所得。

四、个人所得税的税率

2018年8月31日，第十三届全国人民代表大会常务委员会第五次会议通过《关于修改

〈中华人民共和国个人所得税法〉的决定》,将个税免征额由 3 500 元提高到 5 000 元。

(一)综合所得

综合所得适用 3%～45% 的超额累进税率,具体如表 3-11 所示。

表 3-11   个人所得税税率表(综合所得适用)

级数	全年应纳税所得额	税率
1	不超过 36 000 元的	3%
2	超过 36 000 元至 144 000 元的部分	10%
3	超过 144 000 元至 300 000 元的部分	20%
4	超过 300 000 元至 420 000 元的部分	25%
5	超过 420 000 元至 660 000 元的部分	30%
6	超过 660 000 元至 960 000 元的部分	35%
7	超过 960 000 元的部分	45%

注①表 3-11 所称全年应纳税所得额是指依照新修改的《个人所得税法》第六条的规定,居民个人取得综合所得以每一纳税年度收入额减除费用 6 万元以及专项扣除、专项附加扣除和依法确定的其他扣除后的余额。②非居民个人取得工资、薪金所得,劳务报酬所得,稿酬所得和特许权使用费所得,依照表 3-11 按月换算后计算应纳税额。

(二)经营所得

经营所得适用 5%～35% 的超额累进税率,具体如表 3-12 所示。

表 3-12   个人所得税税率表(经营所得适用)

级数	全年应纳税所得额	税率
1	不超过 30 000 元的	5%
2	超过 30 000 元至 90 000 元的部分	10%
3	超过 90 000 元至 300 000 元的部分	20%
4	超过 300 000 元至 500 000 元的部分	30%
5	超过 500 000 元的部分	35%

注:表 3-12 所称全年应纳税所得额是指依照新修改后的《个人所得税法》第六条的规定,以每一纳税年度的收入总额减除成本、费用以及损失后的余额。

(三)利息、股息、红利所得,财产租赁所得,财产转让所得和偶然所得

这些所得适用比例税率,税率为 20%。

五、个人所得税应纳税所得额的计算

(一)相关规定

(1)居民个人的综合所得,以每一纳税年度的收入额减除费用 6 万元以及专项扣除、专项附加扣除和依法确定的其他扣除后的余额,为应纳税所得额。其中,专项扣除包括居民个人按照国家规定的范围和标准缴纳的基本养老保险、基本医疗保险、失业保险等社会保险费和住房

公积金等；专项附加扣除包括子女教育、继续教育、大病医疗、住房贷款利息或者住房租金、赡养老人等支出，具体范围、标准和实施步骤由国务院确定，并报全国人民代表大会常务委员会备案。

（2）非居民个人的工资、薪金所得，以每月收入额减除费用5 000元后的余额为应纳税所得额；劳务报酬所得、稿酬所得、特许权使用费所得，以每次收入额为应纳税所得额。

（3）经营所得，以每一纳税年度的收入总额减除成本、费用以及损失后的余额，为应纳税所得额。

（4）财产租赁所得，每次收入不超过4 000元的，减除费用800元；4 000元以上的，减除20%的费用，其余额为应纳税所得额。

（5）财产转让所得，以转让财产的收入额减除财产原值和合理费用后的余额，为应纳税所得额。

（6）利息、股息、红利所得和偶然所得，以每次收入额为应纳税所得额。

（7）劳务报酬所得、稿酬所得、特许权使用费所得，以收入减除20%的费用后的余额为收入额。稿酬所得的收入额减按70%计算。

（8）个人将其所得对教育、扶贫、济困等公益慈善事业进行捐赠，捐赠额未超过纳税人申报的应纳税所得额30%的部分，可以从其应纳税所得额中扣除；国务院规定对公益慈善事业捐赠实行全额税前扣除的，从其规定。

（二）计算方法

应纳税所得额的计算公式如下：

$$应纳税所得额 = 月度收入 - 5\,000元（起征点） - 专项扣除（"三险一金"等） -$$
$$专项附加扣除 - 依法确定的其他扣除$$

注：新修改后的《个人所得税法》于2019年1月1日起施行，2 018年10月1日起施行最新起征点和税率。新修改后的《个人所得税法》规定，自2 018年10月1日至2 018年12月31日，纳税人的工资、薪金所得，先行以每月收入额减除费用5 000元以及专项扣除和依法确定的其他扣除后的余额为应纳税所得额，依照个人所得税税率表（综合所得适用）按月换算后计算缴纳税款，并不再扣除附加减除费用。

【经典例题3.12】 （计算题）已婚人士小李在北京上班，月收入为1万元，"三险一金"专项扣除为2 000元，每月租金为4 000元，有一子女上幼儿园，同时父母已经60多岁。试计算新、旧个税政策下小李每月应纳的个税。

起征点为3 500元的情况下，没有专项附加扣除，每月需缴纳345元个税；

起征点为5 000元的情况下，没有专项附加扣除，每月需缴纳90元[（10 000 - 5 000 - 2 000）×3%]个税。

根据新个税政策，小李就可以享受住房租金1 200元扣除、子女教育1 000元扣除、赡养老人1 000元扣除（跟姐姐分摊扣除额），所以，小李每月应纳个税 =（10 000 - 5 000 - 2 000 - 1 200 - 1 000 - 1 000）×3% = 0。

六、个人所得税的征收管理

（一）自行申报纳税义务人

下列人员为自行申报纳税的纳税义务人：

（1）年所得 12 万元以上的。

（2）从中国境内两处或者两处以上取得工资、薪金所得的。

（3）从中国境外取得所得的。

（4）取得应税所得，没有扣缴义务人的。

（5）国务院规定的其他情形。

（二）代扣代缴

凡支付个人应纳税所得的企业、事业单位、社会团体、军队、驻华机构（不含依法享有外交特权和豁免的驻华使领馆、联合国及其国际组织驻华机构）、个体户等单位或者个人，为个人所得税的扣缴义务人。

任务 3.3　税收征收管理

 ## 活动 3.3.1　税务登记概述

一、税务登记的概念

税务登记是税务机关依据税法规定，对纳税人的生产、经营活动进行登记管理的一项法定制度，也是纳税人依法履行纳税义务的法定手续。税务登记是整个税收征收管理的起点。

《税务登记管理办法》规定，企业，企业在外地设立的分支机构和从事生产、经营的场所，个体工商户和从事生产、经营的事业单位，均应当按照《中华人民共和国税收征收管理法》（以下简称《税收征管法》）以及《中华人民共和国税收征收管理法实施细则》（以下简称《实施细则》）和《税务登记管理办法》的规定办理税务登记。根据税收法律、行政法规的规定负有扣缴税款义务的扣缴义务人（国家机关除外），应当按照《税收征管法》及《实施细则》和《税务登记管理办法》的规定办理扣缴税款登记。

二、税务登记的种类

税务登记种类包括：设立登记，变更登记，停业、复业登记，注销登记，外出经营报验登记等。

 ## 活动 3.3.2　设 立 登 记

开业登记是指从事生产、经营的纳税人（如企业，企业在外地设立的分支机构和从事生产经营的场所,个体工商户和从事生产、经营的事业单位),向生产、经营所在地税务机关申报办理的税务登记。

一、设立登记的对象

（1）领取工商营业执照从事生产、经营的纳税人。

（2）其他纳税人。除国家机关、个人和无固定生产、经营场所的流动性农村小商贩以外的纳税人,均应当按照规定办理税务登记。

【温馨提示】

开业登记的顺序:先工商,后税务。时间:30 天。

二、设立登记的地点

一般情况:生产经营所在地。

发生争议:由其共同的上级税务机关指定管辖。

三、设立登记的时间

（1）从事生产、经营的纳税人领取工商营业执照的,应当自领取工商营业执照之日起 30 日内申报办理税务登记。

（2）从事生产、经营的纳税人未办理工商营业执照但经有关部门批准设立的,应当自有关部门批准设立之日起 30 日内申报办理税务登记。

（3）从事生产、经营的纳税人未办理工商营业执照也未经有关部门批准设立的,应当自纳税义务发生之日起 30 日申报办理税务登记。

（4）有独立的生产经营权、在财务上独立核算并定期向发包人或者出租人上交承包费或租金的承包承租人,应当自承包承租合同签订之日起 30 日内,向其承包承租业务发生地税务机关申报办理税务登记。

（5）境外企业在中国境内承包建筑、安装、装配、勘探工程和提供劳务的,应当自项目合同或协议签订之日起 30 日内,向项目所在地税务机关申报办理税务登记。

（6）其他非从事生产、经营的纳税人,除国家机关、个人和无固定生产、经营场所的流动性农村小商贩外,均应当自纳税义务发生之日起 30 日内,向纳税义务发生地税务机关申报办理税务登记。

四、设立登记应提供的证件和资料

纳税人在申报办理税务登记时,应当根据不同情况向税务机关如实提供以下证件和资料:

（1）工商营业执照或其他核准执业证件。

（2）有关合同、章程、协议书。

（3）组织机构统一代码证书。

（4）法定代表人或负责人或业主的居民身份证、护照或者其他合法证件。

(5) 其他。其他需要提供的有关证件、资料,由省、自治区、直辖市税务机关确定。

五、税务登记表的填写

纳税人在申报办理税务登记时,应当如实填写税务登记表。

税务登记表的主要内容包括:①单位名称、法定代表人或者业主姓名及其居民身份证、护照或者其他合法证件的号码。②住所、经营地点。③登记类型。④核算方式。⑤生产经营方式。⑥生产经营范围。⑦注册资金(资本)投资总额。⑧生产经营期限。⑨财务负责人、联系电话。⑩国家税务总局确定的其他有关事项。

 ## 活动 3.3.3 变 更 登 记

变更登记是指纳税人税务登记的内容发生变化而向原税务登记机关申报办理变更的一种税务登记手续。

一、办理变更登记的情形

发生下列情形之一,纳税人应当办理变更登记:

(1) 改变名称、改变法定代表人。

(2) 改变经济性质或经济类型、改变住所和经营地点(不涉及主管税务机关变动的)。

(3) 改变生产经营或经营方式、增减注册资本。

(4) 改变隶属关系、改变生产经营期限。

(5) 改变或增减银行账号、改变生产经营权属及改变其他税务登记内容。

二、变更登记的时间和所需证件、资料

纳税人已在工商行政管理机关办理变更登记的,应当自工商行政管理机关变更登记之日起 30 日内,向原税务登记机关如实提供下列证件、资料,申报办理变更税务登记:

(1) 工商登记变更表及工商营业执照。

(2) 纳税人变更登记内容的有关证明文件。

(3) 税务机关发放的原税务登记证件(登记证正、副本和登记表等)。

(4) 其他有关资料。

纳税人按照规定不需要在工商行政管理机关办理变更登记,或者其变更登记的内容与工商登记的内容无关的,应当自税务登记的内容实际发生变化之日起 30 日内,或者自有关机关批准或者宣布变更之日起 30 日内,持下列证件到原税务登记机关申报办理变更税务登记:

(1) 纳税人变更登记内容的有关证明文件。

(2) 税务机关发放的原税务登记证件(登记证正、副本和税务登记表等)。

(3) 其他有关资料。

纳税人提交的有关变更登记的证件、资料齐全的,应如实填写税务登记变更表,符合规定的,税务机关应当日办理。不符合规定的,税务机关应通知其补正。

【温馨提示】

变更登记顺序：<u>先工商，后税务</u>。时间：<u>30 日</u>。

三、是否重新核发税务登记证件的判断

（1）纳税人税务登记表和税务登记证中的内容都发生变更的，税务机关按变更后的内容<u>重新发放税务登记证件</u>。

（2）纳税人税务登记表的内容发生变更而税务登记证中的内容未发生变更的，税务机关<u>不重新发放税务登记证件</u>。

活动 3.3.4　停业、复业登记

一、停业登记

<u>实行定期定额征收方式</u>的个体工商户需要停业的，应当在停业前向税务机关申报办理停业登记。纳税人的停业期限不得超过 <u>1 年</u>。

纳税人在申报办理停业登记时，应如实填写停业复业报告书，说明停业理由、停业期限、停业前的纳税情况和发票的领、用、存情况，并结清应纳税款、滞纳金、罚款。税务机关应收存其税务登记证件及副本、发票领购簿、未使用完的发票和其他税务证件。

纳税人在停业期间发生纳税义务的，应当按照税收法律、行政法规的规定申报缴纳税款。

纳税人停业期满不能及时恢复生产经营的，应当在停业期满前到税务机关办理延长停业登记，并如实填写《停业复业报告书》。

二、复业登记

纳税人应当于恢复生产经营之前，向税务机关申报办理复业登记，如实填写《停业复业报告书》，领回并启用税务登记证件、发票领购簿及其停业前领购的发票。

活动 3.3.5　注 销 登 记

一、注销登记的概念

注销登记是指纳税人的税务登记内容发生了根本性变化（如解散、破产、撤销等），需依法<u>终止履行纳税义务</u>而向原税务登记机关申报办理注销的一种税务登记手续。

二、注销登记的时间

（1）<u>纳税人发生解散、破产、撤销以及其他情形，依法终止纳税义务的</u>，应当在向工商行政

管理机关或者其他机关办理注销登记前,持有关证件和资料向原税务登记机关申报办理注销税务登记;按规定不需要在工商行政管理机关或者其他机关办理注册登记的,应当自有关机关批准或者宣告终止之日起 15 日内,持有关证件和资料向原税务登记机关申报办理注销税务登记。

纳税人被工商行政管理机关吊销营业执照或者被其他机关予以撤销登记的,应当自营业执照被吊销或者被撤销登记之日起 15 日内,向原税务登记机关申报办理注销税务登记。

(2) 纳税人因住所、经营地点变动,涉及改变税务登记机关的,应当在向工商行政管理机关或者其他机关申请办理变更、注销登记前,或者住所、经营地点变动前,持有关证件和资料,向原税务登记机关申报办理注销税务登记,并自注销税务登记之日起 30 日内向迁达地税务机关申报办理税务登记。

(3) 境外企业在中国境内承包建筑、安装、装配、勘探工程和提供劳务的,应当在项目完工、离开中国前 15 日内,持有关证件和资料,向原税务登记机关申报办理注销税务登记。

纳税人办理注销税务登记前,应当向税务机关提交相关证明文件和资料,结清应纳税款、多退(免)税款、滞纳金和罚款,缴销发票、税务登记证件和其他税务证件,经税务机关核准后,办理注销税务登记手续。

【温馨提示】

注销登记顺序:先税务,后工商。

活动 3.3.6　外出经营报验登记

纳税人到外县(市)临时从事生产经营活动的,应当在外出生产经营以前,持税务登记证到主管税务机关开具《外出经营活动税收管理证明》(以下简称《外管证》)。

【特别提醒】

(1)《外管证》"一地一证",其有效期限一般为 30 日,最长不得超过 180 天。

从事生产经营的纳税人外出经营,自其在同一县(市)实际经营之日起,在连续 12 个月内累计超过 180 天的,应当自期满之日起 30 日内,向生产经营地税务机关申报办理税务登记。

(2) 纳税人外出经营活动结束,应当向经营地税务机关填报《外出经营活动情况申报表》,并结清税款、缴销发票。

(3) 纳税人应当在《外管证》有效期届满后 10 日内,持《外管证》回原税务登记机关办理《外管证》缴销手续。

外出前	经营前	经营结束	回家
申请外管证机构 所在地	报验登记购买发票 经营地	结清税款缴销发票 经营地	缴销外管证申报 纳税机构所在地

图 3-11　外出经营报验登记的流程

 ## 活动 3.3.7　纳 税 申 报

纳税申报有<u>直接申报、邮寄申报、数据电文申报和其他申报</u>等方式。

【特别提醒】

　　纳税人、扣缴义务人无论本期有无应纳、应缴税款,都必须按照税法规定的期限如实向主管税务机关办理纳税申报。

一、直接申报

直接申报即<u>上门申报</u>,是指纳税人、扣缴义务人直接到税务机关办理纳税申报的申报方式。它是传统的申报方式。

二、邮寄申报

邮寄申报以<u>寄出地的邮政局邮戳日期</u>为实际申报日期。

三、数据电文申报

数据电文申报也称电子申报。采用数据电文申报的:①收件人指定特定系统接收数据电文的,该数据电文<u>进入特定系统的时间</u>,视为申报、报送到达的时间。②收件人未指定特定系统的,该数据电文<u>进入收件人的任何系统的首次时间</u>,视为到达时间。

四、其他申报

实行定期定额征收方式的纳税人,经税务机关批准,可以缴纳税款凭证代替申报,并可<u>简并征期</u>。

 ## 活动 3.3.8　税款征收方式

一、查账征收

查账征收是指税务机关对<u>账务健全</u>的纳税人,依据其报送的纳税申报表、财务会计报告和其他有关纳税资料,计算应纳税款,填写缴款书或完税证,由纳税人到银行划解税款的一种税款征收方式。

适用范围:查账征收适用于<u>经营规模较大、财务会计制度较为健全、能够认真履行纳税义务</u>的单位和个人。

二、查定征收

查定征收是指对账务资料不全,但能控制其材料、产量或进销货物的纳税单位或个人,由税务机关<u>依据正常条件下的生产能力</u>,对其生产的应税产品查定产量、销售额,然后依照税法规定的税率征收的一种税款征收方式。

适用范围:查定征收适用于<u>生产经营规模较小、产品零星、税源分散、会计核算不健全</u>,但能控制原材料或进销货的<u>小型厂矿和作坊</u>。

三、查验征收

查验征收是指税务机关对纳税人的应税商品,通过<u>查验数量</u>,按市场一般销售单价计算其销售收入,并据以计算应纳税款的一种税款征收方式。

适用范围:查验征收适用于<u>经营品种比较单一,经营地点、时间和商品来源不固定</u>的纳税单位。

四、定期定额征收

定期定额征收是指对<u>小型个体工商户</u>在一定经营地点、一定经营时期、一定经营范围内的应纳税经营额(包括经营数量)或所得额(简称定额)进行核定,并以此为计税依据,确定其应纳税额的一种税款征收方式。

适用范围:定期定额征收是税务机关对不能完整、准确提供纳税资料的纳税人采用特定方式确定其应纳税收入或应纳税额,纳税人据以缴纳税款的一种税款征收方式。

五、核定征收

核定征收是指由于纳税人的会计账簿不健全,资料残缺难以查账,或者其他原因难以准确确定纳税人应纳税额时,由税务机关采用合理的方法依法核定纳税人应纳税款的一种征收方式。

适用范围:核定征收适用于以下情形的纳税人:

(1)依照法律、行政法规的规定可以不设置账簿的。

(2)依照法律、行政法规的规定应当设置但未设置账簿的。

(3)擅自销毁账簿或者拒不提供纳税资料的。

(4)设置账簿,但账目混乱,或者凭证残缺不全,难以查账的。

(5)未按照规定的期限办理纳税申报,责令限期申报,逾期仍不申报的。

(6)纳税人申报的计税依据明显偏低,又无正当理由的。

【温馨提示】

<u>可以核定征收的情形:无账可查</u>。

核定方法：①参照当地同类行业或者类似行业中经营规模和收入水平相近的纳税人的税负水平核定。②按照营业收入或者成本加合理的费用和利润的方法核定。③按照耗用的原材料、燃料、动力等推算或者测算核定。④按照其他合理方法核定。

【特别提醒】

当其中一种核定方法不足以正确核定应纳税额时，可以同时采用两种以上的方法核定。

六、代扣代缴

代扣代缴是指负有扣缴税款的法定义务人，在向纳税人支付款项时，从所支付的款项中直接扣收税款的一种税款征收方式。

七、代收代缴

代收代缴是指负有收缴税款义务的单位和个人在向纳税人收取款项时依法收取税款的一种税款征收方式。

八、委托代征

委托代征是指税务机关委托代征人以税务机关的名义征收税款，并将税款缴入国库的一种税款征收方式。

九、其他

除上述八种征收方式外，税款征收还有邮寄申报纳税、IC 卡纳税、自计自填自缴、自报核缴等征收方式。

 活动 3.3.9 税 收 保 全

一、税收保全的适用情形

税务机关有根据认为从事生产、经营的纳税人有逃避纳税义务行为的，可以在规定的纳税期之前，责令限期缴纳应纳税款；在限期内发现纳税人有明显的转移、隐匿其应纳税的商品、货物以及其他财产或者应纳税收入迹象的，税务机关可以责成纳税人提供纳税担保；如果纳税人不能提供纳税担保，经县以上税务局局长批准可以采取税收保全措施。

二、税收保全的措施

（1）书面通知纳税人开户银行或者其他金融机构冻结纳税人的金额相当于应纳税款的存款。

（2）扣押、查封纳税人的价值相当于应纳税款的商品、货物或者其他财产。其中，其他财产是指纳税人的房地产、现金、有价证券等不动产和动产。

三、税收保全的解除

纳税人在税务机关采取税收保全措施后,按照税务机关规定的期限缴纳税款的,税务机关应当自收到税款或者银行转回的完税凭证之日起1日内解除税收保全。

四、不适用税收保全的财产

个人及其所抚养家属维持生活必需品的住房和用品,不在税收保全措施的范围之内。

【知识链接】

税收强制执行

从事生产、经营的纳税人未按照规定的期限缴纳或者解缴税款,纳税担保人未按照规定的期限缴纳所担保的税款,由税务机关责令限期缴纳,逾期仍未缴纳的,经县以上税务局(分局)局长批准,税务机关可以采取强制措施。税收强制执行的具体内容如表 3-13 所示。

表 3-13　　　　　　　　　　　税收强制执行的具体内容

项目	具体内容
前提	(1) 从事生产经营的纳税人、扣缴义务人未按照规定的期限缴纳或者解缴税款; (2) 纳税担保人未按期限缴纳所担保的税款,由税务机关责令限期缴纳,逾期仍未缴纳
具体措施	(1) 书面通知银行从存款中扣缴税款; (2) 依法拍卖变卖相当于应纳税款的商品、货物或者其他财产,以拍卖或者变卖所得抵缴税款
不适用的财产	个人及其所抚养家属维持生活必需的住房和用品

 # 活动 3.3.10　税款的退还和追征制度

一、税款的退还

纳税人超过应纳税额缴纳的税款,税务机关发现后应当立即退还。

纳税人自结算缴纳税款之日起3年内发现的,可以要求退还多纳税款,并加收银行同期存款利息,税务机关及时查验后应当立即退还。

二、税款的追征

《税收征管法》第五十二条规定:"因税务机关责任,致使纳税人、扣缴义务人未缴或者少缴税款的,税务机关在 3 年内可要求纳税人、扣缴义务人补缴税款,但是不得加收滞纳金。因纳税人、扣缴义务人计算等失误,未缴或者少缴税款的,税务机关在 3 年内可以追征税款、滞纳金;有特殊情况的追征期可以延长到 5 年。所称特殊情况,是指纳税人或者扣缴义务人因计算错误等失误,未缴或者少缴、未扣或者少扣、未收或者少收税款,累计数额在 10 万元以上的。对偷税、抗税、骗税的,税务机关追征其未缴或者少缴的税款、滞纳金或者所骗取的税款,不受前款规定期限的限制。"

根据上述规定,税务机关在追征税款时应注意以下几个方面:

(1) 对于纳税人、扣缴义务人和其他当事人偷税、抗税和骗取税款的,应无限期追征。

(2) 纳税人、扣缴义务人未缴或者少缴税款的,其补缴和追征税款的期限,应自纳税人、扣缴义务人应缴未缴或少缴税款之日起计算。

(3) 应注意明确划分征纳双方的责任。

 # 活动 3.3.11 税务代理和税务检查

一、税务代理

(一) 税务代理的概念

税务代理是指代理人接受纳税主体的委托,在法定的代理范围内依法代其办理相关税务事宜的行为。

(二) 税务代理的特点

税务代理具有公正性、自愿性、有偿性、独立性、确定性等特点。

(三) 税务代理的法定业务范围

(1) 不能行使税务机关的行政职能。

(2) 与注册会计师的工作范围进行区分。

(3) 对税务机关规定必须由纳税人、扣缴义务人自行办理的税务事宜(如增值税专用发票的领购),注册税务师不得代理。

(4) 纳税人、扣缴义务人违反税收法律、法规的事宜,注册税务师不准代理。

涉税代理业务范围包括如下内容:①办理税务登记、变更登记和注销登记。②办理除增值税专用发票外发票领购手续。③办理纳税申报和扣缴税款报告。④办理缴纳税款和申请退税。⑤制作涉税文书。⑥审查纳税情况。⑦建账建制,办理账务。⑧申请税务行政复议或税务行政诉讼。⑨税务咨询,受聘税务顾问。⑩国家税务总局规定的其他业务。

二、税务检查

税务检查是税务机关根据税收法律、行政法规的规定,对纳税人、扣缴义务人履行纳税义务、扣缴义务及其他有关业务事项进行审查、核实、监督活动的总称。

税务检查的形式包括重点检查、分类计划检查、集中性检查、临时检查、专项检查等。

通过税务检查,税务机关可以发现纳税人是否按照规定履行了纳税义务,以便对逃避纳税的行为进行及时纠正和处罚,促使纳税人依法履行纳税义务;可以发现税收征收管理工作中的漏洞或不足,从而堵塞漏洞、弥补不足,提高税收征收管理工作的质量和效率;对税务检查中发现的重大偷漏税案件进行查处,可以维护税法的权威,保证税收法规政策的贯彻实施;可以促使企业改善经营管理,加强经济核算,提高经济效益。总之,通过税务检查,税务机关可以加强各项税收政策的贯彻执行,提高税收管理水平,保证国家的财政收入。

 ## 活动 3.3.12　税收法律责任

一、税收法律责任的概念

税收法律责任是指税收法律关系的主体因违反法律规范所应承担的法律后果。

二、税收法律责任的种类

根据税收违法行为程度的不同,税收法律责任分为<u>行政责任</u>和<u>刑事责任</u>。

与此相对应,其相应的处罚分为税务违法行政处罚和税务违法刑事处罚。

(一) 税务违法行政处罚

(1) 责令限期改正。

(2) 罚款。

(3) 没收违法所得。

(4) 收缴未用发票和暂停供应发票。

(5) 停止出口退税权。

(二) 税务违法刑事处罚

情节严重的下列行为,构成犯罪的,应当追究刑事责任:

(1) 各种方式不申报或虚假申报,不缴或者少缴税款的。

(2) 纳税人欠缴税款,采取转移或隐匿财产的手段,妨碍税务机关追缴欠缴税款。

(3) 以假报出口或者其他欺骗手段,骗取国家出口退税款的。

(4) 以暴力、威胁方法拒不缴纳税款的。

(5) 非法印制发票的。

(6) 未经税务机关依法委托征收税款,致使他人合法权益受到严重损失的。

(7) 税务人员徇私舞弊,对依法应当已交司法机关追究刑事责任而不移交的。

(8) 税务人员与纳税人勾结,唆使或者协助纳税人、扣缴义务人偷逃税款的。

(9) 税务人员徇私舞弊、玩忽职守,不征或者少征税款,致使国家税收遭受重大损失。

(10) 税务人员对控告、检举税收违法违纪行为的纳税人、扣缴义务人和其他检举人进行打击报复的。

 ## 活动 3.3.13　税务行政复议

一、行政复议的概念

行政复议是指公民、法人或者其他组织,认为行政机关的(具体)行政行为侵犯其合法权益,按照法定的程序和条件向做出该行政行为的上一级行政机关或法定机关提出申诉,由受理申请的行政机关对该行政行为进行复查并做出复议决定的活动。

纳税人、扣缴义务人、纳税担保人同税务机关在纳税上发生争议时,必须先依照税务机关的纳税决定缴纳税款及滞纳金或者提供相应的担保,然后可以依法申请行政复议。对行政复议决定不服的,可以依法向人民法院起诉。——必经复议

当事人对税务机关的处罚决定、强制执行措施或者税收保全措施不服的,可以依法申请行政复议,也可以依法向人民法院起诉。——选择复议

当事人对税务机关的处罚决定逾期不申请行政复议,也不向人民法院起诉,又不履行的,做出处罚决定的税务机关可以采取强制性措施,或者申请人民法院强制执行。

二、行政复议的范围

行政复议的范围即需进行行政复议的具体行为。它包括以下内容:

(1) 征税行为。

(2) 行政许可、行政审批行为。

(3) 发票管理行为。

(4) 税收保全措施、强制执行措施行为。

(5) 行政处罚行为。

(6) 依法履行职责行为。

(7) 资格认定行为。

(8) 不依法确认纳税担保行为。

(9) 政府信息公开工作中的具体行政行为。

(10) 纳税信用等级评定行为。

(11) 通知出入境机关阻止出境行为。

(12) 其他具体行政行为。

三、行政复议的管辖

(1) 对各级税务机关做出的具体行政行为不服的,向其上一级税务机关申请行政复议。对省、自治区、直辖市地方税务局做出的具体行政行为不服的,可以向国家税务总局或者省、自治区、直辖市人民政府申请行政复议。

(2) 对国家税务总局做出的具体行政行为不服的,向国家税务总局申请行政复议。对行政复议决定不服,申请人可以向人民法院提起行政诉讼,也可以向国务院申请裁决,国务院的裁决为终局裁决。

四、行政复议的决定

(一) 行政复议的决定做出

行政复议机关应当自受理申请之日起60日内做出行政复议决定。

(二) 行政复议决定的种类

(1) 具体行政行为认定事实清楚,证据确凿,适用依据正确,程序合法,内容适当的,决定

维持。

（2）被申请人不履行法定职责的，决定其在一定期限内履行。

（3）具体行政行为有下列情形之一的，复议机关应决定撤销、变更或者确认该具体行政行为违法：①主要事实不清、证据不足的。②适用依据错误的。③违反法定程序的。④超越职权或者滥用职权的。⑤具体行政行为明显不当的。

（4）申请人在申请行政复议时可以一并提出行政赔偿请求，复议机关对符合国家赔偿法的规定应当赔偿的，在决定撤销、变更具体行政行为或者确认具体行政行为违法时，应当同时决定被申请人依法给予赔偿。

（三）行政复议决定的效力

行政复议决定书一经送达，即发生法律效力。

模 块 测 试

参考答案

一、单项选择题（本题共 20 题，每小题 2 分，共 40 分）

1. 下列选项中，不属于资源税类的是（　　）。

　A. 关税　　　　　　　　　　　　　　　B. 资源税

　C. 土地增值税　　　　　　　　　　　　D. 城镇土地使用税

2. 下列各项中，不属于按征税对象对税收做出的分类的有（　　）。

　A. 流转税　　　　　B. 所得税　　　　　C. 行为税　　　　　D. 地方税

3. 下列各项中，属于税法核心要素的是（　　）。

　A. 征税人　　　　　B. 纳税义务人　　　　C. 征税对象　　　　D. 税率

4. 下列说法中，错误的是（　　）。

　A. 自 2009 年 1 月 1 日起，我国实行全面的增值税转型，由收入型增值税转为消费型增值税

　B. 1993 年的第二次改革，属于增值税的规范阶段

　C. 2012 年的第四次改革，属于增值税的营改增阶段

　D. 自 2013 年 8 月 1 日起，在全国范围内开展交通运输业和部分现代化服务业营改增试点

5. 下列增值税纳税人的应税行为中，应按销售货物缴纳增值税的有（　　）。

　A. 某企业进口生产设备

　B. 某房地产公司销售商品房

　C. 某个体户零售杂货

　D. 某科技公司转让一项专利技术

6. （　　）业务是指远洋运输企业将船舶在约定的时间内出租给他人使用，不配备人员，不承担运输过程中发生的各项费用，只收固定租赁费的业务活动。

　A. 光租　　　　　B. 干租　　　　　C. 湿租　　　　　D. 租赁

7. 根据我国增值税法律制度的规定，某会计师事务所 2018 年取得的收入为 350 万元，则应纳增值税为（　　）万元。

　A. 21　　　　　　B. 19.81　　　　　C. 10.19　　　　　D. 10.5

8. 根据增值税法律制度的规定,下列行为中,属于混合销售应当按销售货物征收增值税的是( )。

A. KTV 提供娱乐服务同时销售烟、酒、饮料

B. 花店销售鲜花并承接婚庆服务

C. 百货商场销售货物并提供餐饮服务

D. 电梯公司销售电梯的同时提供安装服务

9. 根据我国《增值税暂行条例》的规定,下列关于增值税的说法中,不正确的是( )。

A. 除国务院另有规定外,纳税人出口货物税率为 0

B. 纳税人提供加工、修理修配劳务,税率为 16%

C. 农业生产者销售自产农作物,适用 13% 的增值税税率

D. 纳税人兼营不同税率的货物或者应税劳务,应当分别核算不同税率货物或者应税劳务的销售额,未分别核算的,从高适用税率

10. A 公司为增值税一般纳税人,2018 年 7 月进口产品 200 000 元,海关征收 32 000 元增值税;向农业生产者购入免税产品 30 000 元;购入原材料 300 000 元,增值税专用发票上注明的增值税额为 48 000 元。本月销售产品 1 000 000 元,适用的增值税税率为 16%,则 A 公司 2018 年 7 月应缴纳的增值税税额为( )元。

A. 77 000   B. 89 180   C. 81 135   D. 115 100

11. 某化妆品企业将本企业研制的一批新型美白化妆品无偿赠送给老客户试用,该企业无同类产品销售价格,该批美白产品的生产成本为 8 万元,成本利润率为 15%,消费税税率为 30%,则该企业应缴纳的增值税是( )万元。

A. 1.56   B. 1.94   C. 2.08   D. 2.23

12. 某公司进口一批电脑,海关审定的关税完税价格为 600 万元,关税为 30 万元,则下列说法中,正确的是( )。

A. 该公司应缴纳的进口增值税为 102 万元

B. 该公司取得的进口增值税专用缴款书不能作为国内销售商品的进项税额抵扣凭证

C. 该公司的纳税义务发生时间为货物到港的当天

D. 该公司的纳税地点为报关地海关

13. 下列项目中,应按 6% 税率缴纳增值税的是( )。

A. 运输服务   B. 租赁服务   C. 金融服务   D. 建筑服务

14. 根据营业税改征增值税的相关规定,营改增后邮政业的增值税税率为( )。

A. 6%   B. 10%   C. 13%   D. 17%

15. 下列各项中,不正确的是( )。

A. 提供现代服务业服务,税率为 3%

B. 单位和个人提供的国际运输服务、向境外单位提供的研发服务和设计服务以及财政部和国家税务总局规定的其他应税服务,税率为零

C. 自 2009 年 1 月 1 日起,小规模纳税人增值税征收率调整为 3%

D. 饲料、化肥、农药、农机(不包括农机零部件)、农膜按照 13% 的低税率征收增值税

16. 下列关于消费税的纳税人的说法中正确的是( )。

A. 甲公司是生产料酒的企业,则甲公司是消费税的纳税人

B. 乙公司是一家从事国产品牌汽车销售的 4S 店,则乙公司是消费税的纳税人

C. 丙公司是一家专门承接烟丝委托加工业务的企业,则丙公司是消费税的纳税人

D. 丁公司是一家从事外国高档化妆品进口和零售的企业,则丁公司是消费税的纳税人

17. 甲企业委托乙企业加工化妆品,则消费税纳税人是(　　)。

A. 甲企业 　　　　　　　　　　　　　B. 乙企业

C. 甲企业和乙企业 　　　　　　　　　D. 甲企业或乙企业

18. 某金银首饰零售店 8 月零售金银首饰不含增值税销售额为 1 500 万元,零售珠宝玉石首饰不含增值税销售额为 500 万元,该商店未分别核算,则 8 月其应当缴纳的消费税是(　　)万元。

A. 25 　　　　　B. 75 　　　　　C. 100 　　　　　D. 200

19. 某金银首饰零售店 8 月将金银首饰与珠宝玉石首饰组成礼盒进行销售,共取得不含增值税税销售额 2 000 万元,该商店将两类产品分别核算,其中属于金银首饰的销售额为 1 500 万元,属于珠宝玉石首饰的销售额为 500 万元,则 8 月其应当缴纳的消费税是(　　)万元。

A. 25 　　　　　B. 75 　　　　　C. 100 　　　　　D. 200

20. 某金银首饰零售店 8 月采用以旧换新方式销售金项链 100 条,项链的零售价为每条 2 000 元,同时收到旧首饰折价 15 万元,实际收到销售款 5 万元,则 8 月其应当缴纳的消费税是(　　)万元。

A. 0.21 　　　　　B. 0.25 　　　　　C. 0.85 　　　　　D. 1

二、多项选择题(本题共 20 题,每小题 2 分,共 40 分)

1. 下列选项中,属于中央税的有(　　)。

A. 增值税 　　　　　　　　　　　　　B. 消费税

C. 关税 　　　　　　　　　　　　　　D. 海关代征的进口环节增值税

2. 下列选项中,不属于执行从价定率与从量定额相结合的复合征收方式的有(　　)。

A. 卷烟 　　　　　B. 雪茄 　　　　　C. 烟丝 　　　　　D. 药酒

3. 下列各项中,属于税收程序法的有(　　)。

A.《中华人民共和国海关法》

B.《中华人民共和国个人所得税法》

C.《中华人民共和国税收征收管理法》

D.《中华人民共和国进出口关税条例》

4. 下列关于实体法构成要素的说法中,正确的有(　　)。

A. 征税对象是区别不同税种的主要标志

B. 个人所得税执行超额累进税率

C. 土地增值税执行超率累进税率

D. 起征点是对征税对象总额中免于征税的数额

5. 下列关于增值税的概念与分类说法中,错误的有(　　)。

A. 增值税是指对在我国境内生产、委托加工和进口货物的企业和个人,就其增值额而征收的一种流转税

B. 电力、热力和气体不属于有形动产,因此销售此类产品不征收增值税

C. 2009 年 1 月 1 日起,我国增值税实行生产型增值税

D. 生产型增值税允许纳税人在计算增值税时,将外购固定资产的价值一次性全部扣除

6. 下列关于小规模纳税人的说法中,正确的有( )。

A. 小规模纳税企业的增值税征收率一律为 3%

B. 小规模纳税企业销售商品价格通常为含税价

C. 小规模纳税企业销售商品价格通常为不含税价

D. 小规模纳税企业的增值税率一律为 3%

7. 根据增值税法律制度的规定,下列各项中,视同销售计算增值税的有( )。

A. 某企业将外购的一批涂料用于粉刷办公大楼

B. 某企业将外购的商品用于职工福利

C. 某商场为服装厂代销儿童服装

D. 某企业将外购的商品无偿赠与他人

8. 根据增值税法律制度的规定,下列说法中,正确的有( )。

A. 邮政储蓄服务按邮政服务缴纳增值税

B. 融资租赁服务按金融业缴纳增值税

C. 经营租赁服务按现代服务租赁服务缴纳增值税

D. 文化体育服务按生活服务缴纳增值税

9. 根据增值税法律制度的规定,一般纳税人的下列应税行为中,取得的进项税额不能从销项税额中抵扣的有( )。

A. 运输服务　　　　B. 贷款服务　　　　C. 餐饮服务　　　　D. 娱乐服务

10. 根据增值税法律制度的规定,纳税人的下列应税行为中,采用预收款方式的,增值税纳税义务发生时间为收到预收款的当天的有( )。

A. 建筑服务　　　　　　　　　　B. 动产租赁服务

C. 不动产租赁服务　　　　　　　D. 金融服务

11. 增值税一般纳税人取得的下列发票或凭证中,可据以抵扣进项税额的有( )。

A. 外购免税农产品的收购发票

B. 进口大型设备取得的海关专用缴款书

C. 外购原材料支付运费取得的增值税普通发票

D. 单位购入小汽车取得的税控机动车销售统一发票

12. 下列关于增值税纳税义务发生时间的表述中,正确的有( )。

A. 采取直接收款方式销售货物,不论货物是否发出,均为收到销售额或取得索取销售额的凭据,并将提货单交给买方的当天

B. 采取托收承付和委托银行收款方式销售货物,为办妥托收手续的当天

C. 采取赊销和分期收款方式销售货物,为按合同约定的收款日期的当天

D. 采取预收货款方式销售货物,为货物发出的当天

13. 下列关于增值税纳税地点的表述中,错误的有( )。

A. 固定业户总分机构不在同一县(市)的,应当汇总后向总机构所在地的主管税务机关申报纳税

B. 固定业户临时到外县(市)销售应税货物未持有外出经营活动税收管理证明,也未向销

售地主管税务机关申报纳税的,由销售地主管税务机关补征税款

C. 非固定业户应当向销售地或劳务发生地的主管税务机关申报纳税

D. 进口货物的纳税人应当向进口地海关申报纳税

14. 根据我国《消费税暂行条例》的规定,下列各项中,应当征收消费税的有( )。

A. 用于本企业连续生产应税消费品的应税消费品

B. 用于奖励代理商销售业绩的应税消费品

C. 用于本企业生产性基建工程的应税消费品

D. 用于捐助国家指定的慈善机构的应税消费品

15. 下列关于委托加工商品缴纳消费税的说法中,错误的有( )。

A. 纳税人委托某金银首饰加工企业加工一批金银首饰用于销售,应由受托加工企业代收代缴消费税

B. 纳税人委托个体经营者加工消费品,由个体经营者代收代缴消费税

C. 纳税人用委托加工收回的应税消费品连续生产应税消费品的,其委托加工环节已经缴纳的消费税准予在当期一次性全额扣除

D. 纳税人委托加工消费品,一律由受托人代收代缴消费税款

16. 下列关于企业所得税税率的表述中,正确的有( )。

A. 企业所得税实行比例税率

B. 企业所得税的基本税率为 25%

C. 在中国境内未设立机构场所的非居民企业适用低税率 20%

D. 在中国境内虽设立机构、场所但取得的所得与其所设机构、场所没有实际联系的非居民企业,适用的企业所得税税率为 20%

17. 根据我国《个人所得税法》的规定,可以将个人所得税的纳税义务人区分为居民纳税义务人和非居民纳税义务人,依据的标准有( )。

A. 境内有无住所   B. 境内工作时间

C. 取得收入的工作地   D. 境内居住时间

18. 某学校 4 位老师共写一本书,共得稿费 35 000 元,其中 1 人得主编费 5 000 元,其余稿费 4 人平分,其个人所得税纳税情况包括( )。

A. 四人各自纳税 588 元

B. 除主编以外的 3 人各纳税 126 元

C. 主编 1 人纳税 210 元

D. 此笔稿费共纳税 588 元

19. 下列关于税务登记说法中,错误的有( )。

A. 下岗职工老赵开办了一商品经营部,按规定享受一定期限内的免税优惠,他在免税期内不需要办理税务登记

B. 国家机关无须办理税务登记

C. 纳税人税务登记内容发生变化的,应自税务机关办理变更登记之日起 30 日内,持有关证件向原工商行政管理机关或其他机关申报办理变更登记

D. 纳税人被工商行政管理机关吊销营业执照的,应当自营业执照被吊销之日起 30 日内,向原税务机关申报办理注销登记

20. 下列有关简易申报的说法中,正确的有(　　　)。

A. 简易申报的对象是实行定期定额征收的纳税人

B. 简易申报方式下,税务机关允许纳税人以缴纳税款凭证代替申报

C. 简易申报方式下,税务机关允许纳税人简并征期

D. 简易申报方式使用于所有纳税人

三、判断题(本题共 20 题,每小题 1 分,共 20 分)

1. 税收是国家为了满足政府的需要,凭借政治的权力,强制地、无偿地取得财政收入的一种分配关系。　　　　　　　　　　　　　　　　　　　　　　　　　　　　(　　　)

2. 税法是调整税收关系的法律规范,是由国家最高权力机关和行政机关制定的用于调整国家与纳税人之间在税收征纳方面权利与义务关系的法律规范的总称。　　(　　　)

3. 消费税的税目执行的是概括法,凡是囊括在消费税税目中的商品均为应征消费税的应税消费品。　　　　　　　　　　　　　　　　　　　　　　　　　　　　　　(　　　)

4. 年应税销售额超过小规模纳税人标准的个人、非企业型单位、不经常发生应税行为的企业可以选择按照小规模纳税人标准纳税。　　　　　　　　　　　　　　　　(　　　)

5. 纳税人一经认定为一般纳税人后,不得转为小规模纳税人。　　　　　(　　　)

6. 根据增值税法律制度的规定,不动产租赁适用 11% 的税率。　　　　(　　　)

7. 一般纳税人发生特定应税行为,可以选择适用简易计税方法计税,但一经选择,12 个月内不得变更。　　　　　　　　　　　　　　　　　　　　　　　　　　　　(　　　)

8. 纳税人在外县(市)销售自产应税消费品的,于应税消费品销售后,向机构所在地或者居住地主管税务机关申报纳税。　　　　　　　　　　　　　　　　　　　　(　　　)

9. 企业所得税法规定,企业应当自年度终了之日起 4 个月内,向税务机关报送年度企业所得税纳税申报表,并汇算清缴税款。　　　　　　　　　　　　　　　　　(　　　)

10. 个人偶然所得以每次收入额为应纳税所得额。　　　　　　　　　　(　　　)

11. 税目是指对什么征税,是税收法律关系中权利和义务共同指向的对象。　(　　　)

12. 纳税期限就是纳税义务发生时间。　　　　　　　　　　　　　　　(　　　)

13. 金银首饰、钻石的消费税在零售环节纳税。　　　　　　　　　　　(　　　)

14. 委托个人加工的应税消费品,由委托方向机构所在地或者居住地的主管税务机关申报纳税。　　　　　　　　　　　　　　　　　　　　　　　　　　　　　　(　　　)

15. 企业发生的公益性捐赠支出,在应纳税所得额 12% 以内的部分,准予在计算应纳税所得额时扣除。　　　　　　　　　　　　　　　　　　　　　　　　　　　(　　　)

16. 对个人独资企业和合伙企业投资者也征收个人所得税。　　　　　　(　　　)

17. 实行定期定额征收方式的纳税人的停业期不得超过半年。　　　　　(　　　)

18. 纳税人在纳税期限内没有应纳税款的,也应当按照规定办法办理纳税申报。(　　　)

19. 个体工商户在税法规定的享有免税优惠的期限内,可以不必办理税务登记。(　　　)

20. 由于税收具有固定性,所以税收一经确定,就不会发生变动。　　　(　　　)

模块 4

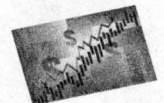

财政法律制度

【考核目标】
1. 了解预算法律制度,包括预算法的概念、构成。
2. 掌握国家预算,包括国家预算的概念、作用,国家预算的级次划分与构成。
3. 掌握预算管理的职权,包括各级权力机关的职权、各级财政部门的职权、各部门、各单位的职权等。
4. 掌握预算的组织程序、决算和预决算的监督,包括预算的编制、审批、执行和预算的调整。
5. 掌握政府采购法律制度的构成,包括政府采购的概念、主体、资金范围、对象,政府采购的原则、功能、执行模式,政府采购当事人、采购方式、政府采购的监督检查。
6. 掌握国库集中收付制度,包括国库单一账户的构成、财政收入收缴方式和程序、财政支付方式和程序。

【实践目标】 能够运用财政法律制度相关知识进行案例分析。

【知识点思维导图】

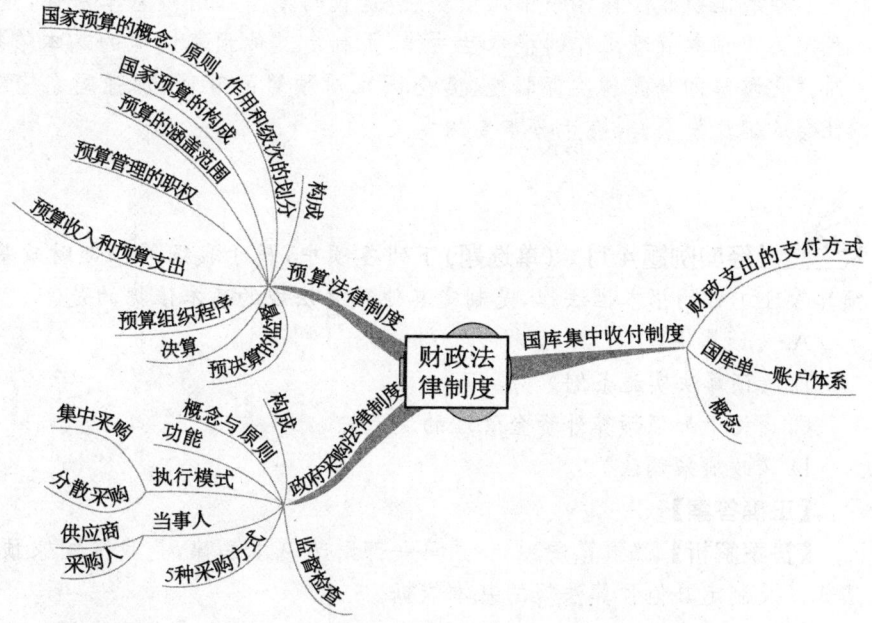

任务 4.1 预算法律制度

 活动 4.1.1 预算法律制度的构成

我国预算法律制度由《中华人民共和国预算法》(以下简称《预算法》)《中华人民共和国预算法实施条例》(以下简称《预算法实施条例》)及与国家预算管理有关的其他法规制度构成。

一、《预算法》

《预算法》于 1994 年 3 月 22 日第八届全国人民代表大会第二次会议通过,并于 1995 年 1 月 1 日起施行。重新修改后的《预算法》,自 2015 年 1 月 1 日起施行。

地位:《预算法》是我国第一部财政基本法律,是我国国家预算管理工作的根本性法律以及制定其他预算法规的基本依据。

二、《预算法实施条例》

国务院于 1995 年 11 月 2 日制定并通过了《预算法实施条例》,并于 1995 年 11 月 22 日起施行。

《预算法实施条例》是根据《预算法》制定的,并对其中的有关法律概念以及预算管理的方法和程序等做了具体规定。

【特别提醒】

在我国财政法律体系中,《预算法》是我国第一部财政基本法律,是核心法、骨干法,是我国国家预算管理工作的根本性法律,是制定其他预算法规的基本依据。它的颁布施行,对强化预算的分配和监督职能、健全国家对预算的管理、加强国家宏观调控、保障经济和社会的健康发展,具有十分重要的意义。

 【经典例题 4.1】 (单选题)下列各项中,属于我国第一部财政基本法律,是我国国家预算管理工作的根本性法律,是制定其他预算法规的基本依据的是(   )。

A.《预算法》

B.《预算法实施条例》

C.《关于加强预算外资金管理的决定》

D.《政府采购法》

【正确答案】 A

【答案解析】《预算法》是我国第一部财政基本法律,是我国国家预算管理工作的根本性法律以及制定其他预算法规的基本依据。

【经典例题 4.2】 （多选题）下列关于我国预算法律制度的说法中,正确的有(　　)。

A.《预算法》是我国第一部财政基本法律

B. 现行的预算法为 1994 年 3 月 22 日第八届全国人民代表大会第二次会议通过

C.《预算法实施条例》是国务院制定并由全国人民代表大会审议通过的

D.《预算法实施条例》于 1995 年 11 月 2 日起施行

【正确答案】 ABD

【答案解析】 选项 C《预算法实施条例》是由国务院制定的,并不是由全国人民代表大会审议通过的。

活动 4.1.2　国家预算的概念、原则、作用和级次的划分

一、国家预算的概念

国家预算是指经法定程序批准的<u>国家年度财政收支计划</u>。即经法定程序批准的国家年度财政收支计划。国家预算是实现财政职能的基本手段,反映国家的施政方针和社会经济政策,规定政府活动的范围和方向。

二、国家预算的原则

国家预算应遵循一定的原则。国家预算原则是指国家选择预算形式和体系应遵循的指导思想,也就是制定政府财政收支计划的方针。国家预算的原则包括公开性、可靠性、完整性、统一性和年度性等。

(一) 公开性

国家预算反映政府的活动范围、方向和政策,与全体公民的切身利益息息相关。因此,国家预算及其执行情况必须采取一定的形式公开,为人民所了解并置于人民的监督之下。

(二) 可靠性

每一收支项目的数字指标必须运用科学的方法,依据充分确实的资料,并总结出规律性,进行计算,不得假定或估算,更不能任意编造。

(三) 完整性

应列入国家预算的一切财政收支都要列在预算中,不得打埋伏、造假账、预算外另列预算。国家允许的预算外收支,也应在预算中有所反映。

(四) 统一性

虽然一级政府设立一级预算,但所有地方预算连同中央预算一起共同组成统一的国家预算。因此,国家预算要求设立统一的预算科目,每个科目都应按统一的口径、程序计算和填列。

(五) 年度性

政府必须按照法定预算年度编制国家预算,这一预算要反映全年的财政收支活动,同时不允许将不属于本年度财政收支的内容列入本年度的国家预算之中。

上述预算原则就是一般意义而言的,不是绝对的。一个国家的预算原则一般是依据预算本身的属性,并与本国的经济实践相结合,通过制定预算法来实现。

三、国家预算的作用

国家预算作为财政分配和宏观调控的主要手段,具有分配、调控和监督职能。国家预算的作用是国家预算职能在经济生活中的具体体现。

(一) 财力保证作用

国家预算既是保障国家机器运转的物质条件,又是政府实施各项社会经济政策的有效保证。通过预算的编制,事先进行预测,使我们能掌握 1 年内可筹集到多少收入,并根据财力的多少和支出的需要确定支出,也就是我们常说的要量入为出。

(二) 调节制约作用

国家预算作为国家的基本财政计划,是国家财政实行宏观控制的主要依据和主要手段。国家通过预算管理手段,有计划地筹集和分配由国家集中支配的财政资金,实现政府资源的优化配置。国家预算的收支规模可以调节社会总供给和总需求的平衡,预算支出的结构可以调节国民经济结构,国家可以通过预算收支总量的变动和预算收支结构的调整来维护社会经济的稳定和促进社会经济的协调发展,因而国家预算的编制和执行情况对国民经济和社会发展都有直接的制约作用。

(三) 反映监督作用

国家预算是国民经济的综合反映,预算收入反映国民经济发展规模和经济效益水平,预算支出反映各项建设事业发展的基本情况。因此,通过国家预算的编制和执行,便于掌握国民经济的运行状况、发展趋势以及出现的问题,从而采取对策措施,促进国民经济稳定协调地发展。

【经典例题 4.3】 (单选题)国家预算既是保障国家机器运转的物质条件,又是政府实施各项社会经济政策的有效保证,体现的是国家预算的( )作用。

A. 制约　　　　　B. 反映监督　　　　　C. 财力保证　　　　　D. 调节

【正确答案】 C

【答案解析】 本题考核国家预算的作用。财力保证作用是指国家预算既是保障国家机器运转的物质条件,又是政府实施各项社会经济政策的有效保证。

四、国家预算级次的划分

我国国家预算级次结构是根据国家政权结构、行政区域划分和财政管理体制要求确定的。我国的国家预算实行一级政府一级预算,共分为中央预算、省级(省、自治区、直辖市)预算、地市级(设区的市、自治州)预算、县市级(县、自治县、不设区的市、市辖区)预算和乡镇级(乡、民族乡、镇)预算。国家预算级次的划分如图 4-1 所示。

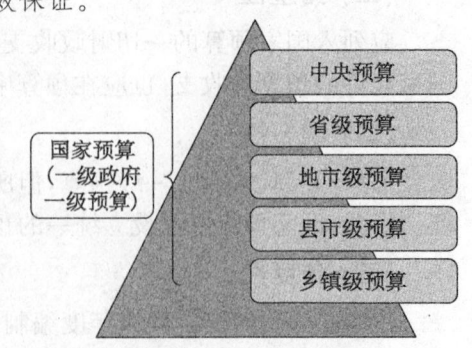

图 4-1　国家预算级次的划分

【特别提醒】

除中央预算外,国家预算的其他四个级次的预算都称为地方预算。对于不具备设立预算条件的乡、民族乡、镇,经省、自治区、直辖市政府确定,可以暂不设立预算。

【经典例题4.4】 (单选题)下列各项中,不属于我国国家预算级次的是(　　)。

A. 地级市　　　　　　　　　　　　B. 村级

C. 县市级　　　　　　　　　　　　D. 乡镇级

【正确答案】 B

【答案解析】 本题考核我国国家预算级次结构。我国国家预算级次共分为五级预算:中央预算;省级预算;地市级预算;县市级预算;乡镇级预算。

【经典例题4.5】 (单选题)下列选项中,不属于我国国家预算体系的是(　　)。

A. 中央预算

B. 省级(省、自治区、直辖市)预算

C. 县市级(县、自治县、不设区的市、市辖区)预算

D. 县级以上地方政府的派出机关预算

【正确答案】 D

【答案解析】 本题考核国家预算的级次划分。我国国家预算体系包括中央、省(自治区、直辖市),设区的市(自治州)、县(不设区的市、自治县、市辖区)、乡(民族乡、镇)五级预算。

【经典例题4.6】 (单选题)下列关于预算体系组成的表述中,错误的是(　　)。

A. 地方预算由省、自治区、直辖市预算组成

B. 部门单位预算是指部门、单位的收支预算

C. 总预算包括本级预算和本级政府行政隶属的下一级政府的总预算

D. 预算组成不受限制,可随意编制

【正确答案】 D

【答案解析】 本题考核预算体系组成。我国的预算组成并非没有限制的,中央预算由中央各部门(含直属单位)的预算组成。地方预算由各省、自治区、直辖市预算组成。

【经典例题4.7】 (单选题)根据我国的政权结构,可以把我国的预算分为(　　)级。

A. 六　　　　　　B. 三　　　　　　C. 四　　　　　　D. 五

【正确答案】 D

【答案解析】 本题考核国家预算的级次划分。我国实行"一级政府,一级预算",一共分为五级。包括中央,省、自治区、直辖市,设区的市、自治州,县、自治县,不设区的市、市辖区,乡、民族乡、镇五级预算。

活动 4.1.3 国家预算的构成

我国的国家预算,根据国家政权结构和行政区划的不同,可以分为中央预算和地方预算,按照收支管理范围可分为总预算和部门、单位预算。每一级预算均应遵循收支平衡的原则。

一、中央预算

中央预算是指中央政府的财政收支计划。它由中央各部门(含直属单位)的预算组成。

(一)中央各部门和中央直属单位

中央各部门是指与财政部直接发生预算缴款、拨款关系的国家机关、军队、政党组织和社会团体。

中央直属单位是指与财政部直接发生预算缴款、拨款关系的企业和事业单位。

(二)中央预算收入与中央预算支出

中央预算收入:中央固定收入,共享收入的中央收入部分,地方上缴收入。

中央预算支出:中央本级支出,补助地方支出。

二、地方预算

地方预算是国家预算的有机组成部分,是地方政府的财政收支计划,是政府预算活动的基本环节。

(一)地方预算的组成

地方预算由各省、自治区、直辖市总预算组成。地方各级总预算由本级预算和汇总下一集总预算组成。

(二)地方预算收入与地方预算支出

地方预算收入:地方固定收入,共享收入的地方收入部分,中央对地方的返还、补助收入。

地方预算支出:地方本级支出,上解中央支出。

 【温馨提示】

注意掌握各级人大、各级财政部门和各部门、各单位在预算管理中职权的区别。

 **【经典例题 4.8】** (多选题)下列有关国家预算中的中央预算的表述中,正确的有( )。

A. 由中央各部门(含直属单位)的预算组成

B. 中央预算包括地方向中央上解的收入数额

C. 中央预算包括中央对地方返还或者给予补助的数额

D. 中央预算不包括军队和政党组织的预算

【正确答案】 ABC

【答案解析】 军队和政党组织的预算属于中央预算。

活动 4.1.4　预算的涵盖范围

《预算法》规定,预算包括<u>一般公共预算</u>、<u>政府性基金预算</u>、<u>国有资本经营预算</u>和<u>社会保险基金预算</u>。一般公共预算、政府性基金预算、国有资本经营预算、社会保险基金预算应当保持完整、独立。政府性基金预算、国有资本经营预算、社会保险基金预算应当与一般公共预算相衔接。

一、一般公共预算

一般公共预算包括:中央<u>一般公共预算</u>和<u>地方各级一般公共预算</u>。

（一）中央一般公共预算

中央一般公共预算包括中央各部门(含直属单位,下同)的预算和中央对地方的税收返还、转移支付预算。

（1）中央一般公共预算收入包括:<u>中央本级收入和地方向中央的上解收入</u>。

（2）中央一般公共预算支出包括:<u>中央本级支出、中央对地方的税收返还和转移支付</u>。

（二）地方各级一般公共预算

地方各级一般公共预算包括本级各部门(含直属单位,下同)的预算和税收返还、转移支付预算。

（1）地方各级一般公共预算收入包括:地方本级收入、上级政府对本级的税收返还和转移支付、下级政府的上解收入。

（2）地方各级一般公共预算支出包括:地方本级支出、对上级政府的上解支出、对下级政府的税收返还和转移支付。

二、政府性基金预算

政府性基金预算是指对依照法律、行政法规的规定在一定期限内向特定对象征收、收取或者以其他方式筹集的资金,专项用于<u>特定公共事业发展</u>的收支预算。

政府性基金预算应根据基金项目收入情况和实际支出需要,按基金项目编制,做到<u>以收定支</u>。

三、国有资本经营预算

国有资本经营预算是指国家<u>以所有者身份</u>对国有资本收益作出支出安排的收支预算。它是政府预算的重要组成部分。

该预算应按照收支平衡的原则编制,<u>不列赤字</u>,并安排资金调入一般公共预算。

四、社会保险基金预算

社会保险基金预算是对社会保险缴款、一般公共预算安排和其他方式筹集的资金,专项用于社会保险的收支预算。

【温馨提示】

　　一般公共预算、政府性基金预算、国有资本经营预算和社会保险基金预算应当保持完整、独立。政府基金预算、国有资本经营预算和社会保险基金预算应当与一般公共预算相衔接。

 活动 4.1.5　预算管理的职权

　　国家预算活动必须依法进行管理,才能有效地实现《预算法》的宗旨,而预算管理必须按照法定职权进行。

　　我国划分预算管理职权的原则是:统一领导、分级管理、权责结合。在此原则下,《预算法》规定了各级人民代表大会及其常务委员会、各级政府、各级财政部门和各部门、各单位的预算职权。

一、各级人民代表大会及各级人大常委会的职权

(一) 全国人民代表大会的职权

(1) 审查中央和地方预算草案及中央和地方预算执行情况的报告。

(2) 批准中央预算和中央预算执行情况的报告。

(3) 改变或者撤销全国人民代表大会常务委员会关于预算、决算的不适当的决议。

(二) 全国人民代表大会常务委员会的职权

(1) 监督中央和地方预算的执行。

(2) 审查和批准中央预算的调整方案。

(3) 审查和批准中央决算。

(4) 撤销国务院制定的同宪法、法律相抵触的关于预算、决算的行政法规、决定和命令。

(5) 撤销省、自治区、直辖市人民代表大会及其常务委员会制定的同宪法、法律和行政法规相抵触的关于预算、决算的地方性法规和决议。

(三) 县级以上地方各级人民代表大会及其常务委员会的职权

1. 县级以上地方各级人民代表大会的职权

(1) 审查本级总预算草案及本级总预算执行情况的报告。

(2) 批准本级预算和本级预算执行情况的报告。

(3) 改变或者撤销本级人民代表大会常务委员会关于预算、决算的不适当的决议。

(4) 撤销本级政府关于预算、决算的不适当的决定和命令。

2. 县级以上地方各级人民代表大会常务委员会的职权

(1) 监督本级总预算的执行。

(2) 审查和批准本级预算的调整方案。

(3) 审查和批准本级决算。

(4) 撤销本级政府和下一级人民代表大会及其常务委员会关于预算、决算的不适当的决

定、命令和决议。

（四）乡、民族乡、镇的人民代表大会的职权

（1）审查和批准本级预算和本级预算执行情况的报告。

（2）监督本级预算的执行。

（3）审查和批准本级预算的调整方案。

（4）审查和批准本级决算。

（5）撤销本级政府关于预算、决算的不适当的决定和命令。

【经典例题4.9】　（多选题）下列关于全国人民代表大会预算职权的表述中，正确的有（　　）。

A. 审查中央和地方预算草案及中央和地方预算执行情况的报告

B. 审查和批准中央预算的调整方案

C. 撤销国务院制定的同宪法、法律相抵触的关于预算、决算的行政法规、决定和命令

D. 改变或者撤销全国人民代表大会常务委员会关于预算、决算的不适当的决议

【正确答案】　AD

【答案解析】　选项 B、选项 C 都是人民代表大会常务委员会的职权。

二、各级人民政府的职权

（1）编制本级预算、决算草案。

（2）向本级人大做出预算草案报告。

（3）将下级政府报送备案的预算报本级人大备案。

（4）编制本级预算调整方案。

（5）监督本级政府和下级政府预算执行。

（6）改变撤销本级和下级政府关于预算、决算不当的决定、命令。

（7）向本级人大及常委会报告预算执行情况。

三、各级财政部门的职权

（一）国务院财政部门的职权

（1）编制权：具体编制中央预算、决算草案；具体编制中央预算的调整方案。

（2）执行权：具体组织中央和地方预算的执行。

（3）提案权：提出中央预算预备费动用方案。

（4）报告权：定期向国务院报告中央和地方预算的执行情况。

（二）地方各级政府财政部门的职权

（1）编制权：具体编制本级预算、决算草案；具体编制本级预算的调整方案。

（2）执行权：具体组织本级预算的执行。

（3）提案权：提出本级预算预备费动用方案。

（4）报告权：定期向本级政府和上一级政府财政部门报告本级总预算的执行情况。

【经典例题 4.10】 （单选题)根据我国《预算法》的规定,下列各项中,不属于国务院财政部门预算职权的是( )。

A. 具体编制中央预算、决算草案　　　　B. 具体组织中央和地方预算的执行

C. 审查和批准中央预算的调整方案　　　D. 具体编制中央预算的调整方案

【正确答案】 C

【答案解析】 本题考核国务院财政部门的预算职权。选项C,属于全国人民代表大会常务委员会的预算职权之一。

四、各部门、各单位的职权

(一) 各部门的职权

(1) 编制本部门预算、决算草案。

(2) 组织和监督本部门预算的执行。

(3) 定期向本级政府财政部门报告预算的执行情况。

(二) 各单位的职权

(1) 编制本单位预算、决算草案。

(2) 按照国家规定上缴预算收入。

(3) 安排预算支出。

(4) 接受国家有关部门的监督。

【温馨提示】

注意掌握各级人大、各级财政部门和各部门、各单位在预算管理中职权的区别。

【经典例题 4.11】 （单选题)下列有关各部门预算管理职权的表述中,不正确的是( )。

A. 各部门编制本部门预算、决算草案

B. 组织和监督本部门预算的执行

C. 定期向本级政府财政部门报告预算的执行情况

D. 定期向本级政府和上一级政府财政部门报告本级总预算的执行情况

【正确答案】 D

【答案解析】 选项D,属于地方各级政府财政部门的职权。

活动 4.1.6　预算收入与预算支出

一、预算收入

预算收入是指国家为建立预算资金而筹集的收入。它有不同的分类标准。

（一）预算收入按来源不同分类

（1）税收收入。它是国家预算收入最主要的部分,在许多国家都占预算收入总额的 90%以上,包括我国。

（2）行政事业性收费收入。它是指国家机关、事业单位、依法行使政府职能的社会团体及其他组织根据法律、法规规定,依照国务院及本省、自治区、直辖市政府规定程序批准,在实施社会公共管理,以及在向自然人、法人和其他组织提供特定公共服务过程中,向规定对象按规定标准收取费用形成的收入。

（3）国有资产有偿使用收入。它包括矿藏、水流、海域、无居民海岛以及法律规定属于国家所有的森林、草原等国有资源有偿使用收入,专用储备物资等国有资产处置收入,保障性住房配租配售收入等非经营性国有资产收入,纳入一般公共预算管理的经营性国有资产收入等。

（4）转移性收入。它包括上级税收返还、转移支付,下级上解收入,调入资金,以及按照财政部规定列入转移性收入的无隶属关系的政府无偿资助。

（5）其他收入。此类收入是指上述各项收入以外的收入,主要包括规费收入、罚没收入、捐赠收入等。

（二）预算收入按收入归属不同分类

预算收入按收入归属不同,可分为中央预算收入、地方预算收入以及中央和地方共享预算收入。

【温馨提示】

注意中央预算收入包括中央本级收入和地方按照规定向中央上解的收入;地方预算收入包括地方本级收入和中央按照规定返还或者补助地方的收入。

【经典例题 4.12】　（单选题）按照分享程度划分,我国的预算收入（　　）。

A. 仅包括中央预算收入

B. 仅包括中央预算收入和地方预算收入

C. 仅包括中央和地方共享收入

D. 包括中央预算收入、地方预算收入以及中央和地方预算共享收入

【正确答案】　D

【答案解析】　本题考核预算收入。预算收入按照分享程度划分,包括中央预算收入、地方预算收入以及中央和地方预算共享收入。

【经典例题 4.13】　（单选题）我国国家预算收入的最主要部分是（　　）。

A. 税收收入　　　　　　　　　　　　B. 依照规定应当上缴的国有资产收益

C. 专项收入　　　　　　　　　　　　D. 其他收入

【正确答案】　A

【答案解析】　本题考核预算收入的形式。税收收入是国家预算收入的最主要部分。

二、预算支出

预算支出是指国家对集中的预算收入有计划地分配和使用而安排的支出。它有不同的分类标准。

(一) 预算支出按**功能**不同分类

(1) 一般公共服务支出。它是一般公共预算支出的主要部分。

(2) 外交、公共安全和国防支出。它包括外交事务费、国内公共安全费、国防费、国防科研事业费、民兵建设费等。

(3) 农业、环境保护支出。它包括粮油补贴、农业生产资料价差补贴、副食品风险基金、环境保护基金等。

(4) 教育、科技、文化、卫生、体育等事业发展支出。

(5) 社会保障及就业支出；

(6) 其他支出：包括外援支出、财政贴息支出、国家物资储备支出、少数民族地区补助费抚恤和社会福利救济费支出等。

(二) 预算支出按**经济性质**不同分类

预算支出按经济性质不同，可分为工资福利支出、商品和服务支出、资本性支出和其他支出。

【温馨提示】

注意中央预算与地方预算有关收入和支出项目的划分、地方向中央上解收入、中央对地方返还或者给予补助的具体办法，由国务院规定，报全国人民代表大会常务委员会备案，而不是批准。

【经典例题4.14】 **(多选题)** 我国《预算法》规定的预算支出形式包括( )。

A. 经济建设支出

B. 教育、科学、文化、卫生、体育等事业发展支出

C. 国家管理费用支出

D. 国防支出

【正确答案】 ABCD

【答案解析】 本题考核我国预算支出的形式。

【知识链接】

新修改的《预算法》的相关规定

新修改的《预算法》取消了预算外资金，即除预算外收入外，各地方、各部门、各单位还有一部分不纳入国家预算，自行管理使用的财政性资金，如各种附加和其他不纳入预算的

（续上）

基金收入等。它是计划经济向市场经济转轨过程中的畸形产物，为一些地方、单位私存"小金库"留下空子，造成了财税资金的跑冒滴漏。新修改的《预算法》规定，政府的全部收入和支出都应当纳入预算。各级政府、各部门、各单位的支出必须经批准的预算为依据，未列入预算的不得支出。这实际上确立了政府全口径预算的基本原则。今后除了国家秘密，所有的预算、决算，都要公开透明以昭告天下，任何一笔纳税人的辛苦钱都必须放在明面上。

 ## 活动 4.1.7　预算组织程序

一、预算的编制

各级预算应当根据年度经济社会发展目标、国家宏观调控总体要求和跨年度预算平衡的需要，参考上一年预算执行情况、有关支出绩效评价结果和本年度收支预测，按照规定程序征求各方面意见后，进行编制。

（一）各级预算收入的编制

各级预算收入的编制，应当与经济社会发展水平相适应，与财政政策相衔接。各级政府、各部门、各单位应当依照《预算法》规定，将所有政府收入全部列入预算，不得隐瞒、少列。

（二）各级预算支出的编制

各级预算支出的编制，应当依照预算法规定，按其功能和经济性质分类编制。各级预算支出的编制，应当贯彻勤俭节约的原则，严格控制各部门、各单位的机关运行经费和楼堂管所等基本建设支出。

二、预算的审查

全国人民代表大会和地方各级人民代表大会对预算草案及其报告、预算执行情况的报告重点审查下列内容：

（1）上一年执行情况是否符合本级人大会预算决议的要求。
（2）预算安排是否符合《预算法》的规定。
（3）预算安排是否贯彻国民经济和社会发展的方针政策，收支政策是否切实可行。
（4）重点支出和重大投资项目的预算安排是否适当。
（5）预算的编制是否完整，是否细化。
（6）对下级政府的转移性支出预算是否规范、适当。
（7）预算安排举借的债务是否合法、合理，是否有偿还计划和稳定的偿还资金来源。
（8）与预算有关重要事项的说明是否清晰。

三、预算的执行

（1）各级预算由本级政府组织执行，具体工作由本级政府财政部门负责。

(2) 预算收入征收部门,必须按照法律、行政法规的规定,及时、足额征收应征的预算收入。

(3) 各级政府<u>不得</u>向预算收入征收部门和单位<u>下达收入指标</u>。

(4) 各级政府财政部门必须及时、足额地拨付预算支出资金,加强对预算支出的管理和监督。

(5) 各级政府、各部门、各单位应当对预算支出情况开展绩效评价。

四、预算的调整

预算是一种计划,它确定以后,往往会受到主客观条件的影响和制约,原来预料不到的一些特殊情况也会出现,导致预算收支由原来的平衡变得不平衡,这时就必须依法进行预算调整。经<u>全国人民代表大会</u>批准的中央预算和经<u>地方各级人民代表大会</u>批准的地方各级预算,在执行中出现下列情况之一的,应当进行预算调整:

(1) 需要<u>增加或者减少预算总支出</u>的。

(2) 需要<u>调入</u>预算稳定调节基金的。

(3) 需要<u>调减</u>预算安排的重点支出数额的。

(4) 需要<u>增加</u>举债债务数额的。

【温馨提示】

(1) 预算调整只包括总支出超过总收入或者增加债务的部分变更。

(2) 除了乡镇之外,中央和县级以上地方政府预算的调整方案必须经本级人大常委会审查批准。

 **活动 4.1.8 决 算**

决算是指根据对年度预算收支执行结果编制的会计报告,是预算执行的<u>总结</u>,是国家管理预算活动的<u>最后一道程序</u>。决算包括<u>决算报告和文字说明</u>两个部分。决算是国家经济活动在财政上的综合反映,从中可以考察出国家经济政策和法律的实际执行情况,通过进行决算的编制和审批工作,有利于发现问题、纠偏匡谬、减少损失,也有利于总结经验、扬长避短,为今后的工作提供指导、参考,还有利于加强财政监督、完善财政法规。

一、决算草案的编制

决算草案由各级政府、各部门、各单位,在<u>每一预算年度终了后</u>按照国务院规定的时间编制。

二、决算草案的审批

国家决算草案的审批,是对国家预算执行情况做出评价的重要环节。决算草案只有经过权力机关依法定程序予以审批,政府在预算年度内的预算执行责任才能得以免除,1 个预算年度的预算管理程序才告结束。因此,决算草案的审批,是整个决算制度的非常重要的组成部分。

(1) 国务院财政部门编制中央决算草案,报国务院审定后,由国务院提请全国人民代表大会常务委员会审查和批准。

(2) 县级以上地方各级政府财政部门编制本级决算草案,报本级政府审定后,由本级政府提请本级人民代表大会常务委员会审查和批准。

(3) 乡、民族乡、镇政府编制本级决算草案,提请本级人民代表大会审查和批准。

【经典例题 4.15】 (多选题)下列表述中,正确的有( )。

A. 由国务院财政部门编制的中央决算草案,经国务院审定后,由国务院提请全国人大批准

B. 由国务院财政部门编制的中央决算草案,经国务院审定后,由国务院提请全国人大常委会审批

C. 由县级以上地方各级政府财政部门编制的本级决算草案,经本级政府审定后,由本级人大常委会审批

D. 由乡级政府编制的决算草案,由本级人大审批

【正确答案】 BCD

【答案解析】 选项 A,由国务院财政部门编制的中央决算草案,经国务院审定后,由国务院提请全国人大常委会审批。

三、决算的批复

根据《预算法》的规定,各级决算批复后,财政部门应当在 20 日内(注意:指自然日,并非工作日,下同)向本级各部门批复决算。

各部门应当在接到本级政府财政部门批复的本部门决算后 15 日内向所属单位批复决算。

【温馨提示】

除了乡镇之外,中央和县级以上地方政府的决算方案必须经本级人大常委会审查批准。

【经典例题 4.16】 (单选题)乡级政府编制的决策草案,由( )审批。

A. 国务院

B. 县级以上人民政府

C. 本级人大

D. 县级人大

【正确答案】 C

【答案解析】 本题考核决算草案的审批。乡、民族乡、镇政府编制本级决算草案,提请本

级人民代表大会审查和批准。

 ## 活动 4.1.9　预算、决算的监督

预算、决算的监督可分为国家权力机关、各级政府、各级政府财政部门、各级政府审计部门的监督和社会监督等。

一、国家权力机关的监督

全国人大及常委会对中央和地方预算、决算进行监督；县级以上各级人大及常委会对本级和下级政府预算、决算进行监督。

二、各级政府的监督

各级政府监督下级政府的预算执行；下级政府应当定期向上一级报告预算执行情况。

三、各级政府财政部门的监督

各级政府财政部门负责监督检查本级各部门及其所属各单位预算的执行，并向本级政府和上一级政府财政部门报告预算执行情况。

四、各级政府审计部门的监督

各级政府审计部门对本级各部门、各单位和下级政府的预算执行和决算实行审计监督。

五、社会监督

公民、法人、其他组织发现有违法行为，可以依法向有关国家机关进行检举、控告。接受检举、控告的国家机关应当依法进行处理，并为检举人、控告人保密。任何单位或个人不得压制、打击报复检举人、控告人。

【经典例题 4.17】　（单选题）对本级各部门、各单位和下级政府的预算执行、决算实施审计监督的部门是（　　）。

A. 各级政府财政部门

B. 各级政府

C. 各级政府审计部门

D. 上一级政府财政部门

【正确答案】　C

【答案解析】　本题考核预算、决算监督的相关规定。各级审计机关应当依照《中华人民共和国审计法》和有关法律、行政法规的规定，对本级预算执行情况、对本级各部门和下级政府预算的执行情况和决算，进行审计监督。

任务 4.2 政府采购法律制度

活动 4.2.1 政府采购法律制度的构成

一、《中华人民共和国政府采购法》

《中华人民共和国政府采购法》(以下简称《政府采购法》)于 2002 年 6 月 29 日由第九届全国人民代表大会常务委员会第二十八次会议通过,于 2003 年 1 月 1 日起施行,是规范我国政府采购活动的<u>根本性法律</u>,也是制定其他政府采购法规制度的基本依据。2014 年 8 月 31 日,第十二届全国人民代表大会常务委员会第十次会议通过了修正后的《政府采购法》。

二、《中华人民共和国政府采购法实施条例》

<u>2014 年 12 月 31 日</u>,国务院通过《中华人民共和国政府采购法实施条例》(以下简称《政府采购法实施条例》),该条例是对《政府采购法》的细化,自 <u>2015 年 3 月 1 日</u>起施行。

三、政府采购部门规章

政府采购部门规章由<u>国务院各部门</u>规定,包括《政府采购信息公告管理办法》《中央单位政府采购管理实施办法》等。

四、政府采购地方性法规和政府规章

(1) 地方性法规:由省、自治区、直辖市以及省、自治区人民政府所在地的市和经国务院批准的较大的市的<u>人民代表大会及其常委会</u>制定。

(2) 地方性政府规章:省、自治区、直辖市和较大的市的人民政府制定。

【经典例题 4.18】 (多选题)下列各项中,属于政府采购法律制度的构成的有(   )。

A. 政府采购法   B. 政府采购部门规章
C. 政府采购地方性法规   D. 政府规章

【正确答案】 ABCD

【答案解析】 本题考核的知识点是政府采购法律制度的构成。

活动 4.2.2 政府采购的概念

政府采购是指各级国家机关、事业单位和团体组织,使用财政性资金采购依法制定的<u>集中采购目录以内的或者采购限额标准以上</u>的货物、工程和服务的行为。

一、政府采购的主体范围

政府采购的主体范围包括:国家机关、事业单位和团体组织。

国有企业、私营企业、集体企业都不属于政府采购的主体范围。

【温馨提示】

政府采购的主体范围包括国家机关、事业单位和团体组织,但是不包括国有企业。

【经典例题 4.19】 （单选题）下列选项中,不属于我国政府采购主体的是( )。

A. 国家机关   B. 事业单位

C. 社会团体组织   D. 国有企业

【正确答案】 D

【答案解析】 《政府采购法》没有将国有企业纳入政府采购的主体范围。

二、政府采购的资金范围

政府采购资金为财政性资金和由财政偿还的公共借款。财政性资金是指预算内资金、预算外资金,以及与财政资金相配套的单位自筹资金的总和。其计算公式如下:

$$财政性资金 = 预算内资金 + 预算外资金 + 与财政资金相配套的单位自筹资金$$

三、政府集中采购目录和政府采购限额标准

政府集中采购目录和政府采购限额标准由省级以上人民政府确定并公布。

（1）属于中央预算的政府采购项目,其集中采购目录和政府采购限额标准由国务院确定并公布。

（2）属于地方预算的政府采购项目,其集中采购目录和政府采购限额由省、自治区、直辖市人民政府或者其授权的机构确定并公布。

四、政府采购的对象范围

政府采购的对象范围涉及货物、工程和服务。所谓货物,是指各种形态和种类的物品,包括原材料、燃料、设备、产品等;所谓工程,是指建设工程,包括建筑物和构筑物的新建、改建、扩建、装修、拆除、修缮等;所谓服务,是指除货物和工程以外的其他政府采购对象。

政府采购应当采购本国货物、工程和服务,但有下列情形之一的除外:

（1）需要采购的货物、工程或者服务在中国境内无法获取或者无法以合理的商业条件获取的。

（2）为在中国境外使用而进行采购的。

（3）其他法律、行政法规另有规定的。

前款所称本国货物、工程和服务的界定,依照国务院有关规定执行。

【经典例题 4.20】 （单选题）下列资金中,不属于财政性资金范围的是( )。

A. 预算内资金   B. 预算外资金

C. 与财政资金相配套的单位自筹资金　　　D. 企业的注册资本金

【正确答案】　D

【答案解析】·财政性资金是指预算内资金、预算外资金以及与财政资金相配套的单位自筹资金的总和。

活动 4.2.3　政府采购的原则

政府采购的原则是指贯穿于政府采购计划中为实现政府采购目标而设立的一般性原则。政府采购的原则如下。

一、公开透明原则

公开透明原则是指有关采购的法律、政策、程序和采购活动对社会公开,所有相关信息都必须公之于众。

公开透明原则应当贯穿于政府采购全过程,具体体现为以下三个方面:

(1) 公开的内容。应当公开的政府采购信息包括政府采购法规政策,省级以上人民政府公布的集中采购目录、政府采购限额标准和公开招标数额标准,政府采购招标业务代理机构名录,招标投标信息,财政部门受理政府采购投诉的联系方式及投诉处理决定,财政部门对集中采购机构的考核结果,采购代理机构、供应商不良行为记录名单等。

(2) 公开的标准。政府采购公开的信息应当符合内容真实、准确可靠、发布及时、便于获得查找等标准。

(3) 公开的途径。政府采购信息应当在省级以上财政部门指定的政府采购信息发布媒体上向社会公开发布。

二、公平竞争原则

公平竞争原则要求政府采购活动在确保公平的前提下充分引入竞争机制。因此,公平竞争原则可以进一步划分为竞争性原则和公平性原则。

(1) 竞争性原则就是通过引入竞争机制,最大限度地利用供应商之间的激烈竞争,促使政府采购形成对买方有利的竞争局面,从而使政府采购主体采购到优质价廉的商品和服务,以实现政府采购的目标。政府采购竞争的主要方式是招标投标。

(2) 政府采购的公平性原则主要有两方面的内容:一是机会均等,即政府采购应允许所有有兴趣参加投标的供应商参与竞争,政府采购主体不能无故将希望参加政府采购的供应商排斥在外;二是待遇平等,即政府采购应对所有的参加者一视同仁,给予其同等的待遇。

三、公正原则

公正原则主要是指采购人、采购代理机构相对于作为投标人、潜在投标人的多个供应商而言,政府采购主管部门相对于作为被监督人的多个当事人而言,应站在中立、公允、超然的立场上,对于每位相对人都要一碗水端平、不偏不倚、平等对待、一视同仁,而不厚此薄彼,因其身份不同而施行差别对待的原则。

四、诚实信用原则

一方面,要求采购主体在项目发标、信息公布、评标、审标过程中要真实,不得有所隐瞒;另一方面,也要求供应商在提供物品、服务时达到投标时做出的承诺,树立相应的责任意识。

【经典例题4.21】 (单选题)政府采购要按照事先约定的条件和程序进行,对所有供应商一视同仁,任何单位和个人无权干预采购活动的正常开展,这体现了政府采购的( )原则。

A. 公开透明   B. 公平竞争   C. 公正   D. 诚实信用

【正确答案】 C

【答案解析】 本题考核政府采购的原则。

活动 4.2.4 　政府采购的功能

政府采购的功能包括如下几个方面。

一、节约财政支出,提高采购资金的使用效益

实行统一集中的政府采购使采购规模得到扩大,有助于形成政府采购买方市场。与此同时,政府采购充分引入竞争机制并建立对供应商的激励约束机制,这些都使得政府采购主体能够以较低廉的价格购买到高质量的货物、工程和服务,从而起到节约财政支出、提高采购资金使用效益的作用。

二、强化宏观调控

政府采购作为财政支出的重要组成部分,是实现财政支出政策的重要工具。政府在政府采购市场中处于有利地位,可以通过调整采购规模、采购时间、采购项目、采购规则等方式来实现特定的宏观调控目标。《政府采购法》明确规定,政府采购应当有助于实现国家的经济和社会发展政策目标,包括保护环境,扶持不发达地区和少数民族地区,促进中小企业发展等。

三、活跃市场经济

政府采购必须遵循公开、公平、公正的原则,在竞标过程中执行严密、透明的"优胜劣汰"机制,所有这些都会调动供应商参与政府采购的积极性,并能够促使供应商不断提高产品质量、降低生产成本或改善售后服务,以使自己能够赢得政府订单。供应商竞争能力的提高又能够带动整个国内市场经济的繁荣。从国际竞争的角度看,政府采购有助于供应商迈出国门、走向国际市场,提高我国产品在国际市场上的竞争力,并早日进入国际政府采购市场。

四、推进反腐倡廉

政府采购作为一项制度安排可以从两方面推进政府的反腐倡廉工作。首先,政府采购中

的采购人、采购代理机构和供应商三者之间在各自内在利益驱动下所形成的内在相互监督机制,可以促进反腐倡廉;其次,实行政府采购制度的同时也建立了一套外在的监督机制,如法律监督、政府采购主管部门的监督、各级纪检、监察、审计等部门的监督等,这些监督都最大限度地增加了政府采购的透明度、尽可能避免贪污腐败现象的发生。

五、保护民族产业

政府采购是世界各国为保护民族产业所普遍采用的有效手段。根据我国《政府采购法》的规定,除极少数法定情形外,政府采购应当采购本国货物、工程和服务。这一规定就体现了国货优先原则,即政府采购保护民族产业的功能。

【经典例题 4.22】 **(单选题)**我国《政府采购法》明确规定,除出现法律规定的特殊情况以外,政府采购应当采购本国的货物、工程和服务,体现了政府采购的( )功能。

A. 活跃市场经济　　　　　　　　B. 保护民族产业

C. 强化宏观调控　　　　　　　　D. 推进反腐倡廉

【正确答案】 B

【答案解析】 本题考核政府采购的功能。

活动 4.2.5　政府采购的执行模式

我国《政府采购法》明确规定,政府采购实行集中采购和分散采购相结合的原则,即对在采购限额标准以上列入集中采购目录的政府采购项目,实行集中采购,其他则采取分散采购的方式。

一、集中采购

集中采购是指由政府设立的职能机构统一为其他政府机构提供采购服务的一种采购组织实施形式。

(1)集中采购必须委托采购机构代理采购。设区的市、自治州以上的人民政府根据本级政府采购项目组织集中采购的需要设立集中采购机构。

(2)纳入集中采购目录的政府采购项目应当实行集中采购。

优点:取得规模效益,减低采购成本,保证采购质量,贯彻落实政府采购的政策导向,便于实施统一的管理和监督。

缺点:集中采购周期长、程序复杂难以满足用户多样化的需求,特别是无法满足紧急情况的采购需要。

二、分散采购

由各预算单位自行采购的模式。采购未纳入集中采购目录的政府采购项目,可以自行采购,也可以委托集中采购机构在委托范围内代理采购。

优点:有利于满足采购及时性和多样性的需求,手续简单。

缺点:失去了规模效益,加大了采购成本,也不便于实施统一的管理和监督。

【温馨提示】

分散采购既可以自行采购,也可以委托集中采购机构在委托的范围内代理采购。

【经典例题 4.23】 （判断题）采购人采购未纳入集中采购目录的政府采购项目,可以采用自行采购,也可以委托采购代理机构在委托的范围内代理采购。 （ ）

【正确答案】 对

【答案解析】 本题考核政府采购的分散采购方式。

 **活动 4.2.6 政府采购的当事人**

政府采购当事人包括采购人、供应商和采购代理机构。

一、采购人

采购人是政府采购中货物、工程和服务的直接需求者。作为政府采购的采购人是依法进行政府采购的国家机关、事业单位和团体组织。采购人的权利和义务如表 4-1 所示。

表 4-1　　　　　　　　　　　　　采购人的权利和义务

权　利	义　务
(1) 自行选择采购代理机构的权利; (2) 要求采购代理机构遵守委托协议约定的权利; (3) 审查政府采购供应商的资格的权利; (4) 依法确定中标供应商的权利; (5) 签订采购合同并参与对供应商履约验收的权利; (6) 特殊情况下提出特殊要求的权利,例如,纳入集中采购目录属于本部门、本系统有特殊要求的项目,可以实行部门集中采购;属于本单位有特殊要求的项目,经省级以上人民政府批准,可以自行采购; (7) 其他合法权利	(1) 遵守政府采购的各项法律、法规和规章制度; (2) 接受和配合政府采购监督管理部门的监督检查,同时还要接受和配合审计机关的审计监督以及监察机关的监察; (3) 尊重供应商的正当合法权益; (4) 遵守采购代理机构的工作秩序; (5) 在规定时间内与中标供应商签订政府采购合同; (6) 在指定媒体及时向社会发布政府采购信息、招标结果; (7) 依法答复供应商的询问和质疑; (8) 妥善保存反映每项采购活动的采购文件; (9) 其他法定义务

【经典例题 4.24】 （单选题）下列各项中,不属于政府采购人的权利的是（ ）。

A. 自行选择采购代理机构的权利

B. 要求采购代理机构遵守委托协议约定的权利

C. 审查政府采购供应商的资格的权利

D. 在规定时间内与中标供应商签订政府采购合同的权利

【正确答案】　D

【答案解析】　选项 D,属于采购人的义务而不是权利。

二、政府采购的供应商

供应商是指向采购人提供货物、工程或者服务的法人、其他组织或者自然人。供应商的权利和义务如表 4-2 所示。

表 4-2　　　　　　　　　　　　　供应商的权利和义务

权　利	义　务
(1) <u>平等</u>地取得政府采购供应商资格的权利; (2) <u>平等</u>地获得政府采购信息的权利; (3) <u>自主、平等</u>地参加政府采购竞争的权利; (4) 就政府采购活动事项提出<u>询问、质疑和投诉</u>的权利; (5) <u>自主、平等</u>地签订政府采购合同的权利; (6) 要求采购人或采购代理机构<u>保守其商业秘密</u>的权利; (7) 监督政府采购依法公开、公正进行的权利; (8) 其他合法权利	(1) 遵守政府采购的各项法律、法规和规章制度; (2) 按规定接受供应商资格审查,并在资格审查中客观真实地反映自身情况; (3) 在政府采购活动中,满足采购人或采购代理机构的正当要求; (4) 投标中标后,按规定程序签订政府采购合同并严格履行合同义务; (5) 其他法定义务

【经典例题 4.25】　(多选题)下列各项中,属于供应商的义务有(　　　)。

A. 遵守政府采购的各项法律、法规和规章制度

B. 在政府采购活动中,满足采购人或采购代理机构的正当要求

C. 监督政府采购依法公开、公正地进行

D. 投标中标后,按规定程序签订政府采购合同并严格履行合同义务

【正确答案】　ABD

【答案解析】　选项 C 属于供应商的权利。

三、政府采购的代理机构

采购代理机构是指具备一定条件,经政府有关部门批准而依法拥有政府采购代理资格的<u>社会中介机构</u>。

采购代理机构分为<u>集中采购机构</u>和<u>一般采购代理机构</u>。

集中采购机构是进行政府集中采购的法定代理机构。它由设区的市、自治州以上人民政府根据本级政府采购项目组织集中采购的需要而设立。

一般采购代理机构应是依法成立并具有法人资格的社会中介机构,有能力和良好信誉承担政府采购的业务代理工作。一般采购代理机构在代理过程中,会向委托人或中标人收取一定的服务费。

【温馨提示】

注意一般采购代理机构和集中采购机构在设立权限上的不同。一般采购代理机构的

（续上）

> 资格由国务院有关部门或省级人民政府有关部门认定；集中采购机构由设区的市、自治州以上人民政府根据本级政府采购项目组织集中采购的需要设立。

【经典例题 4.26】 （单选题）下列各项中，不属于采购代理机构的义务和责任的是（ ）。

A. 依法开展代理采购活动并提供良好服务　　B. 依法发布采购信息

C. 依法答复供应商的询问和质疑　　D. 依法接受监督管理

【正确答案】 C

【答案解析】 选项 C 属于采购人的义务。

【经典例题 4.27】 （单选题）下列选项中，不属于政府采购当事人的是（ ）。

A. 采购人　　B. 保证人

C. 供应商　　D. 采购代理机构

【正确答案】 B

【答案解析】 本题考核政府采购当事人。政府采购当事人是指在政府采购活动中享有权利和承担义务的各类主体，包括采购人、供应商和采购代理机构。

【经典例题 4.28】 （单选题）下列选项中，不属于我国政府采购主体的是（ ）。

A. 国家机关　　B. 事业单位

C. 从事公共社会活动的团体组织　　D. 国有企业

【正确答案】 D

【答案解析】 本题考核政府采购的主体范围。目前，我国国有企业不属于政府采购的主体范围。

活动 4.2.7　政府采购方式

政府采购可以采用以下几种方式：①公开招标。②邀请招标。③竞争性谈判。④单一来源采购。⑤询价。⑥国务院政府采购监督管理部门认定的其他采购方式。

一、公开招标

公开招标是指采购人或者代理采购机构以招标公告的方式邀请不特定的供应商参加投标的一种采购方式（主要采购方式）。货物服务采购达到公开招标数额标准的，必须采用公开招标。采购人不得将应当以公开招标方式采购的货物或者服务化整为零或者以其他任何方式规避公开招标采购。

【经典例题 4.29】 （单选题）下列各项中，可以作为政府采购的主要采购方式是（ ）。

A. 邀请招标 　　　　　　　　　　　B. 公开招标

C. 竞争性谈判 　　　　　　　　　　D. 询价

【正确答案】　B

【答案解析】　本题考核公开招标应作为政府采购的主要采购方式。

二、邀请招标

邀请招标也称选择性招标,由采购人根据供应商或承包商的资信和业绩,选择一定数目的法人或其他组织(不能少于 3 家),向其发出招标邀请书,邀请他们参加投标竞争,从中选定中标供应商的一种采购方式。

(一) 适用范围

符合下列情形之一的货物或者服务,可以采用邀请招标方式采购:

(1) 具有特殊性,只能从有限范围的供应商处采购的。

(2) 采用公开招标方式的费用占政府采购项目总价值的比例过大的。

(二) 招标程序

货物或者服务项目采取邀请招标方式采购的,采购人应当从符合相应资格条件的供应商中,通过随机方式选择 3 家以上的供应商,并向其发出投标邀请书。货物和服务项目实行招标方式采购的,自招标文件开始发出之日起至投标人提交投标文件截止之日止,不得少于 20 日。

在招标采购中,出现下列情形之一的,应予废标:

(1) 符合专业条件的供应商或者对招标文件作实质响应的供应商不足 3 家的。

(2) 出现影响采购公正的违法、违规行为的。

(3) 投标人的报价均超过了采购预算,采购人不能支付的。

(4) 因重大变故,采购任务取消的。

废标后,采购人应当将废标理由通知所有投标人,除采购任务取消情形外,应当重新组织招标;需要采取其他方式采购的,应当在采购活动开始前获得设区的市、自治州以上人民政府采购监督管理部门或者政府有关部门批准。

【经典例题 4.30】　(单选题)根据政府采购法律制度的规定,采用邀请招标方式的,采购人应当从符合相应资格条件的供应商中随机选择(　　)家以上的供应商,并向其发出投标邀请书。

A. 3　　　　　　　B. 5　　　　　　　C. 10　　　　　　　D. 15

【正确答案】　A

【答案解析】　本题考核政府采购方式的邀请招标方式。

三、竞争性谈判

竞争性谈判是指采购人或代理机构通过与多家供应商(<u>不少于 3 家</u>)进行谈判,最后从中确定中标供应商的一种采购方式。

(一) 适用范围

符合下列情形之一的货物或者服务,可以采用竞争性谈判方式采购:

（1）招标后没有供应商投标或者没有合格标的或者重新招标未能成立的。

（2）技术复杂或者性质特殊，不能确定详细规格或者具体要求的。

（3）采用招标所需时间不能满足用户紧急需要的。

（4）不能事先计算出价格总额的。

（二）招标程序

采用竞争性谈判方式采购的，应当遵循下列程序：

（1）成立谈判小组。谈判小组由采购人的代表和有关专家共 3 人以上的单数组成，其中专家的人数不得少于成员总数的 2/3。

（2）制定谈判文件。谈判文件应当明确谈判程序、谈判内容、合同草案的条款和评定成交的标准等事项。

（3）确定邀请参加谈判的供应商名单。谈判小组从符合相应资格条件的供应商名单中确定不少于 3 家的供应商参加谈判，并向其提供谈判文件。

（4）谈判。谈判小组所有成员集中与单一供应商分别进行谈判。在谈判中，谈判的任何一方不得透露与谈判有关的其他供应商的技术资料、价格和其他信息。谈判文件有实质性变动的，谈判小组应当以书面形式通知所有参加谈判的供应商。

（5）确定成交供应商。谈判结束后，谈判小组应当要求所有参加谈判的供应商在规定时间内进行最后报价，采购人从谈判小组提出的成交候选人中根据符合采购需求、质量和服务相等且报价最低的原则确定成交供应商，并将结果通知所有参加谈判的未成交的供应商。

【经典例题 4.31】 **（单选题）**招标后没有供应商投标或者没有合格标的或者重新招标未能成立的，其适用的政府采购方式是（　　）。

A. 询价　　　　B. 邀请招标　　　　C. 公开招标　　　　D. 竞争性谈判

【正确答案】 D

【答案解析】 可以采用竞争性谈判方式采购的情形有：①招标后没有供应商投标或者没有合格标的或者重新招标未能成立的。②技术复杂或者性质特殊，不能确定详细规格或者具体要求的。③采用招标所需时间不能满足用户紧急需要的。④不能事先计算出价格总额的。

四、单一来源采购

单一来源采购也称直接采购，是指达到了限额标准和公开招标数额标准，但所购商品的来源渠道单一，或属专利、首次制造、合同追加、原有采购项目的后续扩充和发生了不可预见的紧急情况不能从其他供应商处采购等情况的一种采购方式。该采购方式的最主要特点是没有竞争性。

符合下列情形之一的货物或者服务，可以采用单一来源方式采购：

（1）只能从唯一供应商处采购的。

（2）发生了不可预见的紧急情况，不能从其他供应商处采购的。

（3）必须保证原有采购项目的一致性或者服务配套的要求，需要继续从原供应商处添购，且添购资金总额不超过原合同采购金额 10% 的。

采取单一来源方式采购的，采购人与供应商应当遵循《政府采购法》规定的原则，在保证采购项目质量和双方商定合理价格的基础上进行采购。

【经典例题 4.32】 **（多选题）** 下列货物或者服务中，可以采用单一来源方式采购的有（　　）。

A. 只能从唯一供应商处采购的

B. 具有特殊性，只能从有限范围的供应商处采购的

C. 发生了不可预见的紧急情况不能从其他供应商处采购的

D. 必须保证原有采购项目一致性或者服务配套的要求，需要继续从原供应商处添购，且添购资金总额不超过原合同采购金额 10% 的

【正确答案】　ACD

【答案解析】　选项 B 适用于采用邀请招标方式采购。

五、询价

询价是指采购人向有关供应商发出询价单让其报价，在此报价基础上进行比较并确定最优供应商一种采购方式。采购的货物规格、标准统一、现货货源充足且价格变化幅度小的政府采购项目，可以采用询价方式采购。

采购人采取询价方式采购的，应当遵循下列程序：

（1）成立询价小组。询价小组由采购人的代表和有关专家共 3 人以上的单数组成，其中，专家的人数不得少于成员总数的 2/3。询价小组应当对采购项目的价格构成和评定成交的标准等事项做出规定。

（2）确定被询价的供应商名单。询价小组根据采购需求，从符合相应资格条件的供应商名单中确定不少于 3 家的供应商，并向其发出询价通知书让其报价。

（3）询价。询价小组要求被询价的供应商一次报出不得更改的价格。

（4）确定成交供应商。采购人根据符合采购需求、质量和服务相等且报价最低的原则确定成交供应商，并将结果通知所有被询价的未成交的供应商。

【经典例题 4.33】 **（多选题）** 下列各项中，属于采用询价方式采购应当遵循的程序有（　　）。

A. 成立询价小组　　　　　　　　　B. 确定被询价的供应商名单

C. 询价　　　　　　　　　　　　　D. 确定成交供应商

【正确答案】　ABCD

【答案解析】　采用询价方式采购应当遵循下列程序：①成立询价小组。②确定被询价的供应商名单。③询价。④确定成交供应商。

【经典例题 4.34】 **（单选题）** 根据《政府采购法》的有关规定，招标后没有供应商投标或者没有合格标的或者重新招标未能成立的，其适用的政府采购方式是（　　）。

A. 询价方式　　　　　　　　　　　B. 邀请招标方式

C. 公开招标方式　　　　　　　　　D. 竞争性谈判方式

【正确答案】 D

【答案解析】 本题考核政府采购方式。符合下列情形之一的货物或者服务,可以采用竞争性谈判方式采购:①招标后没有供应商投标或者没有合格标的或者重新招标未能成立的。②技术复杂或者性质特殊,不能确定详细规格或者具体要求的。③采用招标所需时间不能满足用户紧急需要的。④不能事先计算出价格总额的。

 【经典例题4.35】 (单选题)根据政府采购法律制度的规定,采用邀请招标方式的,采购人应当从符合相应资格条件的供应商中随机邀请( )家以上的供应商,并以投标邀请书的方式,邀请其参加投标。

A. 3 B. 5 C. 10 D. 15

【正确答案】 A

【答案解析】 本题考核政府采购方式。邀请招标是指采购人依法从符合相应资格条件的供应商中随机邀请3家以上的供应商,并以投标邀请书的方式,邀请其参加投标。

六、国务院政府采购监督管理部门认定的其他采购方式

这种方式:如协议供货等。

活动4.2.8 政府采购的监督检查

一、监督管理部门的监督

政府采购监督管理部门应当加强对政府采购活动及集中采购机构的监督检查。其监督检查的内容如下:

(1) 有关政府采购的法律、行政法规和规章的执行情况。

(2) 采购范围、采购方式和采购程序的执行情况。

(3) 政府采购人员的职业素质和专业技能。

政府采购监督管理部门不得设置集中采购机构,不得参与政府采购项目的采购活动。采购代理机构与行政机关不得存在隶属关系或者其他利益关系。

《政府采购法》第十三条规定,各级人民政府财政部门是负责政府采购监督管理的部门,依法履行对政府采购活动的监督管理职责。

二、内部监督

(一) 建立健全内部监督管理制度

集中采购机构应当建立健全内部监督管理制度。采购活动的决策和执行程序应当明确,并相互监督、相互制约。经办采购的人员与负责采购合同审核、验收人员的职责权限应当明确,并相互分离。

(二) 提高采购人员的职业素质和专业技能

集中采购机构的采购人员应当具有相关职业素质和专业技能,符合政府采购监督管理部

门规定的专业岗位任职要求。集中采购机构对其工作人员应当加强教育和培训;对采购人员的专业水平、工作实绩和职业道德状况定期进行考核。采购人员经考核不合格的,不得继续任职。

三、采购人的内部监督

(一)政府采购项目的采购标准和采购结果应当公开

政府采购项目的采购标准应当公开。采用《政府采购法》规定的采购方式的,采购人在采购活动完成后,应当将采购结果予以公布。

(二)采购人选择采购方式和采购程序应当符合法定要求

采购人必须按照《政府采购法》规定的采购方式和采购程序进行采购。任何单位和个人不得违反本法规定,要求采购人或者采购工作人员向其指定的供应商进行采购。

四、政府其他有关部门的监督

(一)审计机关的监督

审计机关应当对政府采购进行审计监督。政府采购监督管理部门、政府采购各当事人有关政府采购活动,应当接受审计机关的审计监督。

(二)监察机关的监督

监察机关应当加强对参与政府采购活动的国家机关、国家公务员和国家行政机关任命的其他人员实施监督。

(三)其他有关部门的监督

依照法律、行政法规的规定对政府采购负有行政监督职责的政府有关部门,应当按照其职责分工,加强对政府采购活动的监督。

五、采购活动的社会监督

任何单位和个人对政府采购活动中的违法行为,有权控告和检举,有关部门、机关应当依照各自职责及时处理。

【经典例题 4.36】 (单选题)各级人民政府( )部门是负责政府采购监督管理的部门,依法履行对政府采购活动的监督管理职责。

A. 财政   B. 税务   C. 审计   D. 监察

【正确答案】 A

【答案解析】 各级人民政府财政部门是负责政府采购监督管理的部门,依法履行对政府采购活动的监督管理职责。选项 A 正确。

任务4.3 国库集中收付制度

我国国库集中收付制度包括财政部、中国人民银行联合印发的《财政国库管理制度改革试点方案》《中央单位财政国库管理制度改革试点资金支付管理办法》等。

活动 4.3.1　国库集中收付制度的概念

国库集中收付制度是指由财政部门代表政府设置国库单一账户体系,所有的财政性资金均纳入国库单一账户体系收缴、支付和管理的制度。

活动 4.3.2　国库单一账户体系

一、概念

国库单一账户体系是指以<u>财政国库存款账户</u>为核心的各类财政性资金账户的集合。所有财政性资金的收入、支付、存储及资金清算活动<u>均在该账户体系运行</u>。

二、构成

国库单一账户体系包括<u>国库单一账户、财政部门零余额账户、预算单位零余额账户、预算外资金财政专户和特设专户</u>。

(一) 国库单一账户

国库单一账户是指财政部门在中国人民银行开设的国库单一账户。它用于记录、核算和反映纳入预算管理的财政收入和财政支出活动,并用于与财政部门在商业银行开设的零余额账户进行清算,实现支付。

(二) 财政部门零余额账户

财政部门零余额账户是指财政部门按资金使用性质在商业银行开设的零余额账户。它用于财政直接支付和与国库单一账户支出清算。

(三) 预算单位零余额账户

预算单位零余额账户是指财政部门在商业银行为预算单位开设的零余额账户。它用于财政授权支付和清算。预算单位零余额账户可以办理转账、提取现金等结算业务,可以向本单位按账户管理规定保留的相应账户划拨工会经费、住房公积金及提租补贴,以及经财政部门批准的特殊款项,不得违反规定向本单位其他账户和上级主管单位、所属下级单位账户划拨资金。

(四) 预算外资金财政专户

预算外资金财政专户是指财政部门在商业银行开设的预算外资金财政专户。它用于记录、核算和反映预算外资金的收入支出活动,并用于预算外资金的日常收支清算。

(五) 特设专户

特设专户是指经国务院和省级人民政府批准或授权财政部门批准开设的特殊专户。它用于记录、核算和反映预算单位的特殊专项支出活动,并用于与国库单一账户清算。

【温馨提示】

注意国库单一账户体系中各种账户的功能的不同。

【经典例题 4.37】 （多选题）国库单一账户体系包括（　　）。

A. 预算外资金财政专户
B. 特设专户
C. 国库单一账户
D. 财政部门零余额账户

【正确答案】 ABCD

【答案解析】 本题考核国库单一账户体系的范围。本题的四个选项均属于国库单一账户体系的构成范围。

【经典例题 4.38】 （单选题）可以向单位的相应账户划拨工会经费、住房公积金及提租补贴，以及经财政部门批准的特殊款项的账户是（　　）。

A. 财政部门零余额账户
B. 预算单位零余额账户
C. 预算外资金财政专户
D. 特设专户

【正确答案】 B

【答案解析】 选项 B 预算单位零余额账户可以办理转账、提取现金等结算业务，可以向本单位按账户管理规定保留的相应账户划拨工会经费、住房公积金及提租补贴，以及经财政部门批准的特殊款项。

活动 4.3.3　财政支出的支付方式

财政性资金支出的支付实行财政直接支付和财政授权支付两种方式。

一、财政直接支付

财政直接支付是指由财政部门向中国人民银行和代理银行签发支付指令，代理银行根据支付指令通过国库单一账户体系将资金<u>直接支付到收款人</u>（即商品或劳务的供应商等，下同）<u>或用款单位</u>（即具体申请和使用财政性资金的预算单位）账户的支付方式。

按照国库集中收付制度的规定，实行财政直接支付的支出包括<u>工资支出、购买支出，以及转移支付</u>等。

二、财政授权支付

财政授权支付是指预算单位按照财政部门的授权，<u>自行向代理银行签发支付指令</u>，代理银行根据支付指令，在财政部门批准的预算单位的用款额度内，通过国库单一账户体系将资金支付到收款人账户的支付方式。

按照国库集中收付制度的规定，实行财政授权支付的支出包括：未实行财政直接支付的购买支出和零星支出；<u>单件物品或单项服务购买额不足 10 万元人民币的购买支出</u>；年度财政投资不足 50 万元人民币的工程采购支出;特别紧急的支出和经财政部门批准的其他支出。

【经典例题 4.39】 (单选题)财政支出支付方式中,由财政部向中国人民银行和代理银行签发支付指令,代理银行根据支付指令通过国库单一账户体系将资金直接支付到收款人或用款单位账户的方式称为( )。

A. 财政直接支付   B. 财政授权支付

C. 财政委托支付   D. 财政集中支付

【正确答案】 A

【答案解析】 本题考核财政支付的方式。财政直接支付是指由财政部向中国人民银行和代理银行签发支付指令,代理银行根据支付指令通过国库单一账户体系将资金直接支付到收款人或用款单位账户的支付方式。

【经典例题 4.40】 (单选题)财政收入收缴方式中,由征收机关(有关法定单位)按有关法律、法规规定,将所收的应缴收入汇总缴入国库单一账户或预算外资金财政专户的方式是( )。

A. 分次汇缴   B. 直接缴库   C. 集中汇缴   D. 汇总缴纳

【正确答案】 C

【答案解析】 本题考核财政收入收缴方式。集中汇缴是指由征收机关(有关法定单位)按有关法律、法规规定,将所收的应缴收入汇总缴入国库单一账户或预算外资金财政专户的收缴方式。

【经典例题 4.41】 (多选题)财政授权支付程序适用于( )。

A. 单件物品或单项服务购买额不足 10 万元人民币的购买支出

B. 单件物品或单项服务购买额不足 50 万元人民币的购买支出

C. 年度财政投资不足 50 万元的工程采购支出

D. 特别紧急的支出

【正确答案】 ACD

【答案解析】 本题考核财政授权支付程序的适用范围。财政授权支付程序适用于未纳入工资支出、工程采购支出,物品、服务采购支出管理的购买支出和零星支出。其适用范围包括单件物品或单项服务购买额不足 10 万元人民币的购买支出;投资额不足 50 万元人民币的工程项目支出,以及特别紧急的支出。

模 块 测 试

参考答案

一、单项选择题(本题共 20 小题,每题 1 分,共 20 分)

1. 下列关于政府采购中采购人的内部监督的说法中,错误的是( )。

A. 政府采购项目的采购标准和采购结果应当一律公开

B. 采购人选择采购程序应当符合法定要求

C. 采购人必须按照法定的采购方式和采购程序进行采购,否则中标、成交结果无效

D. 采购人选择采购方式应当符合法定要求

2. 属于本单位有特殊要求的项目,经( )批准,可以自行采购。

A. 省级以上人民政府财政部门　　　　B. 省级以上人民政府

C. 财政部　　　　　　　　　　　　D. 省级人民代表大会常委会

3. 下列选项中,不属于我国政府采购主体的是( )。

A. 国家机关　　　　　　　　　　　B. 事业单位

C. 从事公共社会活动的团体组织　　　D. 国有企业

4. 乡级政府编制的决算草案,由( )审批。

A. 国务院　　　　　　　　　　　　B. 县级以上人民政府

C. 本级人大　　　　　　　　　　　D. 县级人大

5. 下列各项中,不属于我国《预算法》规定的预算收入形式的是( )。

A. 规费收入　　　　　　　　　　　B. 征收排污费专项收入

C. 各非公有制企业之间的股权转让所得　D. 国有资产的有偿转让收益

6. 我国国家预算收入的最主要部分是( )。

A. 税收收入　　　　　　　　　　　B. 依照规定应当上缴的国有资产收益

C. 专项收入　　　　　　　　　　　D. 其他收入

7. 经过法定程序批准的国家年度财政收支计划被称为( )。

A. 国家预算　　　B. 地方预算　　　C. 地区预算　　　D. 国家决算

8. 下列各项中,属于我国国家预算的作用的是( )。

A. 资金保护作用　　　　　　　　　B. 税收保障作用

C. 支付结算作用　　　　　　　　　D. 调节制约作用

9. 我国《预算法》通过于( )年。

A. 1983　　　　B. 1994　　　　C. 1995　　　　D. 1998

10. 财政支出支付方式中,由财政部向中国人民银行和代理银行签发支付指令,代理银行根据支付指令通过国库单一账户体系将资金直接支付到收款人或用款单位账户的方式称为( )。

A. 财政直接支付　　　　　　　　　B. 财政授权支付

C. 财政委托支付　　　　　　　　　D. 财政集中支付

11. 财政部门开设的零余额账户,营业中单笔支付额在( )的,应当及时与国库单一账户清算。

A. 3 000 万元人民币以上(含 3 000 万元)

B. 3 000 万元人民币以下(含 3 000 万元)

C. 5 000 万元人民币以上(含 5 000 万元)

D. 5 000 万元人民币以下(含 5 000 万元)

12. 下列选项中,为了预算单位日常发生的一些零星分散、数额小、支付频繁的支出设置的账户是( )。

A. 小额现金账户　　　　　　　　　B. 国库单一账户

C. 预算外资金财政专户　　　　　　D. 特设专户

13. 根据政府采购法律制度的规定,采用邀请招标方式的,采购人应当从符合相应资格条件的供应商中随机邀请( )家以上的供应商,并以投标邀请书的方式,邀请其参加投标。

A. 3   B. 5   C. 10   D. 15

14. 中央预算的政府采购项目,其集中采购目录由( )确定并公布。

A. 财政部   B. 国务院

C. 全国人民代表大会   D. 全国人民代表大会常务委员会

15. 下列各项中,体现政府采购中"公开透明原则"的是( )。

A. 政府采购当事人在政府采购活动中,本着诚实、守信的态度履行各自的权利和义务

B. 将竞争机制引入采购活动中,实行优胜劣汰

C. 政府采购的投诉处理结果或司法裁定等要公开

D. 政府采购要按照事先约定的条件和程序进行,对所有供应商一视同仁

16. 各部门、各单位的预算支出,必须按照本级政府财政部门批复的预算科目和数额执行;确需做出调整的,须经( )部门同意。

A. 本级政府   B. 人大常委会

C. 本级政府财政部门   D. 国务院

17. 根据我国《预算法》的规定,( )负责审查和批准中央预算。

A. 全国人民代表大会   B. 全国人民代表大会常务委员会

C. 国务院   D. 财政部

18. 全国人民代表大会的职权不包括( )。

A. 审查中央和地方预算草案及中央和地方预算执行情况的报告

B. 批准中央预算和中央预算执行情况的报告

C. 改变或撤销全国人民代表大会常务委员会关于预算、决算的不适当的决议

D. 监督中央预算和中央预算执行情况的报告

19. 根据《预算法》的规定,下列各项中,( )负责对本级各部门决算草案进行审核。

A. 本级人民代表大会   B. 本级人民代表大会常务委员会

C. 本级政府财政部门   D. 本级政府审计部门

20. 下列表述中,违反《预算法》的规定的是( )。

A. 国家实行一级政府一级预算

B. 我国国家预算共分为四级

C. 不设区的市、自治县、市辖区作为一级预算

D. 设区的市(自治州)作为一级预算

二、多项选择题(本题共 20 小题,每题 2 分,共 40 分)

1. 下列各项中,属于政府采购监督管理部门监督检查内容的有( )。

A. 有关政府采购的法律、行政法规和规章的执行情况

B. 采购范围、采购方式和采购程序的执行情况

C. 政府采购人员的专业技能

D. 政府采购人员的职业素质

2. 根据规定,政府采购当事人包括( )。

A. 采购人   B. 采购代理机构   C. 供应商   D. 制造商

3. 政府采购法律制度包括(　　)。

A. 政府采购法　　　　　　　　　　B. 政府采购部门规章

C. 政府采购地方性法规　　　　　　D. 政府采购地方性政府规章

4. 我国《预算法》规定的预算收入形式包括(　　)。

A. 税收收入　　　B. 罚没收入　　　C. 专项收入　　　D. 规费收入

5. 国家预算的职能有(　　)。

A. 分配　　　　　B. 支付　　　　　C. 调控　　　　　D. 监督

6. 我国的预算包括(　　)。

A. 地方预算　　　B. 中央预算　　　C. 地区预算　　　D. 跨境预算

7. 根据规定,财政性资金的支付实行(　　)。

A. 财政直接支付　　　　　　　　　　B. 财政集中支付

C. 财政授权支付　　　　　　　　　　D. 财政间接支付

8. 下列账户中,属于国库单一账户体系的有(　　)。

A. 国库单一账户　　　　　　　　　　B. 特设专户

C. 财政部零余额账户　　　　　　　　D. 预算外资金专户

9. 根据《政府采购法》的规定,政府采购采用的方式包括(　　)等。

A. 公开招标　　　B. 邀请招标　　　C. 竞争性谈判　　　D. 单一来源

10. 下列有关政府采购限额标准说法中,正确的有(　　)。

A. 属于中央预算的政府采购项目,由国务院确定并公布

B. 属于地方预算的政府采购项目,由省、自治区、直辖市人民政府确定并公布

C. 属于地方预算的政府采购项目,由省、自治区、直辖市人民政府授权的机构确定并公布

D. 属于地方预算的政府采购项目,由国务院制定并公布

11. 根据规定,政府采购的原则包括(　　)。

A. 公开透明原则　　　　　　　　　　B. 公平竞争原则

C. 公正原则　　　　　　　　　　　　D. 诚实信用原则

12. 下列各项中,属于各级国家权力机关、政府及其财政审计部门对各级政府预、决算进行监督的内容有(　　)。

A. 对预算编制的监管　　　　　　　　B. 对预算执行的监管

C. 对预算调整的监管　　　　　　　　D. 对决算的监管

13. 下列各项中,属于全国人民代表大会的职权的有(　　)。

A. 批准中央预算执行情况的报告　　　B. 审查中央预算草案

C. 审查地方预算草案　　　　　　　　D. 审查地方预算执行情况的报告

14. 中央预算的编制内容包括(　　)。

A. 本级预算收入和支出　　　　　　　B. 上一年度结余用于本年度安排的支出

C. 返还或者补助地方的支出　　　　　D. 地方上解的收入

15. 下列关于国家预算的构成的说法中,正确的有(　　)。

A. 中央预算由中央各部门预算和地方各级预算组成

B. 地方各级总预算由本级预算和汇总的下一级总预算组成

C. 中央政府预算指的就是中央预算

    D. 各部门预算是由所属各单位预算组成

16. 下列关于政府采购的监督检查说法中,正确的有( )。

    A. 政府采购监督管理部门应当加强对政府采购活动及集中采购机构的监督检查

    B. 集中采购机构应当建立健全内部监督管理制度

    C. 采购人必须按照我国《政府采购法》规定的采购方式和采购程序进行采购

    D. 依照法律、行政法规的规定对政府采购负有行政监督职责的政府部门,应当按照其职责分工,加强对政府采购活动的监督

17. 下列各项中,属于县级以上地方各级人民代表大会常务委员会职权的有( )。

    A. 监督本级总预算的执行

    B. 审查和批准本级预算的调整方案

    C. 审查和批准本级政府决算

    D. 撤销本级政府和下一级人民代表大会及其常务委员会关于预算、决算的不适当的决定、命令和决议

18. 下列关于决算的说法中,正确的有( )。

    A. 各部门对所属各单位的决算草案,应当审核并汇总编制本部门的决算草案,在规定的期限内报本级政府财政部门审核

    B. 各级政府财政部门对本级各部门决算草案审核后发现有不符合法律、行政法规规定的,有权予以纠正

    C. 各级政府决算经批准后,财政部门应当向本级各部门批复决算

    D. 地方各级政府应当将经批准的决算,报上一级政府备案

19. 下列关于国库单一账户体系的表述中,正确的有( )。

    A. 涵盖了所有财政性资金的管理

    B. 既借鉴了市场经济国家财政国库管理制度的经验,又考虑了现阶段的具体国情

    C. 体现改革方案的系统性和前瞻性,为今后改革向纵深发展留有余地

    D. 考虑了历史遗留问题和新旧体制转换过程中的衔接问题,方便了操作和单位用款

20. 我国国家预算的构成包括( )。

    A. 中央预算   B. 地方预算

    C. 总预算   D. 部门单位预算

三、判断题(本题共 20 小题,每题 1 分,共 20 分)

1. 政府采购监督管理部门应当加强对政府采购活动及集中采购机构的监督检查。 ( )

2. 集中采购机构是进行政府集中采购的法定代理机构,由设区的市、自治州以上人民政府根据本级政府采购项目组织集中采购的需要设立。 ( )

3. 政府采购法律制度是调整各级国家机关、事业单位和团体组织,使用财政性资金依法采购货物、工程和服务的活动的法律规范的总称。 ( )

4. 决算,在形式上是对年度预算收支执行结果的会计报告。 ( )

5. 工商机关查获企业违法经营行为并进行处罚取得的罚没收入不属于我国预算收入范围。 ( )

6. 国家预算作为财政分配和宏观调控的主要手段,具有分配、调控和监督职能。 ( )

7. 国家预算也称政府预算,是指经过法定程序批准的国家年度财政收支计划。 ( )

8. 我国《预算法实施条例》于 1995 年 11 月 22 日由国务院颁布。（　　）

9. 财政性资金的支付实行财政直接支付和财政授权支付两种方式。（　　）

10. 国库集中收付制度是指以国库单一账户体系为基础,将所有财政性资金都纳入国库单一账户体系管理,收入直接缴入国库和财政专户,支出通过国库单一账户体系支付到商品和劳务供应者或用款单位的一项国库管理制度。（　　）

11. 邀请招标应作为政府采购的主要采购方式。（　　）

12. 政府采购实行集中采购和分散采购相结合。集中采购的范围由省级以上人民政府公布的集中采购目录确定。（　　）

13. 公开透明要求政府采购的信息和行为不仅要全面公开,而且要完全透明。（　　）

14. 全国人大及其常委会对中央和地方预算、决算进行监督。（　　）

15. 根据我国《预算法》的规定,中央预算由国有资产监督管理机构统一负责审查和批准。（　　）

16. 明确划分预算职权,是保证依法管理预算的前提条件。（　　）

17. 中央预算不包括军队和政党组织的预算。（　　）

18. 我国国家预算实行一级政府一级预算。现设立中央、省(自治区、直辖市),设区的市(自治州)、县(不设区的市、自治县、市辖区)、乡(民族乡、镇)五级预算。（　　）

19. 政府采购当事人不得相互串通损害国家利益、社会公共利益和其他当事人的合法权益;不得以任何手段排斥其他供应商参与竞争。（　　）

20. 对于竞争性谈判方式,谈判文件有实质性变动的,谈判小组应当以书面形式或者口头通知所有参加谈判的供应商。（　　）

四、案例分析题(本题共 2 题,每题 5 小题,每小题 2 分,共 20 分)

(一) 在一次关于国家预算研讨会上,参会代表分别做出如下发言:

甲:国家预算是指经法定程序批准的、国家在一定期间内预定的财政收支计划,是国家进行财政分配的依据和宏观调控的重要手段。国家预算在经济生活中主要起到财力保证、调节制约、统计和反映监督的作用。

乙:我国的国家预算实行一级政权一级预算的多级次预算。

丙:我国社会主义国家预算是具有法律效力的基本财政计划,是国家为了实现政治经济任务,有计划地集中和分配财政收入的重要工具,是国家经济政策的反映。

丁:我国的预算收入主要采取无偿划拨的形式,是社会主义经济的内部积累;我国的预算支出,主要用于经济建设和文化、教育、科学、卫生以及社会福利事业等。

戊:部门单位预算是由本部门所属各单位预算组成,各单位预算草案由其主管部门负责编制。

己:部门单位预算应具体由各预算部门和单位编制,是总预算的基础。

庚:我国国家预算级次结构是依据国家政权结构、经济发展区域规划、行政区域划分和财政管理体制设计的。

根据以上资料,请回答如下问题:

1. 下列甲代表关于国家预算在经济生活中的作用的发言中,正确的为(　　)。

A. 统计作用　　　　　　　　　　B. 财力保证作用

C. 反映监督作用　　　　　　　　D. 调节制约作用

2. 结合乙代表发言,下列有关我国现行国家预算实行级次的表述中,正确的为( )。

A. 三级预算　　　　　　　　　　B. 五级预算

C. 四级预算　　　　　　　　　　D. 六级预算

3. 下列代表的发言中,不正确的为( )。

A. 丁:我国的预算支出,主要用于经济建设和文化、教育、科学、卫生以及社会福利事业等

B. 丁:我国的预算收入主要采取无偿划拨的形式,是社会主义经济的内部积累

C. 甲:国家预算是指经法定程序批准的、国家在一定期间内预定的财政收支计划

D. 丙:我国社会主义国家预算是具有法律效力的基本财政计划

4. 下列代表关于部门单位预算的发言中,不正确的为( )。

A. 戊:部门单位预算由本部门所属各单位预算组成

B. 戊:各单位预算草案由其主管部门负责编制

C. 己:部门单位预算由各预算部门和单位编制

D. 己:部门单位预算是总预算的基础

5. 结合庚代表的发言,下列各项中,属于我国国家预算级次结构设计依据的为( )。

A. 经济发展区域规划　　　　　　B. 国家政权结构

C. 行政区域划分　　　　　　　　D. 财政管理体制

(二)乙单位是实行国库集中支付的事业单位,经批准,乙单位的工资支出和设备购置实行财政直接支付,日常办公及零星支出实行财政授权支付。2018年2月,审计机构对该单位财政资金使用进行检查,发现以下问题:

(1)4月,该单位通过零余额账户向上级单位基本户划转资金15万元,用于为上级单位员工购买个人商业保险。

(2)8月,该单位通过零余额账户向下级单位基本户划拨资金50万元,用于为下级单位支付设备采购款。

(3)11月,乙单位购买办公用品,通过零余额账户向本单位在商业银行开设的基本户转账17万元,再通过基本户支付采购款项。

(4)12月,该单位使用财政性资金购买了一台大型专用设备,该单位通过零余额账户向本单位其他户转账80万元,再通过单位基本户向供应商支付设备款。

要求:根据上述资料,回答下列问题:

6. 下列各项中,属于国库单一支付方式的有( )。

A. 财政集中汇缴　　　　　　　　B. 财政直接缴库

C. 财政授权支付　　　　　　　　D. 财政直接支付

7. 下列关于该单位事项表述中,错误的有( )。

A. 通过零余额账户向本单位基本划拨资金,再通过基本户支付本单位大型设备的价款

B. 通过零余额账户向上级单划转资金,为上级单位员工购买个人商业保险

C. 通过零余额账户向本单位基本户划转资金,再通过基本户支付本单位日常零星支出

D. 通过零余额账户向下级单划转资金,为下级单位购买设备

8. 下列关于该单位使用零余额账户的表述中,正确的有( )。

A. 通过零余额账户提取现金,用于支付本单位的日常办公零星支出

B. 通过零余额账户转账支付按规定应采用财政直接支付方式发放的职工工资

C. 通过零余额账户转账支付本单位的日常办公零星支出

D. 通过零余额账户向本单位按账户规定保留的相应账户划拨工会经费

9. 下列银行账户体系中,不应通过财政直接支付的账户为(　　)。

A. 该单位在商业银行开设的基本户

B. 财政部门在商业银行为该单位开设的零余额账户

C. 财政部门在商业银行开设的预算外资金财政专户

D. 财政部门按资金使用性质在商业银行开设的零余额账户

10. 下列关于该单位实行财政直接支付方式的表述中,正确的为(　　)。

A. 该单位进行财政直接支付时应先按批复的部门预算和资金使用计划向财政国库支付
机构执行机构提出支付申请

B. 财政直接支付中代理银行应根据财政部门支付指令通过国库单一账户体系将资金直
接支付到该单位账户

C. 财政直接支付应由财政部门向中国人民银行和代理银行签发支付指令

D. 财政直接支付中财政部门应根据支付指令通过国库单一账户体系将资金直接支付到
该单位账户

模块 5

会计职业道德

【考核目标】
1. 理解并掌握会计职业道德的概念。
2. 理解并掌握会计职业道德规范的主要内容。
3. 理解并掌握会计职业道德建设组织与实施。
4. 理解并掌握会计职业道德的检查与奖惩。

【实践目标】
1. 能够区分会计职业道德与会计法律制度。
2. 能够区分会计职业道德规范的主要内容。
3. 能够运用会计职业道德规范的主要内容进行案例分析。

【知识点思维导图】

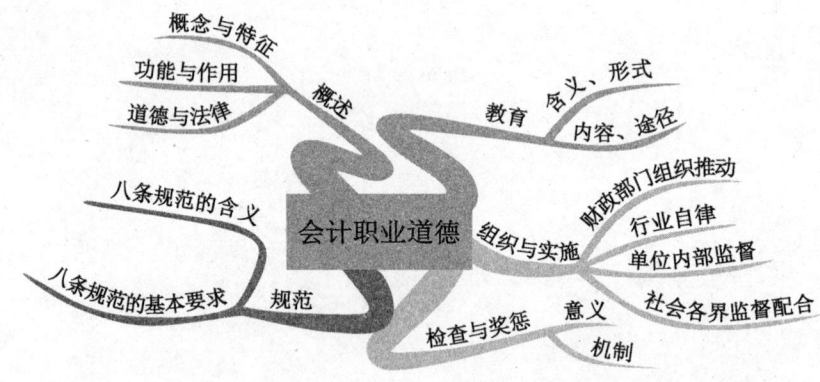

任务 5.1　会计职业道德概述

 ## 活动 5.1.1　会计职业道德的概念与特征

一、会计职业道德的概念

会计职业道德是指在会计职业活动中应当遵循的、体现会计职业特征的、调整会计职业关系的职业行为准则和规范。

会计职业道德的含义可以从以下三个方面来理解：

（1）会计职业道德是调整会计职业活动中各种利益关系的手段。在会计的职业活动中存在很多种关系，如单位与单位的关系、单位与国家的关系、单位与投资人的关系、单位与债权人的关系、单位与职工的关系、单位内部各部门之间的关系、单位与社会公众之间的关系等，都会在会计的职业生活中出现。为何会出现这些关系呢？这是由会计工作的性质决定的。如何在会计的职业活动中处理好这些关系？就需要有相应的法律、法规和规章制度去约束这些经济关系，但经济关系的实质就是经济利益关系，需要相应的职业道德去调整这些经济利益关系。会计道德在会计职业活动中可以配合国家法律制度，调整职业关系中的经济利益关系，维护正常的经济秩序。

在我国社会市场经济建设中，当各经济主体的利益与国家利益、社会公众利益发生冲突的时候，会计职业道德不允许通过损害国家和社会公众利益而获取违法利益，但允许个人和各经济主体获取合法的自身利益。

（2）会计职业道德具有相对稳定性。每一种职业都有自己特定的职业要求，会计又是一种专业技术性很强的职业。在其对单位经济事项进行确认、计量、记录和报告中，会计标准的涉及、会计政策的制定、会计方法的选择，都必须遵循其内在的客观经济规律和要求。由于人们面对的是共同的客观经济规律，因此，会计职业道德在社会经济关系不断变迁中，始终保持自己的相对稳定性。

（3）会计职业道德具有广泛的社会性。在所有权和经营权相分离的情况下，会计不仅要为政府机构、企业管理者、金融机构等提供符合质量要求的会计信息，而且要为投资者、债权人及社会公众服务。会计作为一个信息系统，其服务的对象涉及的社会面较广，其提供的会计信息是公共产品，会计职业道德的优胜劣汰将影响国家和社会公众的利益。所以，会计信息质量将直接影响着社会经济的发展和社会经济秩序的健康运行，会计职业道德必然受到社会的关注，具有广泛的社会性。

【特别提醒】

会计职业道德调整的是会计职业活动中各种利益关系，它具有相对的稳定性和广泛的社会性。

二、会计职业道德的特征

（一）具有一定的强制性

道德一般不具有强制性，但是由于会计工作在市场经济活动中的特殊地位，会计职业道德就具有一定的强制性。例如，在我国，会计职业道德中的许多内容都直接纳入会计法律制度中，使得它具有一定的强制性，如我国《会计法》《会计基础工作规范》中就规定了会计职业道德的内容和要求。当然，会计职业道德中也有非强制性的内容，如爱岗敬业、提高技能、参与管理、强化服务等。

（二）较多关注公众利益

会计职业的一个显著特征就是会计职业活动与社会公众利益密切联系。会计人员自身的经济利益往往与其所处的经济主体的利益一致，当经济利益和主体利益与国家利益和社会公众利益发生矛盾时，会计人员的利益指向如果偏向经济主体，国家和社会公众的利益就会受损，便产生了会计职业道德危机。所以在会计职业活动中，要求会计人员客观公正，发生道德冲突时要坚持准则，把社会公众利益放在第一位。

【经典例题 5.1】 （判断题）当单位利益与社会公共利益发生冲突时，会计人员应首先考虑单位利益，其次再考虑社会公众利益。   （   ）

【正确答案】 错

【答案解析】 当单位利益与社会公共利益发生冲突时，会计人员应首先考虑社会公众利益，而不是单位利益。

【经典例题 5.2】 （多选题）下列关于会计职业道德的表述中，正确的有（   ）。

A. 会计职业道德是指在会计职业活动中应当遵循的、体现会计职业特征的、调整会计职业关系的职业行为准则和规范

B. 会计职业道德不允许通过损害国家和社会公众利益而获取违法利益，但允许个人和各经济主体获取合法的自身利益

C. 在会计职业活动中，发生道德冲突时要坚持准则，把社会公众利益放在第一位

D. 会计职业道德不具有强制性

【正确答案】 ABC

【答案解析】 本题考核会计职业道德。选项 D 表述错误，会计职业道德具有一定的强制性。

活动 5.1.2 会计职业道德的功能与作用

一、会计职业道德的功能

会计职业道德具有指导、评价、教化三种功能

（一）指导功能

指导功能是指会计职业道德指导会计人员会计行为的功能。在实际工作中，会计职业道德不仅规范会计人员、约束会计人员的各种职业行为，还通过规范性的要求来指导会计人员正确认识会计生活中的各种道德关系，正确地选择自己的职业行为。

（二）评价功能

评价功能是指根据会计职业道德对会计人员的行为进行客观的评判和认定的功能。在会计职业生活中，职业道德是最公正的评价标准，如果会计人员遵守会计职业道德，就会得到社会正面的评价或者赞许，给自己带来好的名声；如果会计人员违背会计道德，社会给予的会是

谴责评价,周围的人也会对他谴责,促使会计人员感到羞愧和内疚,从而形成一种社会压力,进而约束他的行为。

(三)教化功能

教化功能是指会计职业道德对会计人员具有教育和感化的功能。会计职业道德内化为会计人员行为的自觉要求,使得会计人员在工作中自觉遵守会计职业道德规范。会计职业道德不仅明确了会计人员会计行为方面的要求,还明确了会计人员自身素质方面的要求,能否遵守会计职业道德是会计人员素质高低的体现,高素质的会计人员必然是遵守会计职业道德规范的典范,促使其他会计人员的效仿,能起到积极的教育和引导作用。

二、会计职业道德的作用

会计职业道德具有如下作用:

(1)会计职业道德是规范会计行为的基础。

(2)会计职业道德是实现会计目标的重要保证。

(3)会计职业道德是对会计法律制度的重要补充。

(4)会计职业道德提高会计人员职业素养的内在要求。

活动 5.1.3　会计职业道德与会计法律制度

一、会计职业道德与会计法律制度的联系

会计职业道德、会计法律制度有着共同的目标、相同的调整对象,承担着同样的职责,两者联系密切。

(一)两者作用上相互补充、相互协调

在规范会计行为中,不可能完全依靠会计法律制度的强制功能而忽略会计职业道德的教化功能。会计行为不可能都能用会计法律制度来约束和规范,不需要或不宜由会计法律制度进行规范的行为,可通过会计职业道德来进行规范,起到相互补充、相互协调的作用。

(二)两者内容上相互借鉴、相互吸收

会计法律制度中含有会计职业道德规范的内容;同样,会计职业道德规范中也包含会计法律制度的某些条款。最开始的会计职业道德就是由会计职业行为约定俗成的,后来制定的相关会计法律制度吸收了基本要求。

总的来说,会计法律制度是会计职业道德的"最低"要求,会计职业道德是对会计法律制度的重要补充。

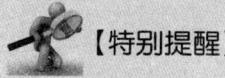【特别提醒】

会计法律制度是会计职业道德的"最低"要求,会计职业道德是对会计法律制度的重要补充。

二、会计职业道德与会计法律制度的区别

(一) 两者性质不同

(1) 会计法律制度通过国家机器强制执行,具有很强的他律性。

(2) 会计职业道德主要依靠会计从业人员的自觉性,具有很强的自律性。

(二) 两者作用范围不同

(1) 会计法律制度侧重于调整会计人员的外在行为和结果的合法化,具有较强的客观性。

(2) 会计职业道德则不仅要求调整会计人员的外在行为,还要调整会计人员内在的精神世界,具有较强的主观性。

(三) 两者表现形式不同

(1) 会计法律制度是通过一定的程序由国家立法部门或行政管理部门制定、颁布和修改的,其表现形式是具体的、明确的、正式形成文字的成文条例。

(2) 会计职业道德出自会计人员的职业生活和职业实践,日积月累,约定俗成。其表现形式既有明确的成文规定,也有不成文的规范,较高层次的职业道德,存在于人们的意识和信念之中。

(四) 两者实施保障机制不同

(1) 会计法律制度由国家强制力保障实施。

(2) 会计职业道德既有国家法律的要求,又需要会计人员的自觉遵守。

(五) 两者评价标准不同

(1) 会计法律制度是以会计人员享有的权利和义务为标准来判定其行为是否违法。

(2) 会计职业道德则以善恶为标准来判定人们的行为是否违背道德规范。

【经典例题5.3】 (多选题)下列关于会计职业道德和会计法律制度关系的观点中,正确的有(   )。

A. 两者在实施过程中相互作用

B. 会计法律制度是会计职业道德的最低要求

C. 违反会计法律制度一定违反会计职业道德

D. 违反会计职业道德也一定违反会计法律制度

【正确答案】 ABC

【答案解析】 会计法律制度是会计职业道德的最低要求,违反会计法律制度一定违反会计职业道德,违反会计职业道德不一定违反会计法律制度。

任务5.2 会计职业道德规范的主要内容

会计职业道德规范主要包括以下八条规范:爱岗敬业,诚实守信,廉洁自律,客观公正,坚持准则,提高技能,参与管理,强化服务。

活动 5.2.1　爱 岗 敬 业

一、爱岗敬业的含义

爱岗敬业是指忠于职守的事业精神。这是会计职业道德的"基础"。其中,爱岗是指会计人员热爱本职工作,安心本职岗位,并为做好本职工作尽心尽力、尽职尽责;敬业是指人们对其所从事的会计职业或行业的正确认识和恭敬态度,并用这种严肃恭敬的态度,认真地对待本职工作,将身心与本职工作融为一体。

【特别提醒】

"爱岗"是"敬业"的基石,"敬业"是"爱岗"的升华。

二、爱岗敬业的基本要求

(1) 正确认识会计职业,树立职业荣誉感。

(2) 热爱会计工作,敬重会计职业。树立"干一行,爱一行"的思想。

(3) 安心工作,任劳任怨。

(4) 严肃认真,一丝不苟。要把好关、守好口,绝不能有"都是熟人不会错"的麻痹思想和"马马虎虎"的工作作风。

(5) 忠于职守,尽职尽责。忠于职守主要表现为忠实于服务主体、忠实于社会公众、忠实于国家三个方面。

【经典例题 5.4】　**(多选题)**下列各项中,体现会计职业道德关于"爱岗敬业"要求的有(　　)。

A. 工作一丝不苟　　　B. 工作尽职尽责　　　C. 工作精益求精　　　D. 工作兢兢业业

【正确答案】　ABCD

【答案解析】　本题考核爱岗敬业的要求。

活动 5.2.2　诚 实 守 信

一、诚实守信的含义

诚实是指言行跟内心思想一致,不弄虚作假、不欺上瞒下,做老实人、说老实话、办老实事。守信是指遵守自己所做出的承诺,讲信用,重信用,信守诺言,保守秘密。

中国现代会计学之父潘序伦先生认为,"诚信"是会计职业道德的重要内容。他终身倡导:"信以立志,信以守身,信以处事,信以待人,毋忘'立信',当必有成。"

【特别提醒】

诚实守信是做人的基本准则,是最"根本"的道德规范,也是会计职业道德的"精髓"。

二、诚实守信的基本要求

(1) 做老实人,说老实话,办老实事,不搞虚假。

(2) 保密守信,不为利益所诱惑。其中,"密"是指秘密,即国家秘密、商业秘密、个人隐私。

(3) 执业谨慎,信誉至上。

【经典例题5.5】 (单选题)中国现代会计学之父潘序伦先生倡导:"信以立志,信以守身,信以处事,信以待人,毋忘'立信',当必有成。"这句话体现的会计职业道德内容的是( )。

A. 坚持准则 B. 客观公正 C. 诚实守信 D. 廉洁自律

【正确答案】 C

【答案解析】 "信以立志,信以守身,信以处事,信以待人,毋忘'立信',当必有成。"这句话体现了诚实守信。

活动 5.2.3 廉洁自律

一、廉洁自律的含义

廉洁是指不收受贿赂,不贪污钱财,保持清白。自律是指自我约束、自我控制、自觉地抵制自己的不良欲望。廉洁是自律的基础,自律是廉洁的保证。

【特别提醒】

廉洁自律是会计职业道德的"前提",是会计职业道德的"内在要求",是会计职业声誉的"试金石"。

二、廉洁自律的基本要求

(1) 树立正确的人生观和价值观。会计人员应自觉抵制享乐主义、个人主义、拜金主义等错误的思想。

(2) 公私分明,不贪不占。公私分明是指严格划分公私界线,公是公,私是私,要做到"常在河边走就是不湿鞋"。不贪不占是指会计人员不贪、不占、不收礼、不同流合污,要做到"打铁需要自身硬"。

(3) 遵纪守法,一身正气。

【经典例题5.6】 (单选题)"理万金分文不沾。""常在河边走,就是不湿鞋。"这两句话体现的会计职业道德是( )。

A. 参与管理 B. 廉洁自律 C. 提高技能 D. 强化服务

【正确答案】 B

【答案解析】 廉洁是指不收受贿赂,不贪污钱财,保持清白。自律是指自我约束、自我控制、自觉地抵制自己的不良欲望。本题中的两句话都体现了廉洁自律。

活动 5.2.4 客 观 公 正

一、客观公正的含义

客观是指按事物的本来面目去反映,不掺杂个人的主观意愿,也不为他人意见所左右。公正是指平等、公平正直,没有偏失。客观是公正的基础,公正是客观的反映。

【特别提醒】

客观公正是会计职业道德追求的"理想目标"。

二、基本要求

(1) 依法办事。依法办事是保证会计工作客观公正的前提。

(2) 实事求是。

(3) 如实反映。

客观公正贯穿于会计活动的整个过程:一是会计核算过程的客观公正;二是最终结果的公正。

【经典例题5.7】 **(多选题)**下列有关会计职业道德"客观公正"的表述中,正确的有( )。

A. 依法律办事是会计工作保证客观公正的前提

B. 扎实的理论功底和较高的专业技能是做到客观公正的重要条件

C. 在会计工作中客观是公正的基础,公正是客观的反映

D. 会计活动的整个过程保持独立

【正确答案】 ABCD

【答案解析】 本题考核客观公正的内容。

活动 5.2.5 坚 持 准 则

一、坚持准则的含义

坚持准则是指会计人员在处理业务过程中,严格按照会计法律制度办事,不为主观或他人意志所左右。

【特别提醒】

(1) 这里所说的"准则"不仅指会计准则,而且包括会计法律、国家统一的会计制度以

（续上）

> 及与会计工作相关的法律制度。
>
> （2）坚持准则是会计职业道德的"核心"。

二、坚持准则的基本要求

（1）熟悉准则。

（2）遵循准则。

（3）敢于同违法行为做斗争。

【**经典例题5.8**】 **（多选题）**会计职业道德的内容中有"坚持准则"一项,这里的"准则"是指（   ）。

A. 会计准则   B. 会计法律

C. 会计行政法规   D. 与会计相关的法律制度

【**正确答案**】 ABCD

【**答案解析**】 这里所说的"准则"不仅指会计准则,而且包括会计法律、国家统一的会计制度以及与会计工作相关的法律制度。

活动 5.2.6　提 高 技 能

一、提高技能的含义

提高技能是指会计人员通过学习,培训和实践等途径,持续提高会计职业技能,以达到和维持足够的专业胜任能力的活动。

> **【特别提醒】**
>
> 提高技能是会计人员的义务,也是在执业活动中"做到客观公正、坚持准则的基础",是"参与管理的前提"。

会计职业技能包括:会计理论水平、会计实务能力、职业判断能力、自动更新知识能力、提供会计信息能力、沟通交流能力以及职业经验等。

二、提高技能的基本要求

（1）具有不断提高会计专业技能的意识和愿望。

（2）具有勤学苦练的精神和科学的学习方法。

【**经典例题5.9**】 **（判断题）**就会计职业而言,提高技能不仅包括会计理论水平、会计实务能力等正面技能,还要包括如何避税,如何隐瞒收入的反面技能。　　　　　（　　）

【正确答案】　错

【答案解析】　避税是不合法的,不是会计职业道德提高技能的内容。

活动 5.2.7　参 与 管 理

一、参与管理的含义

参与管理,简单地说就是"间接"参加管理活动,为管理者当参谋,为管理活动服务。

二、参与管理的基本要求

(1)努力钻研业务,熟悉财经法规和相关制度,提高业务技能,为参与管理打下坚实的基础。

(2)熟悉服务对象的经营活动和业务流程,使参与管理的决策更具针对性和有效性。

【经典例题 5.10】　(判断题)会计人员刘某认为,会计工作只是记记账、算算账、与单位经营决策关系不大,没有必要要求会计人员参加管理。　　　　　　　　　　　(　　)

【正确答案】　错

【答案解析】　刘某的观点是错误的。如果没有会计人员的积极参与,企业的经营管理就会出现问题,决策就可能出现失误。

活动 5.2.8　强 化 服 务

一、强化服务的含义

强化服务是指要求会计人员具有文明的服务态度、强烈的服务意识和优良的服务质量。会计职业强化服务的结果,就是奉献社会。如果说爱岗敬业是会计职业道德的出发点,那么,强化服务、奉献社会就是会计职业道德的"归宿"点。

【特别提醒】

强化服务是会计职业道德的归宿。

二、强化服务的基本要求

(1)强化服务意识。

(2)提高服务质量。

【特别提醒】

质量上乘,并非是无原则地满足服务主体的需要,而是在坚持原则、坚持会计准则的

（续上）

基础上尽量满足用户或服务主体的需要。

【经典例题5.11】 （判断题）在会计工作中一定要提供上乘的服务质量，不管服务主体提供什么样的要求，会计人员都要尽量满足服务主体的需要。 （ ）

【正确答案】 错

【答案解析】 质量上乘，并非是无原则地满足服务主体的需要，而是在坚持原则、坚持会计准则的基础上尽量满足用户或服务主体的需要。

任务5.3 会计职业道德教育

活动5.3.1 会计职业道德教育的含义

一个人的道德品质并不是与生俱来的，需要后天的培养。会计职业道德是一种教育性的道德影响活动，是通过一定的教育方式和方法，把会计职业道德的观念灌输到会计人员的脑海里，逐渐培养其职业道德的情感，进而对他们的行为进行约束。

会计职业道德教育是根据会计工作的特点，有目的、有组织、有计划地对会计人员施加系统的会计职业道德影响，促使会计人员形成会计职业道德品质，履行会计职业道德义务的活动。

活动5.3.2 会计职业道德教育的形式

会计职业道德教育的形式分为接受教育（外在教育）和自我修养（内在教育）两种形式。

一、接受教育

接受教育即外在教育，是指通过学校或培训单位对会计人员进行以职业责任、职业义务为核心内容的正面灌输，从而规范其执业行为，维护国家和社会公共利益的教育。

二、自我修养

自我修养即内在教育，是相对于接受教育而言的，是会计人员自我学习、提高自身修养的行为活动。例如，会计人员通过自身的学习，把外在的会计职业道德的内容要求逐步转变为自己内在的职业道德认知、情感、信念。

活动5.3.3 会计职业道德教育的内容

会计职业道德教育的主要任务是帮助和引导会计人员培养会计职业道德情感，树立会计职业道德信念,遵守会计职业道德规范,使会计人员懂得什么是对的,什么是错的,什么是应该做的,什么是不应该做的。其具体内容如图 5-1 所示。

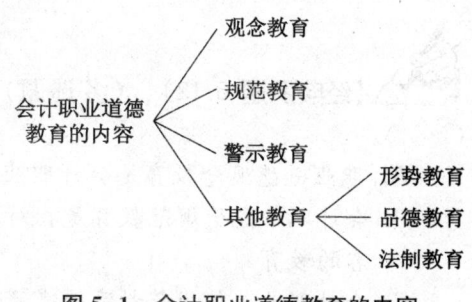

图 5-1 会计职业道德教育的内容

一、观念教育

会计职业道德观念教育应通过广播、电视、网络、报纸、杂志等多种形式,广泛宣传会计职业道德的基本内容,让广大会计人员懂得什么是会计职业道德的内容,认识它对社会经济秩序有什么影响,对会计信息质量有什么重大影响;懂得违反会计道德会受到什么样的惩罚和谴责,进一步达到使会计人员对会计职业道德形成一个认知观念,在行为上督促自己坚守会计职业道德。

【特别提醒】

"普及会计职业道德基础知识",是会计职业道德教育的"基础"。

二、规范教育

会计职业道德规范教育是指对会计人员开展"以会计职业道德规范为内容"的教育。会计职业道德规范的主要内容是:爱岗敬业、诚实守信、廉洁自律、客观公正、坚持准则、提高技能、参与管理、强化服务。

【特别提醒】

会计职业道德规范的主要内容是会计职业道德教育的"核心",应贯穿于会计职业道德教育的始终。

三、警示教育——增强法律意识和道德观念

会计职业道德警示教育是指对通过开展对违法会计行为进行典型案例讨论,给会计人员以警示和启发的教育。在教育的过程中,根据不同的教育对象,选择相对应的典型案例进行分析讲解,开展广泛深入的讨论,从而增强会计人员的法律意识和道德观念。

【特别提醒】

会计职业道德警示教育是进一步增强会计人员的法律意识和道德观念。

四、其他教育

其他与会计职业道德相关的教育包括形势教育、品德教育、法制教育等。

【经典例题 5.12】 （多选题）下列关于会计职业道德教育内容说法中，错误的有（   ）。

A. 职业道德观念教育是会计职业道德教育的核心

B. 会计职业道德规范教育是指对会计人员开展以会计法律制度、会计职业规范为主要内容的教育

C. 会计职业道德规范教育应贯穿于会计职业道德教育的始终

D. 会计职业道德警示教育是为了提高会计人员的法律意识和会计职业道德观念

【正确答案】 AB

【答案解析】 会计职业道德规范教育是指对会计人员开展以会计职业道德规范为内容的教育，是会计职业道德教育的核心。

活动 5.3.4　会计职业道德教育的途径

在会计职业道德教育中，只要是能够提高会计人员职业道德的水平，坚定会计人员职业道德信念的，都属于会计职业道德教育的途径，教育途径多种多样。目前，我国会计职业道德教育的途径有以下两个。

一、接受教育途径

接收教育途径包括岗前职业道德教育和岗位职业道德继续教育。

（一）岗前职业道德教育

岗前职业道德教育是指对将要从事会计职业的人员进行的道德教育，包括以下两个方面：

（1）会计学历教育中的职业道德教育。它是指对大中专院校的在校学生进行会计职业道德教育。在大中专院校会计类专业就读的学生，是会计队伍的预备军，他们当中的大多数人将来是要进入会计队伍，并从事会计工作的。对他们进行会计职业道德观念认知、会计职业道德情感的培养教育，是对大中专院校会计类专业学生进行会计职业道德教育的重要环节，在会计职业道德教育中具有基础性地位。

（2）获取会计从业资格中的职业道德教育。它是指对从事会计职业的人员进入会计职业岗位前进行的职业道德教育。会计职业的特殊性要求从事该职业的人员必须了解其职业道德规范，树立良好的道德观念，具有良好的职业道德素质。只有这样，才能指引和约束会计人员的会计行为符合会计职业道德规范的要求，利于保证会计信息的真实性和完整性，维护社会主义市场秩序。

（二）岗位职业道德继续教育

会计人员岗位职业道德继续教育是指对从业的会计人员进行一定形式、有组织的、知识更新的教育和培训活动。岗位职业道德继续教育是岗前职业道德教育的延续，是强化会计职业道德教育的有效形式。会计职业道德教育应贯穿于整个会计人员继续教育的始终，在不断更新、补充、拓展会计人员业务能力的同时，使其政治素质、职业道德水平不断提高。

【特别提醒】

会计职业道德教育应贯穿于整个会计人员继续教育的始终。

二、自我修养的途径

会计职业道德的自我修养是指会计人员在社会实践中不断磨炼，只有通过不断的自我锻炼，才能不断地提高会计职业道德修养。进行自我修养的途径有慎独慎欲、慎省慎微和自警自励等方法。

（一）慎独慎欲

慎独是指在独立工作、无人监督的情况下仍能坚持自觉地按照道德准则去办事。慎独既是一种道德修养方法，又是一种很高的道德境界。

慎欲是指用正当的手段获得物质利益。

【温馨提示】

慎欲需做到以下两点：

（1）要把国家、社会公众和集体利益放在首位，在追求自身利益的时候，不损害国家和他人利益。

（2）做到节欲，对利益的追求要适度适当，要合理合法，反对不正当手段达成利己的目的。

（二）慎省慎微

慎省是指通过自我反思、自我反省、自我总结而发扬长处、克服短处，不断地自我升华、自我超越。

慎微是指在微处、小处自律，从微处小处着眼，积小善成大德。俗话说，"千里之堤，溃于蚁穴。"所以会计人员要从小事做起，日积月累，从而获得良好的信誉，不然会在不知不觉中偏离了会计职业道德的轨道。

（三）自警自励

自警是指随时警醒、告诫自己，要警钟长鸣，防止各种不良思想对自己的侵袭。在工作中，会计人员难免会受到各种各样的诱惑，要时时刻刻提醒自己，自我告诫，不能违反会计法律制度，也不能违背会计职业道德。

自励是指以崇高的会计职业道德理想、信念激励自己、教育自己。在人的一生中总会遇到许许多多的困难，遇到困难要自我勉励、自我鼓励，勇敢地战胜遇到的各种困难。

【经典例题 5.13】 （多选题）会计职业道德教育的途径有（　　　）。

A. 在学历教育中进行职业道德教育

B. 在会计继续教育中进行职业道德教育

C. 利用国家强力实施会计职业道德教育

D. 参加会计师职称与考试

【正确答案】 AB

【答案解析】 本题考核会计职业道德教育的途径。我国会计职业道德教育途径包括两个方面:一是岗前职业道德教育;二是岗位职业道德继续教育。

任务5.4 会计职业道德建设的组织与实施

 活动 5.4.1 财政部门的组织推动

一、采用多种形式开展会计职业道德宣传教育

我国《会计法》规定,县级以上财政部门管理本行政区域内的会计工作。所以,各级财政部门应有计划、有步骤地开展会计职业道德的宣传教育工作,要结合本地区的实际情况,制订切实可行的教育计划进行宣传,并采取灵活多样的宣传形式,如举办学术论坛、有奖征文、演讲比赛、知识竞赛等多种形式的活动,引导广大会计人员积极参与会计职业道德教育活动,要充分利用多种媒体,广泛宣传遵守会计职业道德的先进典范,弘扬正气,树立诚实守信等会计新风尚,发挥思想文化阵地在职业道德建设中的作用,在全社会营造会计职业道德建设的良好氛围。

二、会计职业道德建设与会计专业技术资格信息化管理相结合

会计专业技术资格考试管理机构应对参加考试报名的会计人员的职业道德情况进行检查,因为我国会计专业职务对报考人员需遵守会计职业道德情况提出了要求,所以当审查发现有报考人员不遵循会计职业道德的记录,应取消其报名资格。各单位在聘任会计人员专业技术职务时,除必须具备同级专业技术资格外,也应考察其遵守职业道德情况。

将会计职业道德奖惩与会计专业技术资格的考评、聘用联系起来,必将促使广大会计人员重视自己的职业道德形象,在日常的学习工作中不断提高自身的职业道德修养。

三、会计职业道德建设与《会计法》执法检查相结合

财政部门作为《会计法》的执法主体,可以依法对单位执行会计法律、法规、国家统一会计制度情况及会计信息质量情况进行检查;在开展《会计法》执法检查的同时,也对会计人员是否遵守职业道德情况进行检查。

四、会计职业道德建设与会计人员表彰奖励制度相结合

《会计法》规定:"对认真执行本法,忠于职守,坚持原则,做出显著成绩的会计人员,给予精神的或者物质的奖励。"通过对自觉遵守会计职业道德的优秀会计工作者进行表彰、宣传,可以使受奖者感到对遵守道德规范的回报和社会肯定,增强会计人员的职业荣誉感,调动会计人员

的工作积极性和开拓创新的精神，从而促使其强化职业道德行为。

活动 5.4.2　会计行业的自律

由于我国会计职业组织建立较晚，自律性监管还比较薄弱，所以，应充分发挥协会等会计职业组织的作用，改革和完善会计职业组织自律机制，有效发挥自律机制在会计职业道德建设中的促进作用。

会计职业组织在促进会计职业道德建设中可采取的措施有：

（1）制定会计职业道德规范。

（2）开展会计职业道德典型人物宣传。

（3）对违反会计职业道德的会员实施惩戒。

（4）对严格遵守会计职业道德的会员予以表彰。

活动 5.4.3　企、事业单位的内部监督

加强企、事业单位的内部监督，是促进会计职业道德建设的重要方面。企、事业单位是会计职业道德建设组织与实施的主体，企、事业单位内部会计人员的会计职业道德的水准将直接影响该组织的发展。作为会计主体的单位，是做好会计职业道德建设的最基础环节。会计人员职业道德建设的好与差，其所在单位是最直接的受益者或受害者。因此，单位特别是单位负责人要切实抓好会计职业道德建设。

活动 5.4.4　社会各界的监督配合

一、各有关部门和机构要重视会计职业道德建设

各有关部门和机构要重视会计职业道德建设，各尽其责，相互配合，把道德建设与业务工作紧密结合起来，纳入目标管理责任制，制定规划，完善措施，根据会计职业道德规范的要求。

二、发挥社会舆论的重要监督作用

良好会计职业道德风尚的树立，离不开社会舆论的支持和监督。

【经典例题 5.14】　（多选题）会计职业道德建设的组织与实施应依靠（　　）。

A. 财政部门的组织与推动

B. 会计职业组织的行业自律

C. 社会舆论监督形成良好的社会氛围

D. 公安局的监督检查

【正确答案】　ABC

【答案解析】　公安局针对的是触犯法律的行为。

任务5.5 会计职业道德的检查与奖惩

活动5.5.1 会计职业道德检查与奖惩的意义

开展会计职业道德检查与奖惩是会计职业道德规范付诸实施的必要方式,也是促使会计职业道德力量发挥作用的必要手段,具有重要的现实意义。会计职业道德检查与奖惩的意义主要表现在以下三个方面:

(1) 有利于促使会计人员遵守职业道德规范。奖惩机制利用人类趋利避害的特点,以利益的给予或剥夺为砝码,对会计人员起着引导或威慑的作用,使会计行为主体不论出于什么样的动机,都必须遵循会计职业道德规范,否则就会遭受利益上的损失。奖惩机制把会计职业道德要求与个人利益结合起来,体现了义利统一的原则。

(2) 具有裁决和教育作用。作为会计人员,哪些会计行为是对的,哪些会计行为是不对的,均可通过会计职业道德的检查与奖惩做出裁决。在这里,会计职业道德的检查与奖惩起着道德法庭的作用。

(3) 有利于形成抑恶扬善的社会环境。会计职业道德是整个社会道德的一个组成部分。因此,会计职业道德的好坏,对社会道德环境的优劣会产生一定的影响;反之,社会道德环境的好坏,也影响着会计的职业行为。奖惩机制是抑恶扬善的杠杆。对会计行为而言,判断善恶的标准就是会计职业道德规范。

活动5.5.2 会计职业道德检查与奖惩的机制

会计职业道德检查与奖惩机制的建立是一项复杂的系统工程,需要政府部门、行业组织、有关单位的积极参与,需要运用经济、法律、行政、自律等综合治理手段。在我国,会计职业道德检查与奖惩机制的建立尚处于探索阶段,需要在理论上深入研究,在实践中不断摸索。

一、财政部门的监督检查

我国《会计法》规定,国务院财政部门主管全国的会计工作,县级以上财政部门管理本行政区域内的会计工作。我国《注册会计师法》规定,财政部对注册会计师、会计师事务所和注册会计师协会进行监督指导。会计职业道德建设是会计管理工作的重要组成部分,因此,各级财政部门负担起组织和推动本地区会计职业道德建设的责任。

财政部门对会计职业道德监督检查的主要措施有以下几点。

(一) 执法检查与会计职业道德检查相结合

财政部门作为《会计法》的执法主体,可以依法对社会各单位执行会计法律制度情况及会计信息质量进行不同形式的检查或抽查,通过检查,既可督促各单位严格执行会计法律、法规,也可对各单位会计人员执行会计职业道德情况的检查和检验。

（二）会计专业技术资格考评、聘用与会计职业道德检查相结合

会计专业技术资格考试管理机构在组织报名时，应对参加报名的会计人员的职业道德情况进行检查，对有不遵循会计职业道德记录的，取消报名资格。

将会计职业道德奖惩与会计专业技术资格的考、评、聘联系起来，必将使广大会计人员像重视自己的专业技术职称一样重视自己的职业道德形象，在日常的学习工作中不断提高自身的职业道德修养。

（三）与会计人员表彰奖励制度相结合

各级财政部门在表彰奖励会计人员时，不仅要考察工作业绩，还要考察会计职业道德遵守的情况。

二、会计行业组织的自律管理与约束

对会计职业道德情况的检查，除了依靠政府监管外，行业自律也是一种重要手段。会计行业自律是一个群体概念，是会计职业组织对整个会计职业的会计行为进行自我约束、自我控制的过程。在会计行业自律组织比较健全的情况下，可以由职业团体通过自律性监管，对发现违反会计职业道德规范的行为进行相应的惩罚，根据情节轻重程度采取通报批评、罚款、支付费用、取消其会员资格、警告、退回向客户收取的费用、参加后续教育等方式。

目前，我国会计职业的行业自律机制尚不健全，对违反会计职业道德的会计人员和会计师事务所惩处力度不够，所以，我国必须建立健全会计职业团体自律性监管机制，确保会计职业的健康发展。

三、建立激励机制

依据《会计法》等法律、法规建立激励机制，我们即可对会计人员遵守职业道德情况进行考核和奖惩。《会计法》规定："对认真执行本法，忠于职守，坚持原则，做出显著成绩的会计人员，给予精神的或者物质的奖励。"对自觉遵守会计职业道德的优秀会计工作者进行表彰、宣传，可以使受奖者感到对遵守道德规范的回报和社会的肯定，从而促使其强化道德行为；同时，还可以树立本行业的楷模、榜样，使会计职业道德原则和规范具体化、人格化，使广大会计工作者从这些富有感染性、可行性的道德榜样中获得启示、获得动力，在潜移默化中逐渐提高自身的职业道德素质。

【特别提醒】

对会计职业道德检查中涌现出的先进人物事迹进行表彰奖励，应注意将"物质奖励和精神奖励相结合"。

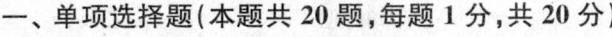
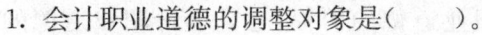

模 块 测 试

参考答案

一、单项选择题（本题共 20 题，每题 1 分，共 20 分）

1. 会计职业道德的调整对象是（ ）。

A. 会计职业关系   B. 会计职业中的经济利益关系

C. 会计人员之间的关系   D. 活动之间的关系

2. 下列关于会计职业道德与会计法律的联系中的说法中,不正确的是( )。

A. 两者有共同的目标、相同的调整对象,承担着同样的职责

B. 两者在作用上相互补充、相互协调

C. 两者在内容上相互借鉴、相互吸收

D. 两者在实现形式上都是具体的、明确的和成文的

3. 会计职业道德修养的前提和首要环节是( )。

A. 形成正确的会计职业道德认知

B. 培养高尚的会计职业道德情感

C. 树立坚定的会计职业道德信念

D. 形成良好的会计职业道德行为

4. 下列各项关于会计职业道德和会计法律制度区别的论述中,正确的是( )。

A. 会计法律制度具有很强的他律性,会计职业道德具有很强的自律性

B. 会计法律制度调整会计人员的外在行为,会计职业道德只调整会计人员的内心精神世界

C. 会计法律制度有成文规定,会计职业道德无具体的表现形式

D. 违反会计法律制度可能会受到法律制裁,违反会计职业道德只会受到道德谴责

5. 会计制度由( )来保障实施。

A. 财政部门   B. 会计行业组织

C. 国家执法机关   D. 金融机构

6. ( )是做人的基本准则,是人们在古往今来的交往中产生出的最根本的道德规范,也是会计职业道德的精髓。

A. 爱岗敬业   B. 诚实守信   C. 坚持准则   D. 奉献社会

7. 会计行业组织对会计人员遵守职业道德规范情况进行检查,并根据检查结果进行表彰或惩戒,这种机制属于( )。

A. 服务机制   B. 法律机制   C. 自律机制   D. 行政管理机制

8. "做老实人,说老实话,办老实事,不搞虚假。"这句话体现的会计职业道德规范内容是( )。

A. 参与管理   B. 诚实守信   C. 爱岗敬业   D. 提高技能

9. 中国现代会计学之父潘序伦先生倡导:"信以立志,信以守身,信以处事,信以待人,毋忘'立信',当必有成。"这句话体现的会计职业道德内容是( )。

A. 坚持准则   B. 客观公正   C. 诚实守信   D. 廉洁自律

10. 下列各项中,不属于会计职业道德的途径是( )。

A. 岗前职业道德教育   B. 岗中职业道德教育

C. 岗位职业道德继续教育   D. 会计人员继续教育

11. "理万金分文不沾"体现的会计职业道德是( )。

A. 参与管理   B. 廉洁自律   C. 提高技能   D. 强化服务

12. 会计工作的特点决定,( )是会计职业道德的前提,也是会计职业道德的内在

要求。

    A. 提高技能　　　　B. 坚持准则　　　　C. 客观公正　　　　D. 廉洁自律

13. 下列各项中,不属于廉洁自律的基本要求的是(　　　)。

    A. 树立正确的人生观和价值观　　　　B. 公私分明,不贪不占

    C. 遵纪守法,一身正气　　　　D. 敢于同违法行为做斗争

14. 建立激励机制,对会计人员遵守会计职业道德规范的情况进行考核和奖惩的主要依据的是(　　　)。

    A. 会计职业道德准则和规范　　　　B. 会计法等法律、法规

    C. 单位内部工作纪律　　　　D. 会计行业组织的有关规定

15. 在我国会计职业道德规范中,(　　　)是会计人员做到依法办事的核心内容。

    A. 诚信为本　　　　B. 操守为重　　　　C. 坚持准则　　　　D. 不做假账

16. 某广告公司为获得一项广告代理业务,向某公司的相关人员支付好处费 10 万元。该公司市场部持公司董事长的批示到财务处领取该笔款项。财务部经理谢某认为该项目不符合有关规定,但考虑到公司主要领导已做了批示,遂同意拨付款项。下列对谢某做法的认定中,正确的是(　　　)。

    A. 谢某违反了爱岗敬业的会计职业道德要求

    B. 谢某违反了参与管理的会计职业道德要求

    C. 谢某违反了客观公正的会计职业道德要求

    D. 谢某违反了坚持准则的会计职业道德要求

17. 张某家庭条件富裕,大学毕业后从事出纳工作。在办理现金收付过程中,时常出现长款短款,张某认为这是正常现象,短款自己垫上,长款仍放在单位保险柜中备用。张某违反了会计职业道德内容要求中的(　　　)。

    A. 提高技能　　　　B. 客观公正　　　　C. 坚持准则　　　　D. 廉洁自律

18. 会计职业道德教育的各种途径中,具有基础性地位的是(　　　)。

    A. 会计继续教育　　　B. 会计学历教育　　　C. 会计自我教育　　　D. 会计职业荣誉教育

19. 下列各项中,作为会计职业道德教育的核心内容,并贯穿于会计职业道德教育始终的是(　　　)。

    A. 会计职业道德观念教育　　　　B. 会计职业道德规范教育

    C. 会计职业道德警示教育　　　　D. 其他相关教育

20. 会计职业道德教育中的其他教育不包括(　　　)。

    A. 形势教育　　　　B. 品德教育　　　　C. 法制教育　　　　D. 警示教育

二、多项选择题(本题共 20 题,每题 2 分,共 40 分)

1. 会计职业道德的功能包括(　　　)。

    A. 指导功能　　　　B. 评价功能　　　　C. 规范功能　　　　D. 教化功能

2. 下列关于会计职业道德的描述中,不正确的有(　　　)。

    A. 会计职业道德涵盖了人与人、人与社会、人与自然之间的关系

    B. 会计职业道德与会计法律制度在性质上是一样的

    C. 会计职业道德规范的全部内容归纳起来就是廉洁自律与强化服务

    D. 会计职业道德不调整会计人员的外在行为

3. 会计职业道德观念教育的目的有(　　)。

A. 树立会计职业道德观念

B. 了解会计职业道德对社会经济秩序的影响

C. 了解会计职业道德对会计信息质量的影响

D. 了解违法会计职业道德将会受到的惩罚和处罚

4. 财政部门在开展下列工作时,可将会计人员职业道德情况纳入考核内容的有(　　)。

A. 会计从业资格证书年检　　　　　　B. 会计法执法检查

C. 会计人员评优表彰　　　　　　　　D. 会计专业技术资格的考评、聘用

5. 会计职业道德中会计人员的"参与管理"主要体现在(　　)。

A. 熟悉财经法规,为单位管理者提供专业支持

B. 树立服务意识

C. 努力钻研业务,为参与管理打下基础

D. 全面熟悉服务对象的经营活动和业务流程

6. 下列各项关于企事业单位的内部监督的表述中,正确的有(　　)。

A. 任用重要会计岗位人员时,应审查其职业记录和诚信档案,选择职业道德好的会计人员

B. 在日常工作中,注意开展会计人员的道德和纪律教育

C. 在制度建设上加强单位内部控制制度的建立和完善

D. 加强新闻媒体的监督作用

7. 诚实守信的基本要求之一是"保守秘密,不为利益所诱惑",其中的秘密包括(　　)。

A. 国家秘密　　　B. 商业秘密　　　C. 个人隐私　　　D. 诚实守信

8. 朱镕基同志在 2001 年视察北京国家会计学院时,为北京国家会计学院题词的内容包括(　　)。

A. 诚信为本　　　B. 操守为重　　　C. 坚持准则　　　D. 不做假账

9. 单位会计人员泄露本单位的商业秘密,将可能导致的后果有(　　)。

A. 损害会计人员自身信誉　　　　　　B. 会计人员将承担法律责任

C. 损害单位的经济利益　　　　　　　D. 损害会计行业声誉

10. 对于会计职业组织实施的职业道德惩戒,可采取(　　)等方式进行。

A. 通报批评　　　　　　　　　　　　B. 罚款

C. 取消其会员资格　　　　　　　　　D. 警告

11. 下列各项中,属于自我修养途径的有(　　)。

A. 慎独慎欲　　　　　　　　　　　　B. 慎省慎微

C. 岗前职业道德教育　　　　　　　　D. 岗位职业道德继续教育

12. 会计职业道德的内容之一,就是要"坚持准则",这里的准则包括(　　)。

A. 会计法律　　　B. 会计法规　　　C. 会计制度　　　D. 会计准则

13. 下列各项中,属于会计职业技能的有(　　)。

A. 提供会计信息的能力　　　　　　　B. 会计实务操作能力

C. 职业判断能力　　　　　　　　　　D. 沟通交流能力

14. 某公交公司因经营管理不善而常年亏损,新上任财务部经理李某一边利用业务时间参加新会计制度培训班的学习,一边在工作中强化成本管理。李某抓住公司经营管理中的薄

弱环节,以强化成本核算和管理为突破口,将成本逐层分解至每一辆车及其司乘人员,并创建了成本控制中心,不仅使每日、每车的运营收支情况一目了然,而且对异常成本变动能立即采取应对措施。李某所采取的有效的成本管理为公司领导做出扩大购车规模、增加运营能力的决策提供了科学依据,经过努力,公司营业收入在 3 年内翻两番,彻底扭转了亏损局面。从会计职业道德角度分析,下列表述中,正确的有(　　　)。

A. 李某的行为体现了客观公正会计职业道德的要求

B. 李某的行为体现了参与管理会计职业道德的要求

C. 李某的行为体现了诚实守信会计职业道德的要求

D. 李某的行为体现了提高技能会计职业道德的要求

15. 会计职业道德规范中的"强化服务"对会计人员的要求有(　　　)。

A. 强化服务意识　　　　　　　　B. 提高服务质量

C. 保持应有谨慎性　　　　　　　D. 具有勤学苦练的精神

16. 岗前职业道德教育包括(　　　)。

A. 会计专业学历教育　　　　　　B. 形势教育

C. 法制教育　　　　　　　　　　D. 获取会计从业资格中的职业道德教育

17. 下列关于会计职业道德和会计法律制度性质不同的表述中,正确的有(　　　)。

A. 会计法律制度具有很强的他律性　B. 会计职业道德具有很强的他律性

C. 会计法律制度具有很强的自律性　D. 会计职业道德具有很强的自律性

18. 下列各项中,属于会计职业道德教育形式的有(　　　)。

A. 接受教育　　　　　　　　　　B. 自我修养

C. 自警自励　　　　　　　　　　D. 慎省慎微

19. 在会计职业道德建设的组织与实施中,应当发挥作用的部门或单位有(　　　)。

A. 财政部门　　　B. 会计职业团体　　　C. 企事业单位　　　D. 机关

20. 下列各项中,属于廉洁自律的基本要求的是(　　　)。

A. 树立正确的人生观和价值观　　B. 公私分明,不贪不占

C. 遵纪守法,一身正气　　　　　D. 保守秘密,不为利益所诱惑

三、判断题(本题共 20 题,每题 1 分,共 20 分)

1. 会计职业道德是会计人员在会计职业活动中应当遵循的执业行为准则和规范。(　　)

2. 职业道德的特征只包括职业性(行业性)、实践性和多样性。(　　)

3. 单位负责人有责任建立和完善内部控制制度,开展会计职业道德教育,检查和考核本单位会计人员会计职业道德遵守情况。(　　)

4. 会计职业道德与会计法律制度具有相同的调整对象,但目标不同。(　　)

5. 会计职业道德允许个人和各经济主体获取合法的自身利益。但反对损害国家和社会公众利益而获取违法利益。(　　)

6. 会计职业道德检查的目的在于促进会计职业道德规范得以遵循,也为进行会计职业道德奖惩提供依据。(　　)

7. 诚实守信是会计人员在职业活动中做到客观公正、坚持准则的基础,是参与管理的前提。(　　)

8. 当单位利益与社会公共利益发生冲突时,会计人员应首先考虑单位利益,其次再考虑社会公众利益。　　　　　　　　　　　　　　　　　　　　　　　　　　（　　）

9. 我国会计职业道德规范的主要内容包括:爱岗敬业、诚实守信、办事公道、服务群众、奉献社会。　　　　　　　　　　　　　　　　　　　　　　　　　　　　　　（　　）

10. 在会计工作中一定要提供上乘的服务质量,不管服务主体提出什么样的要求,会计人员都要尽量满足服务主体的要求。　　　　　　　　　　　　　　　　　　　　（　　）

11. 如果说爱岗敬业是职业道德的出发点,那么,强化服务、奉献社会就是职业道德的归宿点。　　　　　　　　　　　　　　　　　　　　　　　　　　　　　　　　　（　　）

12. 开展《会计法》执法检查,同时也是对会计人员是否遵守会计职业道德规范情况进行检查。　　　　　　　　　　　　　　　　　　　　　　　　　　　　　　　　　（　　）

13. 对认真执行《中华人民共和国会计法》,忠于职守,坚持原则,做出显著成绩的会计人员,应给予精神的或者物质的奖励。　　　　　　　　　　　　　　　　　　　　（　　）

14. 参与管理是要求会计人员提高职业技能和专业胜任能力,以适应工作需要。（　　）

15. 自我修养的途径为慎独慎欲、慎省慎微,自强自立。　　　　　　　　　（　　）

16. 会计职业道德与会计法律制度一样,都有具体的表现形式。　　　　　（　　）

17. 将会计执法检查与会计职业道德检查相结合,是财政部门对会计职业道德进行监督检查的途径之一。　　　　　　　　　　　　　　　　　　　　　　　　　　　（　　）

18. 客观公正,要求会计人员依法办事、实事求是、如实反映。　　　　　（　　）

19. 会计学历教育是强化会计职业道德教育的有效形式。　　　　　　　　（　　）

20. 坚持准则的要求是熟悉准则、遵循准则、敢于同违法行为做斗争。　　（　　）

四、案例分析题(本题共 2 题,每题 5 小题,每小题 2 分,共 20 分)

(一) 某商业银行按照财政局要求,决定在全行系统展开《会计法》执行情况检查。在检查中发现该银行下属支行行长刘某、副行长李某、财会科长张某利用联行清算系统存在的漏洞,将 C 支行的资金划转到有李某等人控制的 D 企业名下,再从 D 企业的银行账户划转到境外由李某等人控制的公司账户,经查实 C 支行负责清算业务的会计张某早就知道 C 支行几年来在联行系统中存在很不正常的巨额汇差,怀疑与李某等人有关,但考虑到李某是自己的直接领导,摄于李某的地位和权威,认为多一事不如少一事,便没有声张,听之任之,直至案发。

要求:根据以上资料,回答下列问题:

1. 下列关于会计职业道德作用的表述中,正确的有(　　)。

A. 会计职业道德是实现会计目标的重要保证

B. 会计职业道德是规范会计行为的基础

C. 会计职业道德是对会计法律制度的重要补充

D. 会计职业道德是提高会计人员素质的外在要求

2. 会计张某的行为违反了会计职业道德要求中的(　　)。

A. 张某的行为违背了廉洁自律的会计职业道德要求

B. 张某的行为违背了强化服务的会计职业道德要求

C. 张某的行为违背了坚持准则的会计职业道德要求

D. 张某的行为违背了客观公正的会计职业道德要求

3. 公私分明、不贪不占体现的是(　　)的会计职业道德规范。

A. 客观公正　　　　B. 坚持准则　　　　C. 廉洁自律　　　　D. 诚实守信

4. 会计人员运用会计知识理论为单位决策层、政府部门、投资人等提供真实、可靠的会计信息体现的是(　　)的会计职业道德规范。

A. 参与管理　　　　B. 诚实守信　　　　C. 提高技能　　　　D. 强化服务

5. 下列关于会计职业道德规范的表述中,不正确的有(　　)。

A. 爱岗敬业是会计职业道德的基础

B. 诚实守信是会计职业道德的内在要求

C. 廉洁自律是会计职业道德的精髓

D. 客观公正是会计职业道德的理想目标

(二)南宁市某有限公司财务部在一次会务学习的讨论中,大家踊跃发言。小李在议论会计职业道德概念时说:"会计职业道德是规范从事会计职业的工作人员在社会交往和公共生活中,人与人、个人与社会、人与自然的行为。"老刘在谈到会计职业道德与会计法律制度关系时说:"会计职业道德与会计法律制度只是作用范围不同,但性质和实质形式是一样的。"老王在谈论会计职业道德教育途径时,认为"应通过会计学历教育进行"。张部长最后总结说:"对我们会计人员职业道德的监督只能依靠政府财政部门。"

6. 会计职业道德的功能包括(　　)。

A. 指导功能　　　　B. 教化功能　　　　C. 惩戒功能　　　　D. 评价功能

7. 下列关于会计职业道德与会计法律制度关系的表述中,正确的有(　　)。

A. 两者目标相同

B. 两者在调整对象上稍有区别

C. 法律制度承担的责任大于会计职业道德

D. 两者关系密切

8. 下列说法中,正确的有(　　)。

A. 小李的观点不正确。会计职业道德是指在会计职业活动中应当遵循的、体现会计职业特征、调整会计职业关系的职业行为准则和规范

B. 老刘的观点不正确。会计职业道德与会计法律制度的性质不同,作用范围不同,实现形式不同,实施保障机制不同

C. 老王的观点不正确。会计职业道德教育途径包括:通过会计学历教育进行会计职业道德教育、通过会计继续教育进行会计职业道德教育、通过会计人员的自我教育与修养进行会计职业道德教育

D. 张部长的观点不正确。对会计人员职业道德的监督不但依靠财务部门,还要依靠会计行业组织的行业自律机制和奖惩制度,社会各界各尽其职、相互配合、齐抓共管,以及社会舆论的监督

9. 会计职业道德教育中接受教育的途径包括(　　)两方面。

A. 法制教育　　　　　　　　　　B. 岗前职业道德教育

C. 自我教育　　　　　　　　　　D. 岗位职业道德继续教育

10. 在会计职业道德建设的组织与实施中,应当发挥作用的部门和单位包括(　　)。

A. 财政部门　　　　B. 会计职业团体　　　　C. 企事业单位　　　　D. 机关

教学课件索取单

敬爱的老师：

感谢您使用我们出版社的教材。为了方便教学，教材配有相关教学课件。如果您需要，请您填写下面表格中的相关信息，并以电子邮件的形式发到我社，我们在核对您的信息后，即免费向您提供教学课件。

我们的联系方式：

地　　址：上海市中山西路 2230 号 1 号楼 1507 室　　　邮　编：200235
　　　　　立信会计出版社　　　　　　　　　　　　　　　电　话：(021) 64411223(O)
电子邮件：victoria_tysx@126.com　　　　　　　　　　　联系人：余榕

教材名称					作者姓名	
教师姓名		性　别		身份证号		
学　校		院　系			教研室	
学校地址					邮　编	
职　务		职　称			办公电话	
E-mail		手　机			宅　电	
通信地址					邮　编	
所选材料			教材用量			册
委托订购单位						

您对本教材的意见和建议是：